Daecke / Bresch (Hrsg.)
Gut und Böse in der Evolution

D1724186

# Gut und Böse in der Evolution

Naturwissenschaftler, Philosophen
und Theologen im Disput

Herausgegeben von
Sigurd Martin Daecke und
Carsten Bresch

Mit Beiträgen von
Carsten Bresch · Sigurd Martin Daecke · Günther Patzig ·
Helmut Riedlinger · Günther Schiwy · Jürgen Schnakenberg ·
Arne Stahl · Gerhard Vollmer

S. Hirzel · Wissenschaftliche Verlagsgesellschaft Stuttgart 1995

Die Deutsche Bibliothek — CIP-Einheitsaufnahme

**Gut und Böse in der Evolution:** Naturwissenschaftler,
Philosophen und Theologen im Disput / hrsg. von Sigurd
Martin Daecke und Carsten Bresch ... Mit Beitr. von Carsten
Bresch ... — Stuttgart: Hirzel; Stutgart: Wiss. Verl.-Ges., 1995
   (Edition Universitas)
   ISBN 3-8047-1423-4
NE: Daecke, Sigurd Martin [Hrsg.]; Bresch, Carsten

© 1995 Wissenschaftliche Verlagsgesellschaft mbH, Birkenwaldstraße 44, 70191 Stuttgart
Printed in the Federal Republic of Germany
Satz und Druck: Weberdruck, Pforzheim
Umschlaggestaltung: Atelier Schäfer, Esslingen

# Vorwort

Die meisten Beiträge dieses Bandes gehen zurück auf Vorträge eines Symposiums, das die Stiftung „Theologie und Natur" (Köln) in Freiburg i. Br. unter dem Titel „Gut und Böse in der biologischen und kulturellen Evolution" veranstaltet hat. Während es auf einer früheren von dieser Stiftung getragenen Tagung unter *noetischem* Aspekt um das Verständnis von „Evolution als Offenbarung" ging, stand nun die *ethische* Fragestellung im Mittelpunkt: Was bedeuten die biologische Evolution der Natur und die kulturelle Evolution der Menschheit sowie unser Bewußtsein vom evolutionären Charakter unserer Wirklichkeit für unser Verständnis von Gut und Böse, von ethischen Werten und moralischen Normen? Kann es in einer Welt, in der alles im Werden und im Wandel ist, noch feste Normen und bleibende Werte geben?

Der Beitrag von Arne Stahl wurde im Januar 1995 als Vortrag im Rahmen der Ringvorlesung „Ethik in Evolution? Werte und Normen angesichts des wissenschaftlichen Fortschritts" an der RWTH Aachen gehalten. Diese Vortragsreihe, in der auch Gerhard Vollmer sowie neben Jürgen Schnakenberg und Sigurd Daecke auch andere Aachener Wissenschaftler sprachen, hat das Thema des Freiburger Symposiums aufgegriffen und variiert.

Ebenso wichtig wie die Vorträge sind auf einem Symposium die Diskussionen unter den Teilnehmern. Wie kann man die Leser/innen an diesen anregenden Gesprächen beteiligen, deren Ergebnis auch in die Druckfassungen der Vorträge eingeflossen ist? Abschriften von Diskussions-Mitschnitten bleiben meistens unbefriedigend. Wir haben deshalb den Versuch gemacht, den Aufsätzen Stellungnahmen der anderen Autoren anzufügen, um die Leser/innen diesen interdisziplinären Disput miterleben zu lassen.

Daß unser Gespräch stattfinden und dieser Band entstehen konnte, verdanken wir Herrn Dr. Hans Martin Schmidt, Köln (Stiftung „Theologie und Natur"), der das Projekt in jeder Hinsicht reich gefördert hat. Für seine tatkräftige Hilfe, seine Anregungen und Impulse, mit denen er unsere Gespräche bis zum Entstehen dieses Bandes begleitet hat, sowie für die mühevolle Erstellung des Registers sind wir ihm sehr dankbar.

Aachen und Freiburg, im Januar 1995

Sigurd Martin Daecke

Carsten Bresch

# Inhalt

# Einleitung

Sigurd Martin Daecke

Ethik ist zur Zeit gefragt. Immer wieder wird nach einer neuen Ethik gerufen, nach politischer Ethik, Umweltethik, Wirtschaftsethik, Technikethik. Ohne eine neue Ethik, so erklärte eine Gruppe von Nobelpreisträgern, würde unsere Menschheit in einigen Jahrzehnten nicht mehr existieren.

Aber brauchen wir wirklich eine neue Ethik? Haben wir nicht schon genug Ethiken — christliche und andere religiöse Ethiken, philosophische Ethiken, eine „Diskursethik" und jetzt auch noch die sogenannte Evolutionäre Ethik? Liegt das Problem nicht eher darin, daß die Gebote, Forderungen oder Handlungsanweisungen dieser Ethiken nicht befolgt werden, daß ihre Entscheidungshilfen nicht gefragt sind? Die Ethiker predigen und fordern, aber niemand hält sich daran. Sie empfehlen und raten, aber kaum jemand hört darauf. Die jüdisch-christliche Ethik, die mit den Zehn Geboten begonnen hat, ist rund 3 000 Jahre alt — aber hat sie Wirkungen gezeigt? Sind die Menschen besser geworden? Ob wir nach Bosnien blicken oder an unsere eigene Gesellschaft denken, — was haben drei Jahrtausende jüdisch-christlicher Ethik geholfen? Eines ist unter „Evolutionärer Ethik" sicher nicht zu verstehen: daß es eine Evolution der Moral, eine sittliche Evolution im Sinne einer stetigen Aufwärtsentwicklung gegeben hat oder gibt.

Die Ethik steckt offensichtlich in einer Krise. Das zeigt uns jede Nachrichtensendung im Radio oder im Fernsehen. Wer kümmert sich denn noch um moralische Gebote — ganz gleich, ob diese sich nun auf Gott oder auf die Vernunft berufen? Es scheinen immer nur wenige zu sein, die sich moralischen Normen verpflichtet fühlen. Wer sich an sittliche Regeln hält, wer nicht rücksichtslos von seinen Ellbogen Gebrauch macht, wer sich nicht auf Kosten seiner Mitmenschen oder auf Kosten der Natur bereichert, der gehört einer Minderheit an und hat oft den Eindruck, der Dumme zu sein. Brauchen wir eine *neue* Ethik? Eine neue ethische Theorie? Brauchen wir nicht vielmehr eine erneuerte ethische *Praxis*? Aber wenn die Krise unserer Ethik vielleicht doch darin begründet sein sollte, daß die klassischen Theorien versagt haben, so bietet sich seit einigen Jahren eine neue an, die sich „evolutionär" nennt.

Damit befaßt sich dieser Band: mit der evolutionären Ethik im allgemeinen wie mit der „Evolutionären Ethik" im besonderen. Die letztere ist eine neue ethische Konzeption, wie sie in den vergangenen sieben Jahren von ganz verschiedenen Ansätzen her entwickelt worden ist: etwa durch den Biologen Hans Mohr und den Anthropologen Christian Vogel, insbesondere aber philosophisch durch Gerhard

Vollmer, einen der Begründer der „Evolutionären Erkenntnistheorie".

*Gerhard Vollmer* führt seine Position in diesem Band weiter und behandelt „Aspekte einer Evolutionären Ethik" mit Reflexionen über Gut und Böse, über die Beziehung zwischen Fakten und Normen. Eine evolutionäre Ethik im weiteren Sinne, eine Ethik, welche die Natur und deren Evolution in ihre Konzeption mit einbezieht und fragt, was der Prozeß der Entwicklung für die Ethik bedeutet, wird von zwei weiteren Autoren dieses Bandes, dem Genetiker *Carsten Bresch* und dem Philosophen *Günther Patzig*, schon länger vertreten. Hier diskutiert *Bresch* nun die Möglichkeit einer „Evolutionsfundierten Ethik" und fragt nach den „Wertwenden", „an denen bisher Evolutions-Förderliches zu Evolutions-Schädlichem wird". *Patzig* erörtert, welche Rolle die Natur bei der ethischen Normenbegründung spielt, er plädiert aber letztlich für eine rationale Begründung moralischer Normen.

Auch in den anderen Beiträgen wird unter verschiedenen Aspekten gefragt, wie Gut und Böse, wie insbesondere unser Verständnis von Gut und Böse sich unter dem Einfluß der biologischen und kulturellen Evolution wandeln. Dem Physiker *Jürgen Schnakenberg* geht es um die Beziehung von Naturwissenschaft und Ethik, und zwar einerseits um Naturwissenschaft und Technik als Gegenstand der Ethik, andererseits um Ethik als Gegenstand von Naturwissenschaft und Technik.

Der Vordenker eines evolutionären Weltbildes, das die biologische und die soziokulturelle Evolution umgreift, Pierre Teilhard de Chardin, fehlt in diesem Band natürlich nicht. Sein Denken steht im Mittelpunkt der Beiträge von *Helmut Riedlinger* und *Günther*

*Schiwy*, in denen es um das Verständnis des Bösen geht: Fragt *Riedlinger* nach der Herkunft des Bösen in den Vorstellungen des vorevolutionären thomistischen Denkens sowie in Teilhards Vision einer „evolutionären Welt des guten Gottes", so ist *Schiwys* Thema die Theodizee, das Gottesbild angesichts des Bösen in einer evolutionären Welt. Sie wird reflektiert im Spiegel zweier Entwürfe, die genau entgegengesetzt vom Werden Gottes sprechen: der Entwürfe von Teilhard und Hans Jonas. Mit diesen beiden Denkern befaßt sich auch der Beitrag „Evolutionäre contra christliche Ethik?", der auf zahlreiche Berührungspunkte zwischen diesen unterschiedlichen Ansätzen hinweist und die christliche als evolutionäre Ethik versteht, jedoch auch Gegensätze feststellt, wie zum Beispiel den „Realismus" einer „naturalistischen" Ethik oder deren Anthropozentrik, die etwa einen Eigenwert der Natur nicht anerkennt *(S. Daecke)*.

## Unumstritten: Die Evolution bestimmt die Ethik

Diese aus ganz verschiedenen — naturwissenschaftlichen, philosophischen oder theologischen — Perspektiven und von sehr unterschiedlichen religiösen und weltanschaulichen Positionen aus verfaßten Beiträge treffen sich in der gemeinsamen Frage nach einer Ethik, nach dem Verständnis von Gut und Böse unter den Bedingungen einer Weltwirklichkeit, die sich in Evolution befindet. Was bedeutet dieses evolutionäre Wirklichkeitsverständnis für die Fragen nach Herkunft und Begründung, nach Gültigkeit und Anerkennung sittlicher Werte und moralischer Normen?

Übereinstimmung herrscht darüber, daß wissenschaftliche Erkenntnisse über die Natur und ihre Entwicklung die Ethik beeinflussen und verändern. Evolutions- und Soziobiologie geben Aufschluß über menschliche Verhaltensweisen und erklären sie (G. Patzig, G. Vollmer). Die Richtung der Evolution kann als allgemein gültiger Maßstab für menschliches Handeln verstanden werden (C. Bresch). Die Naturwissenschaft (vgl. J. Schnakenberg) gibt Impulse für die Ethik: sie beeinflußt diese einerseits „positiv", indem ihre Forschungen zeigen, wie gehandelt werden muß, um das für die Welt — etwa ökologisch — Gute zu tun, und wo gehandelt werden muß, wenn das für die zukünftige Evolution „Böse" vermieden werden soll. Andererseits aber hat die Beziehung zwischen Naturwissenschaft und Ethik auch „negative" Aspekte, da manche — etwa technikkritische — ethische Urteile die Naturwissenschaft für „böse" Entwicklungen verantwortlich machen. Dabei wurden diese selben kulturellen und technischen Evolutionen von anderer Seite sowie bis vor etwa einem Vierteljahrhundert einmütig als „gut" betrachtet: So galt die Technik in den fünfziger Jahren als gute Frucht des christlichen Schöpfungsglaubens (F. Gogarten); doch schon zwei Jahrzehnte später wurden die der Naturwissenschaft und Technik angelasteten ökologischen Probleme als „die gnadenlosen Folgen des Christentums" (C. Amery) bezeichnet.

Ist das eine „Wertwende" im Sinne Carsten Breschs, wo „das, was bisher gut, was zur Evolution absolut unabdingbar war, [...] zum unüberwindlichen Hemmnis, ja zur tödlichen Sperre" für die weitere Evolution wird, wo „Entwicklungsförderliches" in „Entwicklungsschädliches" umschlägt? Aber die naturwissenschaftlich erkannte und anerkannte Tatsache der Evolution und das darauf gegründete evolutionäre Denken beeinflussen und verändern nicht nur das Verständnis des Bösen und seiner Herkunft (H. Riedlinger), sondern auch — was noch schwerer wiegt — das Bild Gottes, der im Werden und im Wandel ist (S. Daecke), vom mächtigen zum „ohnmächtigen" Gott (G. Schiwy), sowie die Auslegung und Rezeption biblischer Geschichten und Gebote (J. Schnakenberg, S. Daecke).

Das alles unterstützt G. Vollmers These, daß zwar aus dem Sein kein Sollen, aus Fakten keine Normen folgen (dieser „naturalistische Fehlschluß" wird einmütig abgelehnt), daß jedoch Tatsachen, Fakten, Faktenwissen, Sachwissen für die Ethik eine wichtige Rolle spielen: Normen können zwar nicht aus Fakten abgeleitet werden, wohl aber ist die Gewinnung abgeleiteter Normen ohne die Kenntnis von Fakten nicht möglich.

Dasselbe meint mit anderen Worten G. Patzig, wenn er die menschliche Vernunft als Quelle moralischer Normen versteht und die durch die Evolutionsbiologie vermittelte Kenntnis des menschlichen Verhaltensrepertoires als „wichtige Orientierungshilfe" bei der Normenbildung bezeichnet: die Natur ist zwar nicht Quelle moralischer Normen, wohl aber unerläßliches Kriterium bei deren Konkretisierung.

So kann C. Bresch sogar von einer „Evolutions-fundierten" Ethik und von der Evolution als einem allgemein gültigen Maßstab für menschliches Handeln sprechen — allerdings im Sinne einer „Phasengebundenen Ethik der Evolution", was bedeutet, daß die Phasenwechsel der Evolution zu moralischen Wertwenden führen: ein deutlicher Abschied von der Auffassung unbedingter, unveränderlicher, absoluter Werte. Breschs Beispiele, wie in einer neuen Evolutionsphase aus Gutem Böses, aus Positivem Negatives werden kann, müssen auch von der christlichen Ethik bejaht und unterstützt werden.

Der christliche Glaube, der von der Menschwerdung Gottes in Jesus Christus spricht, kann die Inkarnation als eine „Evolution", ein Werden und Sich-Wandeln auch Gottes verstehen *(S. Daecke)*. Im Blick auf den leidenden und sterbenden Jesus sprach bereits Dietrich Bonhoeffer — lange vor Hans Jonas und *G. Schiwy* — von der Ohnmacht Gottes. Wie aber die Aussagen von der Macht und der Ohnmacht, vom Leben und Tod Gottes miteinander vereinbar sein könnten, das zeigt *J. Schnakenberg* mit seiner Übertragung der physikalischen Konzepte Relativität und Komplementarität auf das theologische Denken: ein wichtiger Beitrag zu einer evolutionären Glaubenslehre.

Es steht auch nicht im Widerspruch zur christlichen Ethik, wenn im Sinne der hier zusammengefaßten Positionen *G. Patzig* von einer rationalen Normenbegründung und *G. Vollmer* von einer evolutionären, naturalistischen und eben deswegen realistischen Ethik sprechen. Es ist übereinstimmendes Ergebnis aller Beiträge dieses Bandes, daß das Verständnis von Gut und Böse und auch von Gott und dem Bösen nicht unabhängig von der Natur und ihrer Evolution ist, sondern in Beziehung zur biologischen, geistigen und kulturellen Evolution steht: darin sind sich Naturwissenschaftler, Philosophen und Theologen einig.

## Umstritten: Darf die Ethik „realistisch" sein?

Und doch bleiben Gegensätze, bleiben Fragen der einen an die anderen Mitarbeiter dieses Bandes. Die Anfragen in den Beiträgen und in den nachfolgenden Stellungnahmen können hier von den Befragten nicht mehr beantwortet werden — sonst fände der Dialog keinen Abschluß —, das Gespräch bleibt offen, die Positionen bleiben kontrovers.

Zum Beispiel kann und will die von *G. Vollmer* vertretene Evolutionäre Ethik als „realistische" Ethik keine moralischen Normen begründen, vor allem keine Normen, die von uns etwas fordern, was uns — langfristig gesehen — nicht auch selber nützt. Realistisch und rational begründbar ist etwa eine Umweltethik, die aufweist, daß die Interessen der Natur und des Menschen sich decken, daß auch Opfer für die Bewahrung der Natur im langfristigen Eigeninteresse des Menschen sind, weil die Folgen der Naturzerstörung auch dem Menschen schaden. Aber das Gute, das eine solche vernünftige und realistische Ethik fordert, ist nur ein Gutes, das auch für mich gut ist oder zumindest in langfristiger Perspektive für meine Nachkommen einmal gut sein wird. Nicht anerkannt werden dann Ansprüche und Interessen etwa der Natur, die den meinigen konträr entgegenstehen, oder der Anspruch, Fernsten- und Feindesliebe zu üben. Hier beruft Vollmer sich auf die Evolutions- und Soziobiologie, die feststellen, daß es in der Natur keine Fernsten- und Feindesliebe gibt. Denn die biologischen Tatsachen müßten berücksichtigt werden, um zu vermeiden, solche Normen aufzustellen, denen die Menschen aufgrund ihrer Naturanlagen überhaupt nicht entsprechen können, um also, so *G. Patzig,* „den Opfermut nicht zu überanstrengen". Die Ethik bleibt damit bewußt innerhalb derjenigen Grenzen, die sie aus biologischer Sicht für „realistisch" hält, womit die christliche Ethik als unrealistisch und utopisch gilt.

Wie unterscheidet sich eine solche Argumentation der „naturalistischen" Ethik dann aber vom „naturalistischen Fehlschluß", der Folgerung vom Sein auf das Sollen? Denn wir hören ja, daß die Natur nicht Quelle moralischer Normen sein kann, daß diese nicht durch die Berufung auf die Natur begründet werden können. Und darf eine Ethik überhaupt „realistisch" sein, braucht sie nicht die utopische Perspektive, um zukunftsweisend sein zu können?

Wenn die „naturalistische" Ethik die Herleitung moralischer Normen aus Naturgegebenheiten so entschieden ablehnt, wie sie es tut, darf an dieser Absicht nicht gezweifelt werden. Aber naturwissenschaftlich festgestellte Verhaltensweisen, „Naturanlagen" und andere Fakten spielen sowohl bei der Gewinnung abgeleiteter Normen als auch bei der Begrenzung und Ablehnung von tradierten Normen doch eine wesentliche Rolle. Wo hier die Grenze zu ziehen ist, bedarf noch weiterer Klärung. In einer christlichen Ethik jedoch kann die Natur nur für die Präzisierung und Konkretisierung der Normen eine Rolle spielen, nicht jedoch Kriterium dafür sein, ob eine Ethik „realistisch" ist *(S. Daecke).*

Die Konkretisierung der Ethik durch die Erkenntnisse der Naturwissenschaften ist dagegen ganz im Sinne einer durch den Schöpfungsglauben begründeten Ethik. *J. Schnakenberg*

zweifelt zwar daran, daß Naturwissenschaft und Technik in den christlichen Kirchen als Teile von Gottes Schöpfung verstanden werden. Aber nur wenn das so wäre, könne „der christliche Glaube Hilfen geben bei der Suche nach einer Ethik naturwissenschaftlich-technischen Arbeitens und Handelns". *Schnakenberg* hat recht: Auch Naturwissenschaft und Technik gehören zur weitergehenden, fortgesetzten Schöpfung Gottes, der „creatio continua", die wir heute evolutionär verstehen. Sie sind Ergebnisse der Evolution, und durch sie vollzieht sich die weitere Evolution, Gottes weitere Schöpfung. Der Mensch kann sie zwar mißbrauchen, eben deswegen ist ihr verantwortlicher Gebrauch aber ethisch gefordert. Denn die Natur, von der die Naturwissenschaften handeln, versteht der Christ als Gottes Schöpfung, die sich evolutiv vollzieht *(S. Daecke).*

## Offene Frage „Letztbegründung": Warum soll ich moralisch handeln?

Ist für die Theologie die Materialisierung und Konkretisierung der Ethik Thema der Schöpfungsethik, so ist die Letztbegründung der Ethik für sie möglich im Glauben an Gott, an seinen Willen und seine Liebe, die er in Jesus Christus gezeigt hat. Während *G. Patzig* eine Letztbegründung der Ethik für unmöglich hält, beantwortet der Christ die bei *Patzig* offenbleibende Frage: „Warum soll ich moralisch handeln?" mit dem Hinweis auf Jesus Christus, der uns die Liebe Gottes vorgelebt hat.

Diese Letztbegründung der Ethik in Gottes Willen zur Liebe wird selbstverständlich von Philosophen nicht nachvollzogen. Aber *Patzigs* Verzicht auf Letztbegründungen macht ein Gespräch der theologischen mit der philosophischen Ethik leichter, als wenn der theologischen Letztbegründung beispielsweise von Vertretern der „Diskursethik" die von *Patzig* abgelehnte transzendental-pragmatische Letztbegründung des Rationalitäts- und des Moralprinzips entgegengestellt würde, wo das „Moralprinzip im Diskurs eingebaut" sein soll. Denn wenn beide Gesprächspartner die Frage einer Letztbegründung der Ethik ausklammern und zunächst auf einen Diskurs verzichten, der doch zu keinem Konsens führt, können sie sich beschränken auf die viel wichtigere gemeinsame Frage, die *G. Patzig* so formuliert: „Wie sollen wir handeln, wenn wir moralisch richtig handeln wollen?"

Das haben wir im vorliegenden Band getan. Bei der Beantwortung dieser Frage wird das Rationalitätsprinzip von der theologischen Ethik ebenso uneingeschränkt anerkannt wie von der philosophischen Ethik. Kontrovers bleibt dabei allerdings immer noch die Frage, *welches* Handeln denn nun jeweils moralisch richtig und notwendig ist, *was* für gut und *was* für böse gehalten wird.

## „Wissen, was gut und böse ist"

Nach „Gut und Böse in der Evolution" fragen die Beiträge dieses Bandes. Was heißt „gut", und was heißt „böse"? Was ist gut, und was ist böse? Diese Grundfrage jeder Ethik ist heute, in unserer sich ständig wandelnden Welt, schwerer denn je zu beantworten. Wissen wir, was gut und böse ist? Daß „ihr wie Gott sein und wissen werdet, was gut und böse ist", hat in der alt-testamentlichen „Sündenfallgeschichte" (Gen. 3, 5 b) die Schlange, das Symbol des Bösen, versprochen. Nachdem der Mensch das Böse getan hat, läßt diese symbolisch-mythische Erzählung zwar auch Gott selber sprechen: „Der Mensch ist geworden wie unsereiner, daß er weiß, was gut und böse ist" (Gen. 3,22 a). Aber daß der Mensch durch die Entscheidung für das Böse jetzt wirklich zum Gott geworden ist, kann er ja wohl nur sich selbst einbilden – Gott in den Mund gelegt, klingt diese Bemerkung ironisch. Denn das menschliche Wissen von Gut und Böse ist kein objektives, kein souveränes, kein göttliches Wissen, sondern existentielles Verfallensein an das Böse, das Böse, das ja gerade in diesem Wissenwollen, in diesem Wie-Gott-sein-Wollen besteht! Der Mensch habe eben keine Freiheit mehr, sich zwischen Gut und Böse zu entscheiden, wie er sich einbildet. Was das Böse ist, weiß der Mensch nur existentiell, indem er es tut. Was das Gute ist, könne der Mensch aber nicht mehr wissen und es von sich aus auch nicht mehr tun. Denn eben dadurch, daß er sich die Freiheit der Entscheidung zwischen Gut und Böse anmaßte, habe er sie verloren – das meint der alte Mythos mit seinen tiefsinnigen Bildern und Symbolen.

Sogar noch nach Kant ist der Mensch „von Natur böse", und „dieses Böse ist radikal, weil es den Grund aller Maximen verdirbt; zugleich auch als natürlicher Hang durch menschliche Kräfte nicht zu vertilgen". Kant spricht sogar „von dem Kampfe des guten Prinzips mit dem bösen um die Herrschaft über den Menschen".[1] Mit diesem Verständnis von Gut und Böse als metaphysischen Prinzipien, als radikalen Mächten, die die Herrschaft über den Menschen ausüben, steht Kant Luthers Auffassung von Gut und Böse noch erstaunlich nahe – allerdings ist das nur die eine Seite von Kants Denken.

Die Erfahrung des Hin- und Hergerissenwerdens zwischen dem Guten und dem Bösen deutete Luther in „De servo arbitrio" von 1524 mit seinem bekannten Bild, daß der Mensch von Gott und dem Teufel geritten wird: „Der menschliche Wille ist in die Mitte gestellt zwischen Gott und dem Satan wie ein Reittier. Wenn Gott aufsitzt, dann will es und geht es, wohin Gott will [...] Wenn der Satan aufsitzt, will es und geht es, wohin der Satan will, und es ist nicht in seiner Entscheidung, zu welchem Reiter es laufen will, [...] sondern die Reiter selbst streiten darum, es in Besitz zu nehmen".[2] Wie bei Luther der Sünder aus der Herrschaft des Satans nur durch die Gnade Gottes gerettet werden kann, so kann bei Kant das böse Prinzip, „noch immer der Fürst dieser Welt genannt", nur „durch die Idee des Sittlich-Guten in seiner ganzen Reinigkeit"[3], also durch das gute Prinzip, überwältigt werden – weil der Mensch als solcher nicht imstande ist, es zu besiegen.

Wenn wir von der Sprachdifferenz zwischen Luthers theistischem und Kants idealistischem Gottesbild sowie zwischen dem vorneuzeitlichen und dem aufklärerischen Menschenbild absehen, so stehen sich der Reformator und der Philosoph in ihrem Verständnis des Guten und des Bösen erstaunlich hahe. Es gibt nicht nur die einzelne beliebige böse Tat, die man tun oder auch lassen kann, vielmehr wirkt das Böse „radikal" als überindividuelle, allgemeine Macht, als Prinzip, das uns beherrscht, als Verhängnis, in dem wir gefangen sind und aus dem wir uns nicht selbst befreien können. Das meint auch Paulus in Römer 7, 19: „Das Gute, das ich will, das tue ich nicht; sondern das Böse, das ich nicht will, das tue ich." Trotz unterschiedlicher Begriffe ist es die Auffassung sowohl von Luther als auch von Kant, daß wir gefangen sind in den bösen Strukturen und Zwängen unserer Wirklichkeit.

## Albert Schweitzer: Gut ist Leben erhalten, böse ist Leben vernichten

Was ist gut, und was ist böse? Für Albert Schweitzer war es noch klar: „Das Wesen des Guten ist: Leben erhalten, Leben fördern, Leben auf seinen höchsten Wert bringen. Das Wesen des Bösen ist: Leben vernichten, Leben schädigen, Leben in seiner Entwicklung hemmen."[4] Oder noch knapper ausgedrückt: Gut ist die Erhaltung und Förderung von Leben, böse ist alles Vernichten und Schädigen von Leben.[5]

Dem stimmt sicher jeder ohne weiteres zu, und es entspricht auch der biblischen Ethik. Aber bereits bei Schweitzer wurde es schwierig, wenn er konkret sagen sollte, was „Leben erhalten" oder „Leben vernichten" eigentlich heißt. Er wußte, daß in vielen Fällen Leben nur dadurch erhalten werden kann, indem anderes Leben vernichtet wird – vom Füttern der Tiere mit Fleisch oder Fisch bis hin zu den Tierversuchen, die Schweitzer keineswegs prinzipiell ablehnte, weil er wußte, daß viele davon für die Erhaltung menschlichen Lebens notwendig sind. „Ich bin Leben, das leben will, inmitten von Leben, das leben will", lautet einer seiner bekanntesten Sätze.[6] Jedes Leben hat den Willen zum Leben, — aber oft ist Leben nur auf Kosten anderen Lebens möglich. Schweitzer kennt die „Notwendigkeit [...], entscheiden zu müssen, welches Leben er zur Erhaltung des anderen zu opfern hat": „das ist das furchtbare Gesetz der Entzweiung des Willens zum Leben, dem wir unterworfen sind."[7] So sah er den ethischen Konflikt, das Problem der Entscheidung zwischen Gut und Böse.

Bei den Tierversuchen, bei der Gentechnologie, bei Experimenten mit Embryonen, aber ebenso bei der Geburtenverhütung und der Abtreibung als Mittel gegen Überbevölkerung, andererseits auch bei der Frage des Einsatzes von Militär in Bürgerkriegsgebieten: Immer geht es um die Entscheidung, ob Leben — tierisches oder menschliches Leben, Embryonen oder Soldaten — geopfert werden darf, um anderes Leben zu retten. Es geht also um die Entscheidung, welches Leben Vorrang vor anderem Leben hat.

Die genannten Beispiele — Tierversuche, Embryonenexperimente, Abtreibung und Militäreinsatz, vor allem mit Massenvernichtungswaffen — bezeichnen einige derjenigen ethischen Konflikte, die heute im Mittelpunkt der Diskussion über Gut und Böse stehen, und die für die Entwicklung und Veränderung der ethischen Fragestellungen durch die kulturelle — etwa die technische, biologische und medizinische — Evolution besonders charakteristisch sind. Denn diese Entwicklungen haben, zusammen mit der sich immer mehr beschleunigenden Weltbevölkerungsentwicklung, ganz andere und neue Aspekte, Felder und Dimensionen des Bösen — aber auch des Guten — eröffnet. Und wenn Opfer von Leben in einer neuen Situation

Leben rettet, so kann unter diesen veränderten Bedingungen Böses zum Guten werden: Auch hier könnte man mit C. Bresch von einer „Wertwende" sprechen.

## Das „eigentlich Böse" entsteht aus der Diskrepanz von Sein und Sollen

Aber wenn tatsächlich das Böse schon dort beginnen würde, wo ein Leben um des anderen Lebens willen geopfert wird, wäre ja alles tierische Leben böse, und das spricht gegen dieses Verständnis des Bösen — so meint Gerhard Vollmer zu Recht. Da, wo absichtlich gegen anerkannte moralische Regeln verstoßen wird, dort könne man jedoch vom Bösen sprechen. Ähnlich wie Vollmer schreibt auch Hans Mohr: „ ,Das eigentlich Böse' beginnt mit dem Menschen, der in Freiheit und Verantwortung [...] gegen Normen verstoßen kann. Das eigentlich Böse, die Sünde, entsteht aus der Diskrepanz von Sein und Sollen, die es in den vorfreiheitlichen Phasen der Evolution nicht gegeben hat. Der Löwe, der die Gazelle schlägt, sündigt nicht; der moderne Jäger, der aus Lust am Töten die Gazelle erschießt, begeht eine Sünde [...]. Leiden und Sterben in der prähumanen Evolution sind konstitutive wertneutrale Faktoren der Evolution; vom Menschen verursachtes Leiden und Sterben ist unter keinen Umständen mehr wertneutral, sondern muß sittlich verantwortet werden, auch dann, wenn wir guten Grund haben, unsere Neigung zum Töten, Quälen und Foltern auf unsere Gene zurückzuführen."[8]

Wer aber bestimmt die „allgemeinen anerkannten moralischen Regeln", gegen die absichtlich zu verstoßen „böse" ist? Bereits Mohrs anschauliches Beispiel des Jägers, der Böses tut, wird in der Jägerschaft sicher nicht anerkannt werden. Kann es in unserer Zeit des schnellen Wandels überhaupt noch feste Normen und bleibende Werte geben? Zerfließen nicht die Grenzen zwischen Gut und Böse? Wenn das, was für uns heute gut oder böse ist, erst in der *biologischen* Evolution dazu geworden ist — wird das Ergebnis dieser Entwicklung, werden die evolutiv geprägten traditionellen Normen und Werte dann nicht gerade durch die weitere *kulturelle* Evolution wieder relativiert und in Frage gestellt? Gefährdet die kulturelle Evolution nicht eben das, was die biologische Evolution geschaffen hat? Oder aber führt die kulturelle Evolution nicht auch in ethischer Hinsicht in unserer Zeit dasjenige weiter, was die biologische Evolution begründet und vorbereitet hat?

Naturwissenschaftler, Philosophen und Theologen versuchen in diesem Band, aus der jeweiligen Sicht ihrer Disziplin, aber unter interdisziplinärem Aspekt Antworten auf diese Fragen zu geben.

[1] *Kant, I.:* Die Religion innerhalb der Grenzen der bloßen Vernunft. Hrsg. von K. Vorländer. Leipzig ⁵1950. S. 59. — [2] *Luther, M.:* Vom unfreien Willen. In: Ausgewählte Werke. Hrsg. von H. H. Borcherdt und G. Merz, Ergänzungsreihe Bd. 1. München 1954. S. 46 f. (= WA 18,635). — [3] *Kant, I.:* (Anm. 1), S. 90 f. — [4] *Schweitzer, A.:* Das Problem der Ethik in der Höherentwicklung des menschlichen Lebens. In: Gesammelte Werke in fünf Bänden, Bd. 5. München o. J. (1974). S. 158. — [5] *Schweitzer, A.:* Kultur und Ethik. Kulturphilosophie. Zweiter Teil. In: Gesammelte Werke, Bd. 2. München o. J. (1974). S. 387. — [6] *Schweitzer, A.:* (Anm. 4), S. 158. — [7] *Schweitzer, A.:* Aus meinem Leben und Denken. In: Gesammelte Werke, Bd. 1. München o. J. (1974). S. 242; ders.: Predigt vom 2. 3. 1919. In: A. Schweitzer: Worte über das Leben. Hrsg. von H. Schützeichel. Freiburg 1990. S. 55. — [8] *Mohr, H.:* Natur und Moral. Ethik in der Biologie. Darmstadt 1987. S. 105.

# Wertwenden – gestern und heute

Eine phasengebundene Ethik der Evolution

Carsten Bresch

Ausgehend von der Evolution des Universums in drei Phasen und dem dabei ständig erkennbaren Wachstum von Komplexität und Information wird diskutiert, ob die Richtung dieser Entwicklung als ethisch wünschenswert angesehen werden darf. Eine solche Maxime („Gut ist, was Evolution fördert") ist nur tragbar vor einem Hintergrund religiöser Schöpfungsbetrachtung. Wichtig in diesem Zusammenhang ist jedoch die Erkennbarkeit von Wertwenden in der Evolution, die an herausragenden Punkten auftreten, an denen bisher Evolutionsförderliches zu Evolutionsschädlichem wird. An Beispielen wird gezeigt, daß die heutige Menschheitsentwicklung an einem solchen Punkt vielschichtiger Wertwende steht.

*Our Progess from Self-interest
to Self-annihilation*

(David Hartley, Observations on Man, 1749)

Die Kombination der Begriffe Ethik und Evolution wird vielschichtig benutzt. Eine „evolutionäre Ethik" kann sich manchmal auf

— eine Beschreibung der weltgeschichtlichen Entwicklung ethischer Normen im Laufe der Menschheitsgeschichte beziehen, meist aber auf

— eine kausale Erklärung der Entstehung ethischer Normen im Rahmen der Menschwerdung aus den Grundprinzipien der Evolution, wobei mit Recht der Zwang zum Auftreten ethischer Vorschriften als Voraussetzung der Weiterexistenz des bestehenden Systems herausgestellt wird.

Pierre Teilhard de Chardin formulierte: „Jenseits einer bestimmten Stufe besetzt sich der technische Fortschritt notwendig funktionell mit Fransen sittlichen Fortschritts." [1]

Prof. Dr. **Carsten Bresch**, geb. 1921 in Berlin. Studium der Physik in Berlin; 1957 Habilitation; 1957 Professor, sodann Lehrstuhl für Mikrobiologie in Köln; 1964 Professor am South-West Center for Advanced Studies in Dallas, Texas; 1968 bis 1988 (Emeritierung) Lehrstuhl für Genetik in Freiburg. 1969 bis 1971 Vorsitzender der Deutschen Gesellschaft für Genetik. Buchveröffentlichungen: Lehrbuch der klassischen und molekularen Genetik, 1963; Zwischenstufe Leben – Evolution ohne Ziel?, 1977; Des Teufels neue Kleider – endlich dem Krebs auf der Spur?, 1978; (Mithrsg.) Kann man Gott aus der Natur erkennen?, 1990.

*Prof. Dr. Carsten Bresch,
Kreuzkopfsteige 1 A, 79100 Freiburg*

Diese Aspekte sind nur am Rande mein Thema. Ich möchte vielmehr die Möglichkeit einer „Evolutionsfundierten Ethik" diskutieren, das heißt die Frage, inwieweit es möglich ist, die heutige Kenntnis vom Evolutionsprozeß als Grundlage einer Aufstellung von Normen für menschliches Verhalten zu benutzen.

Dabei bin ich mir durchaus der Gefahr der „naturalistic fallacy" bewußt — der zuerst von David Hume in seiner „Treatise of Human Nature" (Buch 3; 1, 1) und später von G. E. Moore in „Principia Ethica" diskutierten Unmöglichkeit, vom „Sein" auf ein „Sollen" zu schließen. Auf dieses Problem komme ich abschließend noch zurück.

Ich beginne mit meiner Betrachtung der Evolution. Dazu meine

These 1: *In der Evolution ist eine Richtung erkennbar, nämlich die einer konsekutiven Vernetzung von Teilelementen zu immer größeren Ganzheiten (Integrationskette), oder in den Worten Teilhards: die Richtung des „gewaltigen allumfassenden Phänomens der zunehmenden Komplexität der Materie, das so offensichtlich ist und doch noch so wenig begriffen wird".[2]*

Die Kette dieser konsekutiven Integration läuft in der Evolution durch drei Phasen. In der ersten, der *materiellen* Phase schließen sich Elementarpartikel, die selbst aus Quarks zusammengefügt sind, zu Atomen und diese wiederum zu Molekülen zusammen, von denen einige geeignet sind, in einem folgenden Schritt zu Polymeren integriert zu werden.

Mit der mysteriösen nächsten Integration von zufällig in ganz bestimmter Harmonie zusammenpassenden Polymeren beginnt die zweite, die *biologische* Phase der Evolution, die ge-

kennzeichnet ist durch die Fähigkeit zur fehlerhaften Selbstreplikation der jetzt hochkomplexen Strukturen. Anschließend werden Protobionten zu Zellen heutigen Typs und Einzeller zu Vielzellern integriert, von denen sich manche zu Gruppen meist verwandter Tiere zusammenschließen.

Damit schaffen sie die Voraussetzung für die dritte Phase der Evolution, die Teilhard die Noosphäre nennt, bei der es um das Wachstum *intellektueller* Information geht. Evolution ist also ein durchlaufender Prozeß des stufenweisen Wachstums von Mustern[3] zu immer größerer, hierarchisch strukturierter Komplexität in der Geschichte des Universums.

Nun ist diese These einer deutlichen Richtung der Evolution ja keineswegs allgemein akzeptiert, wie die folgenden Auffassungen bedeutender Evolutionstheoretiker illustrieren:

▶ Jacques Monod: „Das Universum trug weder das Leben, noch trug die Biosphäre den Menschen in sich. Unsere ‚Losnummer' kam beim Glücksspiel heraus."

▶ George Gaylord Simpson: „Das Konzept eines Hauptstroms oder einer Hauptlinie des Evolutionsfortschritts ist künstlich."

▶ Julian Huxley: „Die Evolution hat keinerlei finalistische Tendenz, sie kennt keinen automatischen oder universalen Fortschritt" — und das, obwohl Huxley den Gedanken Teilhards nahestand, einer Evolution in drei Phasen beispielsweise voll zustimmte.

Wie sind solche Sätze mit der These einer ständigen Komplexifikation vereinbar? Nun, erstens ist es richtig, daß keineswegs alle Änderungen (Mutationen) der Lebewesen zu höherer Komplexität führen — im Gegenteil, die meisten Mutationen sind negativ (z. B.

Verlust von Augen und Pigmentierung bei Höhlentieren). Nur werden all diese negativen Änderungen unter dem ständigen Druck der Selektion schnell wieder eliminiert. *Mutation* zusammen mit *Selektion* ist der Mechanismus, der höhere Komplexität schafft.

Man kann auch dem zustimmen, daß der Fortschritt der Evolution nicht universell ist, denn viele Arten bleiben über Millionen Jahre unverändert, und die meisten von ihnen sterben gar wieder aus, ohne sich je weiterentwickelt zu haben. Dennoch – die Behauptung des ständigen Komplexitätswachstums ist summarisch zu sehen, das heißt sie bezieht sich auf die *Gesamtheit* der Lebewesen und besagt nur, daß im Laufe der Geschichte unseres Planeten Muster immer höherer Komplexität aufgetreten sind.

In diesem Sinne ist Evolution aber auch finalistisch, was Julian Huxley verneint, obwohl er ähnliche Argumente, wie ich sie eben gebraucht habe, selbst zur Widerlegung einer *zwangsläufig* aufsteigenden Evolution benutzt.[4] Evolution ist zielgerichtet, insofern sie als Gesamtprozeß – soweit unsere wissenschaftliche Erkenntnis reicht – unverändert in die gleiche Richtung des Zieles maximaler Komplexität fortschreitet, – auch wenn niemand in der Lage ist, Einzelheiten zukünftiger Entwicklung oder den Zeitpunkt kommender Abzweigungen oder gar die Fähigkeiten der in Zukunft auftretenden Strukturen mit noch weiter gesteigerter Komplexität vorauszusagen.

Warum wollen nun aber viele Biologen diese deutliche Zielrichtung der Evolution partout nicht wahrhaben? Ich vermute, daß die meisten – und das mit Recht – zumindest im Unterbewußtsein den Schluß vermeiden

wollen, der Mensch sei Ziel und Krone des Evolutionsprozesses. Vor allem aber möchten sie der aus der Einsicht einer Richtung zwingend folgenden Frage ausweichen: Was oder wer ist Ursache dieser Eigenschaft der Natur?

In der Tat kann man nicht ohne pantheistisches Denken im weitesten Sinne auskommen, wenn man im Universum, wenn man in der Materie diesen innewohnenden Formungszwang zur Komplexifikation erkennt.

Ein persönlicher oder personenhafter Gott im Sinne klassischer Offenbarungsreligion ist allerdings dazu nicht notwendig. Auch Laplace hatte ja diese „Hypothese" – wie er Napoleon sagte – zu seiner Welterklärung nicht gebraucht.

Damit kommen wir zu

These 2: *Man kann in der Richtung der Evolution einen allgemein gültigen Maßstab für menschliches Handeln sehen – ja vielleicht den allgemeinsten überhaupt.*

Ich sagte: man *kann*. Denn es ist wohl – abgesehen von Zeit und Ort einer menschlichen Existenz und den damit verbundenen Einflüssen der Umwelt – keine intellektuell zwingende Entscheidung, welche Gruppe von Verhaltensvorschriften der einzelne für sich als bindende Norm annehmen sollte – sei es den Kodex einer Religionsgemeinschaft, einer philosophischen Richtung oder einer Ideologie – sofern er sich überhaupt bewußte Gedanken zu diesem Problem macht.

Deswegen kann ich nur zustimmen, wenn jemand sich nicht diesem Angebot einer evolutionsfundierten Ethik anschließen möchte. Ich werde jedoch energisch widersprechen bei der oft gehörten Behauptung, aus der Evolution wären prinzipiell keine ethischen Maßstäbe herleitbar. Derartige Normen ergeben sich sofort, wenn man bereit ist, hinter dem Geschehen der Evolution einen Grund — eine causa prima — zu sehen. „Deus sive Natura", sagte Spinoza — Goethe nannte es „Gott-Natur". Die aus der Evolution herleitbaren Normen sind dann genauso ein Angebot wie die der Philosophie oder die der Wortoffenbarungen religiöser Gemeinschaften.

Worin besteht nun diese evolutionäre Ethik? Was sind ihre Vorschriften? Wenn man der göttlichen Schöpfung dieses Universums — oder, in anderen Worten, dem Gesetz der kosmischen Dynamik — entsprechen will, sollte man alles fördern, was in der erkannten Richtung der Evolution liegt — was also Information vermehrt, was Komplexität erhält und steigert. Dagegen sollte alles vermieden werden, was einer Ausbreitung von Information oder einer Steigerung von Komplexität abträglich wäre. Gut oder positiv ist somit alles, was „co-evolutionär" ist; böse oder negativ ist alles, was „contra-evolutionär" ist.

Solange man sich in derartig allgemeinen Formulierungen bewegt, ist aber nicht viel gewonnen. Steht man doch den Einzelproblemen der modernen Welt immer noch genauso hilflos gegenüber wie mit der Ethik der Religionen oder der Philosophie. Was kann denn im einzelnen als gut oder böse in der evolutionären Ethik unterschieden werden?

Diese Frage bringt uns zu meiner These 3, die dem Ganzen noch eine zusätzliche Schwierigkeit hinzufügt.

These 3: *An wichtigen Punkten der Evolution treten „Wertwenden"*[5] *auf,*

*das heißt, das bis dahin Entwicklungsförderliche wird entwicklungsschädlich — aus bisher Positivem wird dann Negatives.*

Ich möchte diese Behauptung an vier Beispielen illustrieren:

■ In einer frühen Stufe der Integrationen verschmelzen im Innern von Sternen Protonen und Neutronen bei Temperaturen von vielen Millionen Grad zu Atomkernen. Die dabei freiwerdende Energie bringt Sterne zum Leuchten. Mit steigenden Temperaturen führen solche Fusionen zu Atomkernen immer höherer Komplexität.

Große Sterne werden schließlich zur Supernova, das heißt, sie explodieren und schleudern ihre Materie in den interstellaren Raum, wo sich Kerne und Elektronen zu kompletten Atomen verbinden, die sich ihrerseits dann sogar weiter zu ersten Molekülen zusammenschließen können.

Die freigesetzte Materie dient zur Bildung neuer, sogenannter sekundärer Sterne (wie z. B. unsere Sonne), die sich manchmal, wenn die zusammenstürzenden Massen viel Rotation haben, mit einem Planetensystem umgeben. Alle Materie unseres Planeten, also auch die unserer eigenen Körper, stammt aus solchen Sternexplosionen, die vor mehr als fünf Milliarden Jahren stattfanden.

Die Explosion einer Supernova bildet mein erstes Beispiel einer evolutionären Wertwende. Während nämlich für die Bildung der Atomkerne in den Sternen Temperaturen von vielen Millionen Grad absolut unerläßlich waren, zerreißt solche Hitze sofort jedes Atom oder Molekül in seine Bestandteile, das heißt in Atomkerne und Elektronen.

Das, was bisher gut, was zur Evolution absolut unabdingbar war, wird zum unüberwindlichen Hemmnis, ja wird zur tödlichen Sperre für jeden weiteren Musteraufbau.

■ Betrachten wir als nächstes die Situation bei der Entstehung des Lebens: In der sogenannten Ursuppe der Meere werden laufend vielerlei Arten von Molekülen durch elektrische Entladungen und photochemische Reaktionen gebildet und angereichert sowie gelegentlich auf heißem vulkanischen Gestein weiter zu Ketten integriert.

Vor etwa vier Milliarden Jahren ist dann alles vorbereitet für den großen Durchbruch — für den Sprung von der materiellen zur biologischen Phase der Evolution.

*Leben* entsteht, das heißt die Fähigkeit eines hochkomplexen und in ganz bestimmter Weise harmonischen Musters, sich selbst zu replizieren — und das mit Hilfe einer molekularen Maschinerie, die ihrerseits in diesem Muster verschlüsselt ist und die kontrolliert wird durch ein System, das Biologen die „genetische Information" nennen.

Dieser fundamentale Schritt der Evolution von einer Phase zur nächsten ist verbunden mit einem weiteren Beispiel von Wertumkehr: Ultraviolettes Licht, Blitze von Gewittern, Hitze des Vulkangesteins — all diese früher unentbehrlichen Voraussetzungen für den Aufbau der vorbiologischen Moleküle, all diese positiven, evolutionsfördernden Faktoren der physiko-chemischen Umwelt, werden plötzlich tödlich für jedes *lebendige* Muster. Leben ist etwas sehr Zartes. Die gestern für die Vorbereitung seiner Geburt notwendigen Bedingungen sind jetzt zu brutal — sie würden ihr eigenes Produkt zerstören. Das emp-

findliche Leben kann zunächst nur im schützenden Schoß des Meeres gedeihen.

■ Machen wir einen großen Sprung zum Übergang vom Einzeller zum vielzelligen Organismus vor etwa zwei Milliarden Jahren: François Jacob sagte einmal, der Einzeller habe nur einen Traum im Leben, nämlich den, möglichst schnell zu zwei Einzellern zu werden. Tatsächlich, die schnellstmögliche Replikation war die beste Sicherung für die Dauerexistenz seiner Art. Doch die Integration zum Vielzeller macht das Gute der Vergangenheit schlagartig zum Bösen. Jetzt müssen Zellteilungen nämlich gebändigt werden zum Wohle des Gesamtorganismus — streng reguliert von einem genetischen Programm.

Wenn eine Zelle dieser Kontrolle entrinnt und, davon befreit, wieder zurückfällt in das hemmungslose Verhalten ihrer einzelligen Vorfahren, wird sie zur *Krebszelle*, die ihren vielzelligen Organismus durch ungehemmte Wucherungen schnell umbringen kann. Die früher so positive unkontrollierte Zellteilung ist zur tödlichen Gefahr geworden.

■ Mein viertes Beispiel betrifft das Gehirn des vielzelligen Tieres, das beim Weiterschreiten der Evolution unsere volle Aufmerksamkeit verdient. Das Zentralnervensystem wird zum materiellen Träger einer überraschenden Erfindung, die etwas völlig Neues darstellt. Es ist das System einer bis dahin unbekannten Art von Information: der *intellektuellen* Information, der Grundlage des Gedächtnisses. Durch einen für die Wissenschaft noch weitgehend rätselhaften Mechanismus können Wahrnehmungen, Erfahrungen des Individuums ins Gehirn gebracht, dort zerlegt und bearbeitet, aufgezeichnet und für späteren Gebrauch im Netzwerk der Neuronen konserviert werden.

Das Verhalten jedes höheren Tieres steht somit unter der Herrschaft von zwei Informationssystemen:

— Das ältere von beiden, die genetische Information, kontrolliert offenbar durch Erzeugung bestimmter Neuronenverschaltungen starre Instinkthandlungen. Das dazugehörige spezifische Programm wurde durch den Überlebensdruck auf frühere Generationen als nützlich selektiert.

— Das zweite, jüngere System, die Engramme des Gehirns — die Eindrücke im individuellen Gedächtnis —, benutzt die persönliche Lebenserfahrung, um sinnvolles Verhalten zu erzeugen. Später, in der Evolution, kann durch den Trieb zur Nachahmung oder — noch weiter entwickelt — durch Erziehung sogar Erfahrung und Wissen anderer Individuen zum Wohle des Empfängers weitergegeben werden.

Auch an dieser wichtigen Schwelle begegnen wir einer Wertwende. In früher Evolution, als höhere Tiere ihre Entwicklung begannen, waren Instinkte, die auf gewisse Außenreize bestimmte Antworten als automatische Reaktion vorschreiben, ein äußerst nützlicher Fortschritt zum Überleben der Art.

Im Vergleich zu dem sehr viel anpassungsfähigeren neuen System der intellektuellen Information erscheint dieser starre Mechanismus einer genetischen Kontrolle jedoch hoffnungslos veraltet. Mehr noch — wenn sich die Umweltbedingungen dauerhaft ändern, mögen Instinkte, die ja darauf nicht schnell reagieren können, zu tödlichen Sackgassen werden.

Wieder ist das einstmals evolutionär so Nützliche in sein Gegenteil umgeschlagen.

## Hominisation

Natürlich ist auch mit der Menschwerdung eine weitere Wertwende verbunden. Entscheidend für diesen Evolutionsschritt war zunächst die Integration von Einzelindividuen zu einer kleinen geschlossenen Gruppe von zumeist verwandten Tieren, die sich alle persönlich kannten.

Der damit verbundene Übergang von der Selektion einzelner Individuen zur Selektion ganzer Verwandtengruppen öffnet den Weg für all das, was wir unter dem Humanum verstehen. Tatsächlich war es jahrzehntelang ein Rätsel, wie sich das brutale Gesetz der Evolution, dieses absolut selbstsüchtige Selber-essen-macht-fett, zu altruistischem Verhalten wie gegenseitiger Hilfe oder Nahrungsteilung weiterentwickeln konnte.

Harmonie und Hilfsbereitschaft innerhalb einer Gruppe wurden aber entscheidende Selektionsvorteile zum Überleben der Gruppe, und das heißt: zum Überleben der von ihr getragenen genetischen und intellektuellen Information. Eine Gruppenmoral, die solches Verhalten stärkt — sei sie eine Folge von Erbgut oder Erziehung, von genetischer oder intellektueller Information — wird zum wichtigsten Selektionsfaktor.

In der Situation der Gruppenkonkurrenz muß zwischen dem Verhalten gegen Angehörige der eigenen Gruppe und solchem gegen Mitglieder anderer Gruppen unterschieden werden. Diese Ungleichheit von „In-and-outgroup"-Moral bedeutet den Unterschied zwischen einem ordensdekorierten Kriegshelden und einem Totschläger – zwischen einem siegreichen Eroberer und einem Räuber.

Wenn wir die ethischen Vorschriften aus Philosophie und Religion prüfen, so zeigt sich, daß überall als ethisch das angesehen wird, was der Gruppe zum Wohle gereicht, aber möglicherweise Nachteile für das handelnde Individuum selbst bringen könnte. Das egoistische, gestern für das Individuum noch so nützliche, also evolutionsförderliche Verhalten wird jetzt zur Schwächung – ja zur Schädigung der Gruppe als der neuen evolutionär höheren Ganzheit. Es wird zum Negativum.

Auch die Zehn Gebote der Bibel (die sich nur auf das Verhalten gegenüber Mitgliedern der *eigenen* Gruppe beziehen) zielen alle auf Stärkung der Harmonie und des Zusammenhalts der Gruppe: Verehrung des gleichen Gottes, kein Töten, kein Stehlen, kein Belügen des anderen Gruppenmitglieds usw.

Auf einen summarischen Nenner gebracht:

▸ *Gut* ist, was der Gruppe, also der komplexeren Ganzheit, auf dem höher evolvierten Niveau dient,

▸ *böse* dagegen, was den Interessen des Individuums auf der niedrigeren, das heißt der zurückliegenden Stufe der Evolution nützt.

An der Krebszelle wird deutlich, daß diese Unterscheidung keineswegs auf menschliches Handeln beschränkt ist.

## Intellektuelle Evolution

Der Mensch entwickelt weit mehr als alle anderen Tierarten den Gebrauch des zweiten, des intellektuellen Informationssystems. Die dadurch bedingte Beschleunigung seiner kulturellen Evolution beginnt mit der entscheidenden Erfindung der sprachlichen Kommunikation, die eine Weitergabe von persönlicher Erfahrung und Wissen in ungeahnter Quantität ermöglicht. Dies eröffnet eine Kaskade von sich selbst steigernden Prozessen, die zu Handwerk, Siedlung und Landwirtschaft führen und fortschreiten zu Handel und Wohlstand.

Bald wird auch eine Technik benötigt, um Besitz, Geschehnisse und Erfolge, unabhängig vom unzuverlässigen Gedächtnis des Menschen, in dauerhafter Form festzuhalten. Die Erfindung der Schrift zieht die des Druckes nach sich, dem bald die elektronischen Medien folgen. Damit kann sich das Wissen der Menschheit über die ganze Erde ausbreiten und explosionsartig vermehren. In wenigen Jahrtausenden haben Wissenschaft und Technik eine atemberaubende Entwicklung durchlaufen, die viele Mitmenschen heute erschreckt. Es war die Nutzung des zweiten Informationssystems, die die Welt so verändert hat.

Nach Teilhard de Chardin stehen wir heute an der Schwelle der dritten Evolutionsphase, der „Noosphäre" – am Beginn einer Evolution des Geistigen, auch wenn man als Pessimist einfügen möchte: „sofern sich die Menschheit nicht durch eigene Uneinsichtigkeit und Egoismus selbst zugrunde richtet". Tatsächlich sind wir Zeitzeugen des Endes der biologischen Evolution und möglicherweise des Beginns der kulturellen oder besser der intellektuellen Evolution.

Wir stehen mitten in diesem Übergang und können Anfänge von fundamentalen Umwälzungen erkennen, die nur den Ereignissen vor etwa vier Milliarden Jahren vergleichbar sind, die mit dem Sprung von der materiellen zur biologischen Evolution verbunden waren.

An beiden Phasenübergängen ist eine ungeheure Beschleunigung des Komplexitätswachstums und ein Verlöschen der bisher gültigen Entwicklungsprinzipien zu erkennen. So war die präbiologische Bildung von größeren Molekülen in der materiellen Phase extrem langsam im Vergleich zur Replikation der frühen Organismen.

Nach Beginn des Lebens sammelten dann die replikativen Strukturen zum Aufbau ihrer eigenen Duplikate alle größeren Moleküle aus der Ursuppe ein, die sonst von der materiellen Evolution umgebaut und weiter vergrößert worden wären. Damit wird im Bereich des Lebendigen jeder weiteren materiellen Evolution der Boden entzogen. Sie wird vernachlässigbar gegenüber der Wirkung des Lebens. Wo immer biologische Replikation beginnt, muß die Evolution des Materiellen enden.

Ein entsprechender Wechsel erfolgt am Übergang, in dem wir derzeit stehen. Wo immer die sozio-ökonomische Technologie des Menschen die Entwicklung übernimmt, hat die biologische Evolution keine Chance mehr. Sie ist viel zu langsam.

Alle Bäume des Schwarzwaldes sind durch Forstbehörden geplant und von Menschen gepflanzt. Welche Tiere in einigen hundert Jahren auf diesem Planeten – in Tierparks, keineswegs in der Natur – noch vorkommen werden, hängt allein von unserer Entscheidung ab, sie zu erhalten.

Energieprobleme bilden eine andere Parallele in beiden Phasenwechseln. Die erste Energiekrise trat ein, als das Reservoir der energiereichen Moleküle, die vor der Entstehung des Lebens in der Ursuppe angesammelt waren, durch die exponentielle Vermehrung der frühen Lebewesen ausgeschöpft war. Auch damals sah es um die Zukunft der Evolution dunkel aus.

Dann aber überwand die Erfindung der Photosynthese diesen Engpaß und öffnete den Weg für eine zweite Lösung, den biologischen Energiebedarf zu befriedigen: Das Tier wurde geboren mit seiner Fähigkeit, durch Fressen anderer Organismen die in diesen gespeicherte Energie für sich zu nutzen.

Jetzt an der Schwelle zur intellektuellen Evolution ist bereits ein ähnlicher Engpaß erkennbar: Nach Verbrauch aller aufgespeicherten fossilen Energie unserer Erdkruste wird auch die Menschheit gezwungen sein, neue langfristig nutzbare Energiequellen zu öffnen.

Vor allem aber erkennen wir, daß wir wieder vor einer großen Wende vieler alter Werte stehen. Wieder wandelt sich vieles, was die intellektuelle Evolution bis zu diesem Punkt getragen hat, in tödliche Gefahren für alle weitere Entwicklung. Das erschwert Entscheidungen zur Frage, was denn heute als koevolutionär zu gelten hat.

Zur Veranschaulichung folgen hier einige Beispiele für diese Behauptung einer heute sichtbaren Wertumkehr.

In keinem Bereich ist die Wertwende evidenter als beim

■ **Militär:**
Durch die gesamte Geschichte der Menschheit – ja schon unter Schimpansen – war es ein Selektionsvorteil, zu einer starken Bande zu gehören. Kämpfe und Auseinandersetzungen zwischen Gruppen um Wasser, Nahrungsquellen oder Unterschlupf waren eine alltägliche Bedrohung. Wirkungsvolle Waffen zu entwickeln und in ständiger Bereitschaft zu halten, war

überlebenswichtig. Xenophobie, Angst vor der Nachbarbande und die ständige Bereitwilligkeit, diese zu hassen, waren unentbehrliche Eigenschaften zum Fortbestehen der Gruppe.

Die Kombination von Angst und Aggression war das erfolgreiche Zwillingspaar, das allein Weiterexistenz sicherte. Das jedenfalls galt bis zu jenem Augenblick, als menschliche Erfindungsgabe den Steinzeitspeer zu einem ferngelenkten Marschflugkörper mit nuklearem Sprengkopf weiterentwickelte. Seitdem hat der Mensch die Chance verloren, sein Land zu schützen, seine Familie, sein Eigentum.

Unsere ängstliche Aggressivität – unsere aggressive Angst, lebenssichernder Wert der Vergangenheit, hat sich in das Gegenteil verkehrt. Denn auf längere Sicht ist in der Kombination von fast noch biologischem Steinzeitdenken und der Zerstörungskraft heutiger Waffentechnologie ein Überleben der Menschheit kaum vorstellbar.

Wenn früher also Verteidigungswille als Forderung einer evolutionsfundierten Ethik gelten mußte, so ist heute – der Bergpredigt entsprechend – Frieden und Solidaritätsbereitschaft mit allen Menschen gefordert.

Mit dem militärischen Denken in engem Zusammenhang steht die Frage der

■ **Bevölkerungszahl:**
Zu allen Zeiten war in allen menschlichen Gruppen viel Nachwuchs erwünscht. Ein starker Stamm, eine große Nation machten fähiger zur Verteidigung des Territoriums und gaben Sicherheit gegen Auslöschung durch Katastrophen aller Art.

Aber in unserem Jahrhundert kehrt sich das so ausgewogene, durch Selektion in Millionen Jahren der Evolution bestens an die Erfordernisse des Überlebens der Art angepaßte Potential biologischer Vermehrungsmöglichkeit des Menschen in sein Gegenteil. Die Explosion der Bevölkerungszahlen vergrößert jedes der Menschheitsprobleme zur Unerträglichkeit. Auch hier hat in der Evolution der Menschheit eine Wertwende stattgefunden.

Das früher so Nützliche treibt uns plötzlich in die Menschheitskatastrophe – und das um so mehr, wenn religiöse Führer ihre Verantwortung einer jenseitigen Autorität gegenüber für wichtiger halten als diejenige für das diesseitige Leiden ihrer Mitmenschen.

Ein kurzes Wort jetzt zum

■ **Fernsehen:**
Zu Beginn war es eine faszinierende Möglichkeit zur Unterrichtung und Unterhaltung einer breiten Bevölkerung – ohne Zweifel hochgradig informationsverbreitend, also koevolutionär. Doch hat es sich nun, um Zuschauer anzulocken, in immer fragwürdigere Sendungen verstiegen, in denen Kindern Brutalität, Sex und Verbrechen aller Art vorgeführt werden. Das mag auch einer der Gründe sein, daß Jugendkriminalität bis hin zum Mord von Zehnjährigen an Kleinkindern ein Gesellschaftsproblem höchsten Ranges geworden ist.

Das Positive von gestern wird zum Negativen von heute. Man erkennt, daß man nicht schematisch eine Technik der Informationsverbreitung schlechthin als koevolutionär, also als positiv bezeichnen darf, sondern daß, um zu diesem Urteil zu kommen, auch die verbreitete Information selbst evolutionsfördernd sein muß.

Aber warum hat das Fernsehen diese Entwicklung genommen? Weil es ihm zur wichtigsten Aufgabe geworden ist, durch Konsumwerbung sich selbst zu erhalten.

Das bringt mich zum nächsten Punkt,

■ **Produktion und Verbrauch:**
Zu Beginn der Industrialisierung waren das Streben nach Unternehmergewinnen und die Forderung nach höheren Löhnen nur in scheinbarem Gegeneinander, tatsächlich aber in harmonischem Gleichschritt, auf eine sich von Jahr zu Jahr steigernde Produktivität und den damit verbundenen immer höher werdenden Lebensstandard der Bevölkerung hin ausgerichtet.

Über lange Zeit konnte nur ein ständig wachsendes Sozialprodukt Arbeitslosigkeit – und das heißt Kaufkraftverlust – vermeiden. Das Streben nach Gewinn und höherem Lohn förderte so die technische Entwicklung und war folglich koevolutionär.

Diese Entwicklung der Technik hat aber inzwischen ein Niveau erreicht, an dem mit immer weniger Menschen immer mehr produziert werden kann. Resultat: der Mensch wird vorrangig als Konsument gebraucht. Sein Konsum muß daher durch Werbung, durch Saisonschlußverkäufe und Sonderangebote ständig angeheizt werden – durch stetige Steigerung seiner Wünsche (siehe das Fernsehen). Ohne Wachstum läuft das Ganze nicht mehr. Diese industrielle Riesenproduktion – noch heute Wunschtraum großer Teile der Weltbevölkerung – ist auf der anderen Seite aber ein Alptraum geworden, ein Alptraum für die

■ **Umwelt:**
Jedermann weiß, daß wir eine Verseuchung erleben, eine Verseuchung durch Radioaktivität und giftigen Industrieabfall – ganz zu schweigen von der Verpestung unserer Luft, die zum Waldsterben führt, oder von den Verbrennungsabgasen, die unseren Planeten zu einem Treibhaus machen. Der Homo faber ist übers Ziel hinausgeschossen – er hat ein bißchen zu viel des Guten getan. Seine Energieverschwendung stellt das klimatische Gleichgewicht unseres Planeten in Frage.

So wird das früher so Begrüßte zum Horrortrip für die nächsten Generationen. Ständig wachsende Produktion für ständig wachsenden Konsum einer ständig wachsenden Zahl von Menschen ist alles andere als koevolutionär.

Mein letztes Beispiel betrifft die

■ **Medizin:**
Seit den Medizinmännern der Steinzeit haben sich Ärzte stets bemüht, Kranke zu heilen. Ihr Ziel, menschliches Leben um jeden Preis zu erhalten, war immer Maxime aller medizinischen Ethik. Jetzt jedoch wirft die rasante Entwicklung klinischer Technologie zunehmend Schatten auf diese edle Zielsetzung.

Von Herz-Lungen-Maschinen bis zur Organtransplantation wurden so viele neue Methoden der Diagnose und Therapie entwickelt, daß die meisten Sterbenden in Krankenhäusern technisch noch länger am Leben gehalten werden könnten – was immer das Wort „Leben" dabei bedeuten mag. Bedenkt man auf der einen Seite den fragwürdigen Wert einer solchen Lebensverlängerung (die tatsächlich ja eher eine Verlängerung des Sterbens ist) und auf der anderen Seite die wirtschaftliche Unmöglichkeit, derartig kostspielige Behandlungen weltweit allen Menschen zugänglich zu machen, dann wird deutlich, daß das Grundkonzept unserer Medizin in naher Zukunft einer tiefgreifenden Reform bedarf. Nur zwei Zahlen zur Situation:

Eine Organtransplantation kostet 100 000,– DM. Mit diesem Geld könnten 20 000 Kinder in Afrika vor Blindheit bewahrt werden (nach: Christoffel Blinden-Mission).

Oder wollen wir etwa eine Welt anstreben, in der alle Menschen ihr ganzes Leben in Hospitälern und Pflegeheimen zubringen – erst als Arzt, als Krankenschwester, Techniker oder in anderen Hilfsrollen – dann selbst als Patient?

Es klingt paradox, aber je leistungsfähiger unsere medizinische Technik wird, desto größer wird der Bevölkerungsanteil, der ärztlicher Hilfe bedarf. Die immer mehr wachsenden Möglichkeiten der Medizin nämlich halten zunehmend mehr Menschen am Leben – dies aber auf Kosten einer permanenten medizinischen Überwachung. In den Industrieländern wächst und wächst der Anteil der Alten. Ein klares Ziel, so eindeutig in der Vergangenheit, hat seine Unschuld verloren. Schatten fallen auf die Aufgabenstellung des Hippokrates.

Die Fragen medizinischer Ethik gehören zu den schwierigsten unserer Zeit. Wir sind auf dem besten Wege, in eine große Unehrlichkeit hineinzurutschen, denn wir werden gezwungen sein – vielmehr, wir sind schon heute gezwungen –, aus finanziellen Gründen nicht allen Menschen die medizinische Versorgung angedeihen zu lassen, zu der unser wissenschaftlicher Standard uns befähigen würde. Das aber verschweigt die Medizin.

Ein völlig neues Denken muß platzgreifen. Wertwenden in allen Bereichen unserer Kultur. Verwirrung überall.

Das, was gestern noch gut, was zur Evolution absolut unabdingbar war, wird heute zum Hemmnis und morgen zur tödlichen Sperre für jede weitere Evolution.

Mit der Aussage „gut ist, was im Sinne der Evolution liegt" ist es also gar nicht so einfach getan, wenn man in einer Zeit der vielschichtigen Wertwenden lebt.

## Die zentrale Frage der Begründbarkeit

Wie schon eingangs dargelegt, hat die hier vorgeschlagene Herleitbarkeit ethischer Normen aus der Evolution bekannte Vorbilder. Julian Huxley und Conrad H. Waddington erklärten ebenfalls, daß „gut" ein Verhalten sei, das in Richtung der Evolution liegen würde.

Nach Huxley sollte die „most desirable direction of evolution"[6] zugleich das ethisch Richtige definieren. Jedoch wurde von ihm dabei keinerlei Versuch unternommen zu begründen, warum die Richtung der Evolution positiv wäre. Waddington[7] sagt daher auch in vorsichtigen Worten, daß Huxley wohl dabei doch ein Opfer des naturalistischen Fehlschlusses geworden sei.

Waddington benutzt Evolution nur als Maßstab, um zwischen verschiedenen Vorschlägen ethischer Systeme zu unterscheiden. Nach Waddington sind die ethischen Fähigkeiten des Menschen nötig für seine Evolution. Folglich ist dasjenige ethische Normensystem einzusetzen, das der erkannten Richtung der Evolution am meisten förderlich wäre. Nun, man mag geteilter Meinung sein, ob Waddington nicht doch auch selbst wieder ein Opfer des naturalistischen Fehlschlusses wurde, denn auch bei ihm findet man keine Begründung für die Annahme, daß Evolution positiv sei. Aber man sollte diese Entscheidung nur nach dem Studium seines Buches treffen, nicht nach meiner unverantwortlich verkürzten Zusammenfassung.

Ich fühle mich auch nicht kompetent zu entscheiden, ob Teilhard de Chardin eine evolutionär-fundierte Ethik der christlichen Offenbarungsethik im Alten und Neuen Testament vorgezogen hätte. Meinem Verständnis nach hätte er wohl argumentiert, daß zwischen christlicher Wortoffenbarung und der Offenbarung des Evolutionswerkes kein Gegensatz bestehen könnte. Ich frage mich allerdings, ob diese versöhnliche Haltung für alle Aspekte moderner Weltprobleme tragfähig ist, wenn ich nur an das Beispiel der Bevölkerungsexplosion denke. Die hier maßgebende christliche Ethik ist doch wohl die vom Papst vertretene Haltung, denn wer könnte christliche Ethik mit mehr Autorität interpretieren?

Auf der anderen Seite kann aber wohl niemand sagen, daß die mit der Bevölkerungszahl zunehmende Umweltverschmutzung und Massenverelendung förderlich für evolutionäre Entwicklung wäre.

Einer evolutionsfundierten Ethik nach müßte die Zahl der Weltbevölkerung so begrenzt werden, daß eine optimale Informationsvermehrung und maximaler Komplexitätszuwachs ermöglicht wären. Dazu gehören aber vor allem harmonische Beziehungen zwischen allen Teilen der Bevölkerung, die sicherlich nicht durch wachsende Zahlen gesteigert werden.

## Sein — Werden — Sollen?

Als letzten Punkt möchte ich die Frage diskutieren, ob ebenso wie der Schluß vom Sein aufs Sollen auch der Schluß vom Werden aufs Sollen als naturalistischer Fehlschluß zu gelten hat. Dabei enthält der Begriff „Werden" bereits eine Entwicklung in bestimmbarer Richtung oder auf ein Ziel hin. „Werden" ist also mehr als ein stochastisches Rauschen, das zwar Veränderungen zeigt, aber keinerlei konstante Tendenz oder Richtung. Die Frage ist also, ob man bei Beobachtung einer Entwicklung in bestimmte Richtung auch zu der Folgerung kommen darf, daß diese Richtung gut ist und zur allgemeinen Norm erhoben werden dürfte.

Diese Frage ist mit Sicherheit zu verneinen, denn niemand käme auf den Gedanken, daß aus dem ständigen Anwachsen der Kriminalität zu schließen wäre, daß die Zahl von Verbrechen zunehmen *sollte*. Das gleiche gilt für viele andere Negativa wie Umweltverschmutzung, Bevölkerungsexplosion etc.

Ein erkennbares Werden in bestimmter Richtung allein genügt also noch keineswegs, um dieser Richtung ein Sollen zuzuschreiben. Das wird auch in der von mir vertretenen Version einer evolutionsfundierten Ethik nicht getan. Um aus dem Werden des Universums ein Sollen abzuleiten, bedarf es der Überzeugung, daß dieser gerichtete Prozeß einen Grund hat, daß er Folge einer causa prima ist, daß „Deus sive Natura", daß Alpha[8] ein für uns unbegreiflicher Urgrund dieser gerichteten Entwicklung ist. Evolution ist die einzig universelle Offenbarung dieser Unergründlichkeit.

[1] *Teilhard de Chardin, P.:* Die Zukunft des Menschen. C. H. Beck, 1947. S. 267. — [2] *Teilhard de Chardin, P.:* Die Entstehung des Menschen. Walter-Verlag, 1950. S. 19. — [3] *Bresch, C.:* Zwischenstufe Leben. Piper, 1977; und ders.: Evolution — Zufall und Systemzwang, Mitt. hamb. zool. Mus. Inst. 89, Ergbd. 1 (1992), S. 115 bis 122. — [4] *Huxley, J.:* Evolution, The

Modern Synthesis. George Allen & Unwin Ltd., 1942. — [5] *Bresch, C.* in: Herausforderung des Wachstums, Bericht des Club of Rome. Scherz, 1990. — [6] *Huxley, J.:* Evolutionary Ethics. The Romanes Lectures in Touchstone for Ethics, Harper & Brothers Publ., 1943. — [7] *Waddington, C. H.:* The Ethical Animal. George Allen & Unwin Ltd., 1960. — [8] *Bresch, C.* in: Evolution und Menschenbild. Hoffmann & Campe, 1983; sowie in: Kann man Gott aus der Natur erkennen? Herder, 1990.

## Stellungnahmen

*Günther Schiwy:*

1. Nach meiner Kenntnis Teilhards de Chardin hätte der Evolutionist Teilhard die Ausführungen von Bresch als Weiterführung seiner eigenen Ansätze begrüßt. Als katholischer Theologe, der Teilhard auch war, hätte er jedoch die Frage von Bresch, ob der Papst (allein) nicht verbindliche Autorität in ethischen Fragen, z. B. der Geburtenkontrolle, wenigstens für die Katholiken sei, verneint: Der Papst ist es nur in Übereinstimmung mit den Bischöfen und diese nur in Übereinstimmung mit einer qualifizierten Mehrheit der Gläubigen. Gerade in der Frage der Empfängnisverhütung und der dabei zulässigen Mittel ist ein Teil der Bischöfe offen anderer Meinung als der Papst und die kirchliche Tradition. In diesem Fall praktiziert eine qualifizierte Mehrheit der Katholiken genau das, was Bresch eine „Wertwende" nennt.

2. Zur Frage des „naturalistischen Fehlschlusses": Dieser Einwand, vor dem sich Bresch unbegründeterweise zu fürchten scheint, wird häufig mißverstanden und mißbräuchlich verwendet. Nach Hume und — was wichtiger ist — der Sache nach liegt ein Fehlschluß nur dann vor, wenn aus der bloßen Tatsache, daß etwas der Fall *ist*, *ohne weitere vermittelnde Gedanken* (darauf kommt es an!) gefolgert wird, daß dieses Etwas auch sein *soll*. Die abendländische Philosophie und Theologie wie auch der „gesunde Menschenverstand" (common sense) sind — mehr oder weniger ausdrücklich — immer davon ausgegangen: agere sequitur esse (Thomas von Aquin) — das Handeln folgt dem Sein —, jedoch nicht blind, sondern indem der Handelnde das jeweils Seiende *beurteilt*, ob es — um bei Bresch zu bleiben — den aus der Evolution ableitbaren Normen entspricht oder nicht. Der *vermittelnde Gedanke* ist bei Bresch: die Beurteilung der Evolution als eine für den Menschen nachweisbar positive, gerichtete Entwicklung, aus der Verhaltensnormen zu entnehmen sind, die in einer bestimmten Phase diese Entwicklung weiter fördern. Da Bresch durch diese Vermittlung weit davon entfernt ist, einen naturalistischen Fehlschluß zu begehen, erübrigt es sich für ihn, als Vermittlung auch noch die Annahme einer Erstursache (Aristoteles), „Gott oder (auch) Natur" (Spinoza) oder das „Prinzip Alpha" (Teilhard de Chardin) für nötig zu halten, so richtig es ist, daß auch diese „Vermittler" den Schluß vom Sein auf das Sollen leisten können für den, der sie akzeptiert.

*Jürgen Schnakenberg:*

Der Beitrag von Carsten Bresch ist eine hervorragende und engagierte Darstellung des Gedankens der Evolution. Für besonders wichtig und verdienstvoll halte ich die Hervorhebung der *Wertwenden* im Ablauf der Evolution. Diese ist eben nicht ein starres Entwicklungsschema, in dem „survival of the fittest" ein eindeutiges, statisches Konzept für die Wertefunktion der Selektion bildet. Im Gegenteil: Die

Bewertung selbst ist dynamisch zu verstehen, sie ist wahrscheinlich selbst wiederum Ergebnis aller bisherigen Evolution. Das ursprünglich sehr einfache naturwissenschaftliche Evolutionsmodell wird auf diese Weise zu einem Modell für die Entwicklung eines überaus komplexen Systems. Wenn ich Carsten Bresch richtig verstehe, ist mit der dritten Evolutionsphase, der intellektuellen Evolution, die Hoffnung verbunden, daß diese durch eine erneute Wertwende die globalen Bedrohungen des komplexen Systems Leben meistert. Ich bin nicht ganz sicher, ob unser bisheriges Evolutionsmodell dazu in der Lage sein wird. Mutationen erlangen in unserer Gegenwart sehr leicht selbst globalen Charakter. So sind z. B. die Entscheidungen zwischen nuklearer Energie, fossiler Energie oder Energieknappheit keine lokalen Evolutionsalternativen mehr, sondern haben immer bereits globalen Charakter. Jeder Fehler kann dann letal für das gesamte System werden. In physikalischer Sprechweise: Die Fluktuationen verhalten sich nicht-thermodynamisch, sondern makroskopisch wie an den kritischen Punkten von Phasenübergängen („Katastrophen"). In defätistischer Sprechweise: Das Evolutionsexperiment „Leben" könnte sich als letal erweisen. Oder sollen wir zukünftige Evolution als einen völlig determinierten Prozeß ohne Fluktuationen verstehen?

*Gerhard Vollmer:*

Daß die kosmische Evolution mit Musterintegration einhergeht, hat niemand schöner gezeigt als Carsten Bresch selbst. Auch ist es durchaus möglich, in diesem *bisherigen Durchschnitts*verlauf der Evolution in unserer *engen Umgebung* einen Trend, eine Richtung zu entdecken. Bei seinen weiteren Argumentationsschritten macht Bresch jedoch Gebrauch von mehreren *unbegründeten Voraussetzungen:*

▸ *Wenn Evolution eine Richtung hat, dann hat sie auch ein Ziel.*

Das folgt gerade nicht. Ein fallender Stein hat eine Richtung, aber kein Ziel. Bei unbelebten Systemen — und der Kosmos als Ganzes ist natürlich kein Lebewesen — ist die Rede von einem Ziel zumindest irreführend.

▸ *Die Evolution wird ihre bisherige Richtung beibehalten.*

Wohl kaum. Nach heutigem Wissen („kosmische Eschatologie") wird der Kosmos entweder in einem Endknall verschwinden, oder durch ewige Ausdehnung veröden. Wollte man dagegen einwenden, derart lange *künftige* Zeiträume seien für uns, insbesondere für unser praktisches Handeln, unerheblich (daran ist etwas Wahres), so frage ich mich, wieso dann die *bisherigen* Jahrmilliarden der Evolution für uns eine Rolle spielen sollen.

▸ *Komplexitätszuwachs ist etwas Positives, Wertvolles, Gutes.*

Das ist eine subjektive *Bewertung*, eine persönliche Überzeugung, ein anthropozentrisches Bekenntnis, eine Entscheidung; zwar erlaubt, aber durch keine Wissenschaft gedeckt. Und natürlich gibt es auch nutzlose und sogar schädliche Komplexität, wie Mafia, Bürokratie, totalitäre Systeme und vor allem Breschs „Wertwenden" leidvoll belegen.

▸ *Diesen Komplexitätszuwachs kann man nur durch einen Schöpfergott erklären.*

Stimmt nicht. Werden und Stabilität *unbelebter* Systeme erklären wir durch Theorien der Selbstorganisation, insbesondere durch Bindekräfte unterschiedlicher Stärke und Reichweite. Den Zuwachs an funktioneller Komplexität bei *belebten* Systemen erklären wir über Darwins Selektionstheorie. Nur die Existenz und die Anfangsstruktur der Welt können wir *nicht* erklären; Existenz und Wirken eines Schöpfers aber ebensowenig.

▶ *Im Komplexitätszuwachs kann man einen Maßstab für menschliches Handeln sehen (These 2), man kann es aber auch lassen (Erläuterungen dazu).*

Also läßt sich aus der Evolution *nichts ableiten;* denn die Herleitung einer Behauptung oder einer Norm soll ja zwingend sein oder diese wenigstens plausibler machen als ihr Gegenteil.

▶ *Hat die Evolution eine erste Ursache, so lassen sich aus ihr moralische Normen gewinnen.*

Keineswegs! Erste Ursache der Welt könnte ja auch etwas Böses, der Teufel, ein übler Dämon sein; dann sollten wir den Evolutionsverlauf eher schlecht finden und *dagegen* arbeiten. Wer sich *entschließt*, Evolution, Komplexitätszuwachs und den Urgrund der Welt gut zu finden und daraus Normen zu begründen, der könnte sich zur Normenbegründung auch gleich auf den Willen Gottes berufen („Gott will es so!") und die Evolution ganz auslassen.

▶ *Bei Wertwenden wird das Positivum von heute zum Negativum von morgen.* Aber nur in der Hälfte der Fälle. In anderen Fällen wird Schädliches nützlich: Das Umweltgift Sauerstoff wurde zum Energielieferanten; Naturkatastrophen eröffnen neue Entwicklungsmöglichkeiten, z. B. für die Säugetiere; Neugier galt im Mittelalter als Laster, heute als wertvolles Humanum; usw. Es gibt also „Wertwenden" in beiden Richtungen. Offenbar entnehmen wir

unsere Maßstäbe gerade nicht der Evolution, sondern anderen Quellen. Schätzen wir den Menschen — in naheliegender Anthropozentrik — als besonders wertvoll ein, so überträgt sich diese Wertung zwangsläufig auf alle Entwicklungsschritte, die zum Menschen geführt haben. Auch Breschs Wertmaßstäbe entstammen also letztlich doch nicht der Evolution oder dem Urgrund Alpha, sondern der üblichen Anthropozentrik. Der Umweg über die Evolution zeigt allenfalls, daß die empirischen Befunde einem solchen Welt- und Menschenbild *nicht widersprechen;* aber das können sie wegen der logischen Unabhängigkeit von Fakten, Normen und Werten sowieso nicht.

*Sigurd Martin Daecke:*

Es ist nicht verwunderlich, daß die Thesen Breschs die Kritik des Philosophen und Physikers Gerhard Vollmer herausfordern. Denn was Bresch als naturwissenschaftliche Aussagen versteht — etwa die Zielgerichtetheit der Evolution und die daraus sich ergebenden ethischen Konsequenzen (die „evolutionsfundierte Ethik") — sind, und das hat Vollmer richtig erkannt, „subjektive Bewertung", „persönliche Überzeugung": also „Bekenntnisse", Glaubensaussagen einer pantheistischen Naturfrömmigkeit evolutionären Charakters (die als solche hohen Respekt verdienen). Ganz deutlich wird das am Schluß von Breschs Ausführungen: „Um aus dem Werden des Universums ein Sollen abzuleiten, bedarf es der Überzeugung, daß dieser gerichtete Prozeß einen Grund hat" — es bedarf also des Glaubens an die Offenbarung des „Urgrundes", der „Unergründlichkeit".

Vollmers Kritik zeigt, wo der entscheidende Gegensatz wirklich liegt — eben nicht dort, wo Bresch es meint: nicht zwischen einer pantheistischen („causa prima", „Deus sive Natura") und andererseits einer theistischen Normenbegründung, nicht zwischen „evolutionsfundierter Ethik" und „christlicher Offenbarungsethik". Denn auch Breschs Ethik beruht auf einer Offenbarung, nämlich derjenigen der Evolution. Breschs Einwand gegen die von Teilhard de Chardin (zu Recht!) vertretene Auffassung von der Identität beider Normenbegründungen überzeugt nicht: Für eine christliche — zumal eine evangelische — Ethik ist die Meinung eines Papstes ebenso unmaßgeblich wie diejenige der Fundamentalisten. Und daß andererseits die Evolution allein und als solche keine eindeutigen und unmißverständlichen Wertmaßstäbe setzt, räumt Bresch ja selber abschließend ein.

Könnte Bresch also „die Evolution ganz auslassen", wie Vollmer meint? Ist der „Umweg über die Evolution" unnötig oder gar eine Illusion? Nein, denn die (im weitesten Sinne) „religiöse" Normenbegründung — die nicht auf den Willen Gottes reduziert werden darf — kann eben nicht als zeitlos und geschichtslos betrachtet werden, nicht als unabhängig von der Weltwirklichkeit, die wir als evolutionär verstehen. Eine ausschließlich „evolutionsfundierte" Ethik hält Bresch zwar selber nicht für möglich. Aber eine „wirklichkeitsfundierte" Ethik, die die *ganze* Wirklichkeit — sowohl die Gotteswirklichkeit als auch die evolutionäre Weltwirklichkeit — als eine einheitliche Wirklichkeit versteht, kann nur eine „evolutions*bestimmte*" Ethik sein. Das gezeigt zu haben, ist Carsten Breschs Verdienst.

# Beobachtungen und Gedanken zur Evolution einer naturwissenschaftlichen Ethik

Die Evolution einer naturwissenschaftlichen Ethik in dem Sinne, daß Naturwissenschaftler ethische Bedingungen und Folgen ihrer wissenschaftlichen Arbeit in ihr Denken einschließen, hat eine recht kurze Geschichte. Die traditionelle Haltung der Naturwissenschaftler zieht eine scharfe Trennlinie zwischen den wissenschaftlichen Fragestellungen einerseits und ethischen Fragestellungen in bezug auf Voraussetzungen der wissenschaftlichen Arbeit und Anwendung ihrer Ergebnisse andererseits. Daher scheint die Frage nach einer christlichen Ethik des naturwissenschaftlich-technischen Arbeitens und Handelns unrealistisch zu sein: Die Evolution der Naturwissenschaften verlief in einem scharfen Gegensatz zum christlichen Glauben, und der christliche Glaube hat sich schrittweise aus Aussagen zurückgezogen, die naturwissenschaftlich besetzt wurden.

Die saubere Trennung zwischen wissenschaftlicher Arbeit und der Reflexion ihrer ethischen Voraussetzungen und Konsequenzen ist auch heute noch unter den Naturwissenschaftlern weit verbreitet, wenngleich durch eine Vielzahl gegenwärtiger Entwicklungen erschüttert und insbesondere in der Generation der Studierenden umstritten. Daß Naturwissenschaftler möglicherweise doch eine besondere ethische Verantwortung tragen, ist zumindest für die Physiker seit der Entwicklung der ersten nuklearen Bombe durch Physiker, ihrer politischen und

Prof. Dr. **Jürgen Schnakenberg**, geb. 1937 in Bremen. Studium der Physik in Göttingen; 1962 Promotion; 1969 Habilitation für Theoretische Physik in Köln; 1969 wiss. Berater am Battelle-Memorial Institute, Frankfurt a. M.; 1969 Gastdozent an der Universität Würzburg; 1971 Privatdozent an der Universität Frankfurt a M.; 1972 Lehrstuhl für Theoretische Physik an der RWTH Aachen. Veröffentlichungen über Theorie der Festkörper, Halbleiterphysik, Membranbiophysik, Statistische Physik, Neurobiologie und Computerphysik in zahlreichen internationalen wissenschaftlichen Zeitschriften; Buchveröffentlichungen: Thermodynamic Network Analysis of Biological Systems, [2]1981; Algorithmen in der Quantentheorie und Statistischen Physik, 1995.

*Prof. Dr. Jürgen Schnakenberg, RWTH Aachen, Lehrstuhl D für Theoretische Physik, 52056 Aachen*

militärischen Verwirklichung wiederum unter Mitwirkung von Physikern und ihres Abwurfs auf Hiroshima und Nagasaki überdeutlich geworden. Längst auch sind es nicht mehr solche extremen Ausnahmesituationen, in denen naturwissenschaftliches Arbeiten und die Frage nach dem Guten und Bösen so untrennbar miteinander verknüpft sind. Die gegenwärtigen Auseinandersetzungen um die friedliche Nutzung der Kernenergie, die Bedrohung des Erdklimas durch die Nutzung fossiler Energie und durch Emissionen aus chemischen und technischen Prozessen, die Anwendung der Gentechnik oder die Weiterentwicklung und der Einsatz moderner Kommunikationstechnik signalisieren, daß Naturwissenschaft und Technik längst zu einem Gegenstand der Ethik geworden sind.

Gleichzeitig vollzieht sich aber auch eine entgegengerichtete Entwicklung, die man plakativ mit *„Ethik als Gegenstand der Naturwissenschaften"* beschreiben kann. Denn was in einer höchst komplexen und eng verknüpften Welt angesichts ihrer vielfachen Bedrohungen als gut und was als böse zu beurteilen ist, kann nur mehr durch Analysen in lokalen oder globalen Szenarien ermittelt werden, die sich notwendigerweise mehr und mehr naturwissenschaftlicher Methoden bedienen müssen. Am stärksten ausgeprägt ist das in den Szenarien des Erdklimas. Dieses sind nicht-lineare dynamische Systeme, die sich in ihren einzelnen Mechanismen auf die physikalisch-chemischen Kenntnisse der Klimaprozesse stützen. Die nicht-lineare Systemdynamik ist ein aktuelles Arbeitsgebiet der theoretisch-physikalischen Grundlagenforschung, ebenso ist die Erforschung der Klimaprozesse Ge-

genstand der Grundlagenforschung in einer Vielzahl von physikalisch-chemischen Disziplinen. Dieses Beispiel zeigt, wie naturwissenschaftliche Grundlagenforschung unmittelbare Implikationen für eine Ethik des globalen wirtschaftlich-technischen Handelns liefern kann und muß.

Welchen Weg unsere technisch-wissenschaftliche und technisch-wirtschaftliche Evolution hätte nehmen können, wenn religiöser Glaube das Weltbild und das Denken der Naturwissenschaften in sich aufgenommen und verarbeitet hätte, bleibt Spekulationen überlassen. Für den christlichen Glauben heute bleibt nur eine Bindung von Gut und Böse an Gottes Gebote und Gottes Willen im Sinne einer Letztbegründung. Aus der Welt der Bibel gibt es keine Verbindung zu unserem gegenwärtigen Problem der Ethik in einer naturwissenschaftlich-technisch geprägten Welt. Eher scheint es so, daß christlicher Glaube heute neue Orientierungen von dieser Auseinandersetzung empfangen als daß er über Letztbegründungen hinaus Hilfen geben kann.

## Naturwissenschaften und Technik als Gegenstand der Ethik

Unter dieser plakativen Formulierung möchte ich einige Gedanken zu den gegenwärtigen kritischen Anfragen an die Naturwissenschaften und die Naturwissenschaftler über ihre Verantwortung für die zivilisatorische und ökologische Evolution unserer Welt und ihrer Zukunft beitragen. Später wird es unter der umgekehrten Formulierung *Ethik als Gegenstand der Naturwissenschaften* darum gehen, welche Beiträge die Naturwissenschaft zu einer Ethik der technologischen Zivilisation leisten kann.

## Welche besondere Verantwortung trägt der Naturwissenschaftler?

Unter diesem Titel hat sich der Physiker Jörg Hüfner[1] mit den gegenwärtigen ethischen Anfragen und Forderungen an die Naturwissenschaftler kritisch auseinandergesetzt. Typisch für physikalisches Lernen und Verstehen, wählt Hüfner ein konkretes Beispiel, um seine im Sinne der obigen Fragestellung eher eingrenzenden Aussagen zu erläutern, nämlich die wissenschaftliche und politische Entwicklung, die zur Bedrohung der Welt durch die nuklearen Waffen führte. Er stellt drei Markierungspunkte dieser Entwicklung dar:

■ die Entdeckung der Uranspaltung durch Otto Hahn und Fritz Straßmann im Jahre 1938;

■ die Initiative der amerikanischen Physiker um Einstein zum Bau der ersten nuklearen Bombe in den USA; und

■ die Erklärung der 18 Göttinger Physiker zur nuklearen Bewaffnung der Bundeswehr im Jahre 1958.

### Die wissenschaftliche Entdeckung

Der Vorgang der Entdeckung der Uranspaltung durch Otto Hahn und Fritz Straßmann im Jahre 1938 und ihrer Veröffentlichung in einer wissenschaftlichen Zeitschrift unterschied sich zunächst in keiner Weise von irgendeiner anderen wissenschaftlichen Arbeit. Hüfner weist darauf hin, daß schon die überaus vorsichtige Formulierung in der Veröffentlichung belegt, wie abwegig die Vermutung wäre, Hahn und Straßmann hätten sich bereits damals über die Bedeutung ihrer Entdeckung und ihrer Folgen im klaren sein können. Wer Otto Hahn noch persönlich kennengelernt hat, wird bestätigen, daß jeglicher Vorwurf an ihn, er habe mit seiner und Straßmanns Entdeckung im Hinblick auf ihre Folgen verantwortungslos gehandelt, völlig absurd ist. Die aus der Uranspaltung später folgende Entwicklung war zum Zeitpunkt ihrer Entdeckung in überhaupt keiner Weise abschätzbar.

Diese letztere Feststellung trifft auch heute noch auf den ganz überwiegenden Teil zumindest der naturwissenschaftlichen Grundlagenforschung zu. Auch wenn wir heute eine erhöhte Sensibilität in bezug auf die Folgen unserer wissenschaftlichen Arbeit in Rechnung stellen, dann wäre die Hoffnung auf eine Verhinderung unannehmbarer Folgen durch Verzicht auf die Fortführung der Arbeiten unrealistisch.

Es kommt ein weiterer Gedanke hinzu. Die Geschichte der Physik, zumal die im ersten Drittel des 20. Jahrhunderts, zeigt, daß die individuellen und biographisch bedingten Linien, die schließlich zu einer großen Entdeckung führten, zwar oft sehr verschlungen und wenig konsequent verliefen, daß es andererseits aber einen kollektiven wissenschaftlichen Fortschritt gibt, der eine Zeitspanne für eine bestimmte Entdeckung reif werden läßt. Wir erleben heute immer wieder, daß für den innerwissenschaftlichen Fortschritt wichtige Entdeckungen an mehreren Stellen gleichzeitig oder fast gleichzeitig gemacht werden, manchmal mit nur wenigen Tagen Unterschied zur Veröffentlichung eingereicht werden. Der Verzicht eines einzelnen Wissenschaftlers auf die Fortführung oder die Veröffentlichung einer Arbeit würde die allgemeine Entwicklung bestenfalls um kurze Zeit verzögern, aber keinesfalls verhindern können. Dieses ist natürlich kein Argument für die Haltung: „Wenn ich es nicht tue, dann tut es jemand anders. Also kann ich es auch gleich selbst tun." Nicht die persönliche Verantwortung des einzelnen Wissenschaftlers ist hier berührt, sondern die Frage, ob sich bestimmte Entwicklungen insgesamt verhindern lassen. Das wäre nur denkbar, wenn sicher wäre, daß sich alle Wissenschaftler der Welt ohne auch nur eine einzige Ausnahme an einen bestimmten Verzicht hielten. Dieses gilt natürlich auch für den Verzicht einer ganzen wissenschaftlichen Disziplin, wie er heute für die Gentechnik gefordert wird.

*Die Initiative zur Anwendung*

Die Unsicherheit über die Haltung der deutschen Physiker brachte die Physiker um Einstein in den USA zu der Initiative zum Bau der ersten nuklearen Bombe. Sie sahen sich vor die Alternative gestellt, daß die erste nukleare Bombe entweder in der Hand eines Diktators wäre, der die Welt mit seiner faschistischen Gewaltherrschaft überziehen wollte, oder in der Hand einer demokratisch legitimierten Regierung. Nach Beendigung des Krieges stellte sich heraus, daß Deutschland die Bombe nicht entwickelt hatte und wohl auch nicht entwickeln konnte, das heißt, die Grundlage der Entscheidung stellte sich als irrig heraus, weil die faschistische Alternative nicht bestand. Aber auch der Abwurf der Bombe auf Japan war nicht mehr Teil der Entscheidung der Physiker. Sie versuchten, den Abwurf der Bombe zu verhindern, weil sicher war, daß Japan nicht über die nukleare Bombe verfügte, also das Argument der Physiker für die Entwicklung der Bombe als Drohung gegen Japan so wie gegen Hitler-Deutschland sogar mit Sicherheit nicht zutraf. Die Folgen einer Entscheidung aufgrund einer irrigen Annahme waren den Wissenschaftlern längst aus der Hand genommen.

Die Struktur dieses Vorgangs ist, daß Wissenschaftler die Verwendung oder Anwendung einer wissenschaftlichen Entdeckung selbst initiieren, an ihr mitarbeiten oder sie billigend zulassen, *nachdem* sie zuvor die Folgen ihres Handelns bedacht haben und sicher sind, eine Entscheidung in Verantwortung für die Zukunft getroffen zu haben. Wenn sie dann später erfahren müssen, daß ihre Entscheidung aufgrund irriger Annahmen oder auch aufgrund einer irrigen Folgenabschätzung zustandegekommen ist, haben sie die Möglichkeit eines handelnden Eingreifens als Wissenschaftler längst verloren und können sich nur noch politisch im Rahmen der demokratischen Möglichkeiten Gehör zu verschaffen suchen wie jeder andere Staatsbürger auch, natürlich unter Einsatz ihrer fachlichen Kompetenz.

Vorgänge mit dieser Ablaufstruktur haben sich seitdem immer wiederholt und wiederholen sich wahrscheinlich gerade auch in unserer Gegenwart, ob mit weniger katastrophalen Folgen oder nicht. Die Entscheidung für die Entwicklung der friedlichen Nutzung der nuklearen Energie fiel in der Verantwortung für eine sichere, zukünftige Energieversorgung und nicht aus wissenschaftlichem Leichtsinn oder Übermut. Wie diese Entscheidung heute ausfallen würde, wenn sie noch einmal getroffen werden könnte, ist umstritten; zumindest die Grundlagen der Entscheidung haben sich geändert. Die Schuldzuweisungen an die Physiker wegen der Folgen der Nutzung der nuklearen Energie sind jedoch unberechtigt. Die Entscheidung für die Entwicklung der Fusionsenergie und die an sie geknüpften Hoffnungen könnten ein ähnliches Schicksal erleiden, denn solange das Fusionsproblem technisch ungelöst ist, bleiben auch ihre möglichen Folgen unabsehbar. Und selbst ein unbegrenztes, risikofreies Energieangebot könnte zusammen mit einer wachsenden Weltbevölkerung an globale thermische Grenzen stoßen und auf diese Weise Folgen heraufbeschwören, die unannehmbar sind.

Auch bei der Anwendung wissenschaftlicher Ergebnisse muß die Frage gestellt werden, ob ein Verzicht unter der Verantwortung für die Folgen ohne Voraussetzung einer globalen Solidarität möglich ist. Der lokale Verzicht auf die Nutzung nuklearer Energie und die gleichzeitige Entscheidung für deren Import aus Anlagen mit einem ungleich viel höheren Risiko als das im eigenen Land realisierbare ist unverantwortlich.

## Die öffentliche Erklärung der Wissenschaftler

Die Erklärung der 18 Göttinger Physiker zur nuklearen Bewaffnung der Bundeswehr im Jahre 1958 enthielt zwei Elemente, die unterschiedlich zu beurteilen sind, wie Hüfner in seinem Beitrag zu Recht betont. Zum einen ging es um die Klarstellung, daß die sogenannten „taktischen" Nuklearwaffen, die damals für die Bundeswehr zur Diskussion standen, dieselben verheerenden Schäden anrichten wie die Bombe auf Hiroshima und nicht eine nur weiterentwickelte Artillerie darstellen, wie der damalige Bundeskanzler Adenauer behauptete. Zum anderen enthielt die Erklärung eine politische Stellungnahme, daß nämlich die Bundesrepublik mehr Sicherheit erreiche, wenn sie auf nukleare Waffen gänzlich verzichte.

Die öffentliche Erklärung zur Sache nach bestem wissenschaftlichen Wissen ist nun unbestreitbar eine besondere Verantwortung der Wissenschaftler, und zwar auch oder sogar gerade dann, wenn sie — wie damals im Fall der Göttinger Physiker — ungefragt ist. Diese ethische Verpflichtung der Wissenschaftler darf auch nicht dadurch eingeschränkt werden, daß heute nun eine Vielzahl von Erklärungen von Wissenschaftlern veröffentlicht wird, die sich *nicht* auf ein bestes wissenschaftliches Wissen berufen können. Es ist eben nicht jeder Physiker ein Experte für nukleare Energie, oft genug weniger Experte als ein Laie, der sich intensiv mit der Sache beschäftigt. Gerade die Naturwissenschaftler verhalten sich mit öffentlichen Stellungnahmen gelegentlich so, daß sie ihren sachlichen Kredit verspielen und damit ihrer besonderen Verantwortung nicht gerecht werden.

Die Erklärung zur Sache nach bestem wissenschaftlichen Wissen bleibt bei Anlegung strengster Maßstäbe wie bei Hüfner die einzige besondere Verantwortung der Wissenschaftler, denn ihre politischen Stellungnahmen dürfen nicht anders gewertet werden als die anderer Staatsbürger. Keinesfalls dürfen die Wissenschaftler ihr wissenschaftliches Ansehen für die Durchsetzung politischer Standpunkte mißbrauchen. Ich möchte später einen Schritt weitergehen und begründen, daß die Naturwissenschaftler in ihren wissenschaftlichen Zielsetzungen aufgerufen sind, an dem Erkennen des Guten und Bösen im Sinne einer globalen Zukunft für unsere Welt zu arbeiten.

## Die traditionelle Trennung von Naturwissenschaft und Ethik

Die traditionelle Haltung der Naturwissenschaftler gegenüber der Ethik ist die scharfe Trennung zwischen Ethik und der wissenschaftlichen Arbeit. Wissenschaftliche Ergebnisse können nur wahr oder falsch nach den wissenschaftlichen Kriterien sein, jedoch nicht gut oder böse im Sinne einer ethischen Bewertung. Wissenschaftliche Zielsetzungen und wissenschaftliche Bewertungen von Ergebnissen erfolgen demnach unabhängig von Anwendungen und deren in einem ethischen Sinn positiv oder negativ zu bewertenden Folgen. „Gut" wird einer wissenschaftlichen Zielsetzung oder einem Ergebnis nach dem Grad des angestrebten bzw. erreichten wissenschaftlichen Fortschritts zuerkannt. Die Skala ist freilich nicht invariant, denn was wissenschaftlicher Fortschritt ist und wo er zu erzielen sei, ist durchaus Änderungen aufgrund von aktuellen Entwicklungen unterworfen.

Erst seitdem auch naturwissenschaftliche Grundlagenforschung unter zunehmenden Rechtfertigungsdruck gerät, wird die wissenschaftliche Bewertung mit „gut" um die Kategorie der Anwendbarkeit einer Zielsetzung oder eines Ergebnisses erweitert, allerdings meist ohne eine Abschätzung der Folgen einer möglichen Anwendung. Die Anwendbarkeit überhaupt zählt bereits als positives Argument. Selbst so grundlagenorientierte Arbei-

ten wie die Erforschung der subnuklearen Struktur der Materie in sehr aufwendigen, nurmehr international durchführbaren Experimenten zählen auf Anwendungen der dabei entwickelten Prozeßführung auf technische Prozesse.

Die Erweiterung der wissenschaftlichen Bewertung um den Aspekt der Anwendbarkeit signalisiert, daß die scharfe Trennung zwischen Naturwissenschaft und Ethik aufgegeben wird, denn der nächste konsequente Schritt ist die Abschätzung der Folgen der Anwendung, so unsicher diese auch sei. Zumindest wird heute aber das Bewußtsein bei den Naturwissenschaftlern im Bereich der Grundlagenforschung wach, daß ihre Existenz mit der Anwendbarkeit von Wissenschaft verknüpft ist und daß Anwendungen in ethisch problematische Folgen führen können. Über die Anwendung von wissenschaftlicher Forschung hinaus ist insbesondere an den Hochschulen unübersehbar, daß die Existenz naturwissenschaftlicher Institute und Lehrstühle durch die Lehre gerechtfertigt wird. Ausgebildet werden Studierende, die nach Abschluß des Studiums ganz überwiegend ihre wissenschaftlichen Fähigkeiten im Bereich von Anwendungen ausüben werden. Ihnen ist sehr klar bewußt, daß sie dabei in ethisch problematische Situationen geraten werden, und sie äußern dieses Bewußtsein an den Hochschulen unüberhörbar.

## Unruhe unter den Studierenden

Daß die Einbeziehung ethischer Fragestellung in naturwissenschaftliches Denken und Arbeiten auch ein Generationsproblem ist mit allen Formen der Auseinandersetzungen zwischen den Generationen, darauf deutet die Tatsache hin, daß es heute an den Hochschulen vor allem die Studierenden sind, die diese Entwicklung maßgeblich vorantreiben. Auf ihre Nachfrage oder auch auf ihre Initiative hin kommen Vorlesungen, Seminare oder „Projekte" zustande, die sich mit ethischen Grenzfragen der Naturwissenschaften befassen. Teilweise auch treten die Studierenden selbst als Veranstalter dabei auf, nämlich dann, wenn sie — was leider nicht selten der Fall ist — unter den Hochschullehrern niemanden finden, der sich diese Sache zu eigen zu machen gewillt ist. Es fällt auch auf, daß solche studentischen Initiativen sehr häufig aus den evangelischen und katholischen Studentengemeinden hervorgehen, die ihre Semesterprogramme manchmal ganz überwiegend auf diese Thematik ausrichten.

Die Studierenden der naturwissenschaftlichen und technischen Fächer geraten bei solchen Initiativen in eine für sie persönlich sehr schwierige Situation: Sie haben sich für ein naturwissenschaftliches oder technisches Studienfach entschlossen, wollen auch bei diesem Entschluß bleiben, wirken jedoch sehr engagiert an der Kritik der traditionellen Haltung der strikten Trennung zwischen Wissenschaft und Ethik in ihren Fächern mit, finden aber andererseits nur selten Gesprächspartner unter den Hochschullehrern ihrer Fächer. Diese begründen ihre ablehnende Haltung entweder damit, daß sie behaupten, Ethik gehöre nicht in ihre Verantwortung, sondern in die der Philosophen, daß sie auch befürchten, es käme nur „Schwafelei" dabei heraus, oder daß sie darauf hinweisen, daß ihnen dafür Zeit und Muße fehle. Unglücklicherweise fallen

die Versuche zur Öffnung der Naturwissenschaften und der Technik gegenüber ethischen Problemstellungen in eine Zeit sehr stark zunehmender persönlicher Belastungen der Hochschullehrer aufgrund steigender Zahlen von Studierenden und gleichzeitig abnehmender Zahlen von Stellen und finanziellen Mitteln.

Die Themenbereiche der Studierenden sind vor allem Rüstungsforschung an den Hochschulen, ökologische Probleme und Welthandel, Gerechtigkeit und die Zweidrittelwelt. Rüstungsforschung erweist sich als ein sehr problematisches Thema, weil ihre Grenzen fließend sind. Wenn bereits die Entwicklung eines Medikaments umstritten ist, das Folgen nach einer Krebstherapie durch Bestrahlung auffängt, also auch im Falle einer nuklearen Kriegsführung anwendbar ist, dann muß natürlich gefragt werden, welcher Anteil der Forschung an den Hochschulen überhaupt noch als unverdächtig im Sinne von Rüstungsforschung gelten kann. Die Geschichte der Naturwissenschaften zeigt ja doch, daß ihre Forschungsergebnisse immer auf militärtechnische Anwendungen hin ausgewertet wurden, auch dann, wenn das ursprüngliche Motiv zu ihrer Entwicklung unverdächtig und rein innerwissenschaftlich war. Die Studierenden müssen sich außerdem fragen lassen, ob eine von Rüstungsforschung freie Hochschule, falls das angesichts einer sehr extensiven Interpretation überhaupt denkbar ist, wirklich mehr wäre als die Verwirklichung einer Ohne-mich-Haltung, die außerhalb der Hochschulen kaum Konsequenzen hätte und ihr eigentlich friedenspolitisches Ziel verfehlte. Ökologische Themen erweisen sich dagegen als relativ unproblematisch, weil hier naturwissenschaftlich-technische Fragestellungen sehr konkret möglich sind und weil die Studierenden hier auf bereits bestehende Forschungsvorhaben in den Hochschulen eingehen können.

Die Auseinandersetzung mit ethischen Fragestellungen hat für die Studierenden der Natur- und Ingenieurswissenschaften noch eine weitere, persönliche Komponente, die ihre Berufswahl betrifft. Auch hier sind die Grenzen sehr fließend. Wer die Tätigkeit in einem Unternehmen ausschließt, das an Rüstungsproduktion beteiligt ist, engt die Möglichkeit späterer Berufstätigkeit angesichts der sehr weitverzweigten Verflechtungen in der Industrie bereits stark ein. Gleichzeitig hat sich heute der Stellenmarkt für die Naturwissenschaftler und Ingenieure außerordentlich eingeengt, so daß Bedingungen wie keine Rüstungsproduktion, ökologisch vertretbare oder gar sinnvolle Tätigkeit, keine Beteiligung an Ausbeutung in der Zweidrittelwelt oder an rassendiskriminierenden Unternehmungen kaum noch eine realistische Chance offenlassen.

## Die ökologische Krise und die New-Age-Kritik

Massive Kritik an der Ausgrenzung ethischer Fragestellungen aus der naturwissenschaftlichen und technischen Forschung und Lehre kommt aus der Erfahrung der gegenwärtigen ökologischen Krisen bzw. aus *der* ökologischen Krise schlechthin. Diese Ausgrenzung, so die Argumentation, hat zur kritiklosen Anwendung der Ergebnisse der naturwissenschaftlich-technischen Forschung unter dem ausschließlichen Aspekt der Machbarkeit

anstelle der Verantwortbarkeit geführt und damit die ökologische Krise zumindest mitverursacht. Es geht hier durchaus um Zuweisung von Verantwortung, wenn nicht von Schuld für die bisherige Entwicklung, zumindest aber um Zuweisung von Verantwortung für die zukünftige Entwicklung. Was die Verantwortung für die bisherige Entwicklung betrifft, sei hier nochmals auf die Überlegungen aus dem obigen Abschnitt „Die Initiative zur Anwendung" verwiesen: Jede Folgenabschätzung für die Anwendung naturwissenschaftlich-technischer Ergebnisse muß gewisse Ausgangsannahmen setzen, die sich später als irrig oder unvollständig erweisen können. Damit soll nicht etwa gegen den Versuch der Abschätzung von Technikfolgen für die Zukunft argumentiert werden, aber doch dringend davor gewarnt werden, daß darin ein sicheres Mittel gegen zukünftige Gefahren aus der Anwendung von Technik zur Verfügung steht. Der Ausweg, in Zweifelsfällen oder ganz allgemein immer den pessimistischen Grenzfall bei Technikfolgen anzunehmen, wie das derzeit im Fall der Kerntechnik und der Gentechnik angestrebt wird, erscheint zumindest fragwürdig, solange nicht andererseits der optimistische Grenzfall bei den — vom heutigen Wissensstand aus — sanften Technologien wissenschaftlich-technisch, wirtschaftlich und politisch gesichert ist.

Die massive Kritik an den Naturwissenschaften und an der Technik geht darüber noch hinaus:

1. Die ökologische Krise weite sich zu einer wissenschaftlichen, wenn nicht zu einer geistigen Krise aus. Insbesondere erlebten wir derzeit den Zusammenbruch der Wissenschaftsgläubigkeit bzw. des Fortschrittglaubens,

der ganz überwiegend die Naturwissenschaften und die Technik betrifft.

2. Der fundamentale Fehler liege tiefer: Es gehe nicht nur um die Ausgrenzung ethischer Fragestellung, sondern um die verfehlten wissenschaftlichen Ansätze überhaupt, die einseitig auf Analyse, Reduktion und die isolierte Machbarkeit einzelner Technologien ausgerichtet seien und dabei die Ganzheitlichkeit der Welt aus dem Blick verloren hätten.

Die Machtstellung, die die Natur- und Ingenieurswissenschaften heute an den Hochschulen errungen haben, beruht zu einem großen Teil auf ihrem Anwendungspotential. Nicht nur die wissenschaftlichen Erfolge der Grundlagenforschung seit dem Entstehen der modernen Naturwissenschaften, sondern auch die Erfolge ihrer Anwendungen in der Technik haben einer Verabsolutierung des naturwissenschaftlichen Weltbildes Vorschub geleistet, z. B. im Positivismus. Wirklich ist danach, was durch ein naturwissenschaftliches Experiment als Tatsache nachweisbar ist. Es war für die Naturwissenschaftler natürlich bequem, dieser Einschätzung ihres Wirklichkeitsbegriffs zu folgen. Insofern haben sie auch der sogenannten Wissenschaftsgläubigkeit Vorschub geleistet. Längst jedoch ist der Positivismus nicht mehr die Philosophie der Naturwissenschaftler. Wahrscheinlich findet man heute Wissenschaftsgläubigkeit unter den Naturwissenschaftlern weniger verbreitet als unter der gesamten Bevölkerung. Diese Beobachtung bezieht sich insbesondere auf die Generation der derzeitigen Studierenden.

Die oben genannten Vorwürfe der New-Age-Bewegung gegen die Naturwissenschaft und Technik gehen bis an die Wurzeln des naturwissenschaftlichen Denkens, so etwa bei Fritjof Capra[2]. Das bisherige Weltbild der Naturwissenschaften stütze sich, so die New-Age-Thesen, auf das cartesianisch-mechanistische Denken und breche mit diesem zusammen. Für die Zukunft der Naturwissenschaften und der Technik wird ein *Paradigmenwechsel* gefordert: die Ablösung des analytischen, trennenden, reduzierenden Denkens durch synthetisches, ganzheitliches, integrierendes Denken. Es wird die Existenz fundamentaler Objekte (z. B. in der Theorie der Elementarteilchen) in Frage gestellt, überhaupt die Existenz von letzten, fundamentalen Aussagen. An ihre Stelle soll ein *Netz von Wechselwirkungen und Beziehungen zwischen physikalischen Phänomenen* treten. Die New-Age-Bewegung sieht in den jüngsten innerwissenschaftlichen Entwicklungen der Physik die Anzeichen eines bereits begonnenen Paradigmenwechsels, z. B. im sogenannten Bootstrap-Ansatz für das Verständnis der Wechselwirkungen in der subatomaren Welt oder in der Theorie von Ilya Prigogine über die Selbstorganisation der Materie[3] und deren Anwendungen wie etwa in der Theorie der biologischen Evolution[4]. Dieser These der New-Age-Bewegung ist aus mehreren Gründen zu widersprechen:

■ Nach der Entdeckung der Quantentheorie am Beginn des 20. Jahrhunderts war eine verstärkte Hinwendung zu deren Konsequenzen in der Physik des Mikrokosmos natürlich. Diese Phase der Physik war tatsächlich analytisch ausgerichtet, aber sie erbrachte unter vielen anderen großen Erfolgen auch jene Grundlagen, ohne die die aktuellen Fortschritte, die heute für den Paradigmenwechsel reklamiert werden, nicht denkbar gewesen wären.

Die heute zu beobachtende Rückorientierung zur Physik der makroskopischen und ganzheitlichen Systeme erscheint dann wie eine ebenso natürliche Oszillationsbewegung in der jüngsten Geschichte der Physik. Im übrigen könnte man für die Rückorientierung weitere Beispiele anführen: die bereits früher erwähnte Theorie der nicht-linearen dynamischen Systeme oder die Theorie der neuronalen Netze, die ebenfalls für den Paradigmenwechsel reklamiert werden könnten. Die beiden letztgenannten Theorien sind ohne das Instrument des Rechners undenkbar, der wiederum eine Anwendungsfolge der analytischen Quantentheorie der Festkörper und Halbleiter ist.

■ *Das* physikalische Paradigma für eine ganzheitliche, integrierende Theorie ist die Thermodynamik mit einer mehr als hundertjährigen Geschichte.

■ Die auf die Mikrostruktur der Materie ausgerichtete Analyse der fundamentalen Bausteine (Elementarteilchen) zeigt überraschende Konsequenzen für die Kosmologie, den Inbegriff der makroskopischen Physik, so etwa bei der Physik der Neutrinos. Die in der Elementarteilchenphysik verwendeten feldtheoretischen Methoden sind denen der Theorie der Phasenübergänge in der makroskopischen Thermodynamik sehr ähnlich. Der behauptete Gegensatz zwischen fundamentaler, mikroskopischer Physik und ganzheitlicher, makroskopischer Physik erscheint fragwürdig.

■ Das von Capra immer wieder angeführte Paradigma des Bootstrap-Ansatzes für eine zukünftige Physik und darüber hinaus für die zukünftige Entwicklung der Wissenschaften überhaupt ist heute unter den Elementarteilchen-Physikern so umstritten, daß

seine paradigmatische Rolle eher fraglich erscheint.

■ Auch die von der New-Age-Bewegung für den Paradigmenwechsel reklamierte Theorie der Selbstorganisation benutzt die Modellanalyse, also *das* traditionelle Instrument des physikalischen Verständnisses. In einem *Modell* werden die für wesentlich erkannten Strukturen eines Systems herausgetrennt, nicht notwendig in einem mikroskopischen, sondern auch in einem funktionalen Sinn. Wie jede andere Wissenschaft ist auch die Physik auf das Wechselspiel zwischen analytischen und synthetischen Methoden angewiesen. Um noch ein weiteres, aktuelles Beispiel anzufügen: Die ganzheitlichen Modelle für die Entwicklung des Erdklimas unter der Bedrohung des Treibhauseffekts müssen sich auf mikroskopische, analytische Untersuchungen des molekularen Verhaltens stützen, z. B. der optischen Absorption durch Molekülschwingungen oder der Löslichkeit von $CO_2$-Molekülen in Meerwasser.

Die von der New-Age-Bewegung so nachdrücklich kritisierte Suche der Physiker nach einer fundamentalen physikalischen Theorie der Welt ist ein ganzheitliches Konzept: das physikalische Verständnis der Welt aus einem letzten Grund. Die Utopie einer solchen Theorie ist ein Mythos, vergleichbar mit einem religiösen Glauben. Es verwundert, daß die New-Age-Bewegung diesen umfassenden ganzheitlichen Gedanken verwirft.

## Trennung der Naturwissenschaften von der Technik?

Den Naturwissenschaftlern wird immer wieder nahegelegt, sich von der Technik mit ihren problematischen

Folgen zu trennen, sich also von der Verantwortung für die Anwendungen naturwissenschaftlicher Forschung zu lösen. Gegen eine solche Trennung sprechen vor allem zwei Gründe:

— Es ist aus ethischen Gründen unannehmbar, sich für die Folgen aus dem eigenen Handeln nicht verantworten zu wollen. Es ist ebenso unannehmbar, zunächst von den Anwendungen der eigenen Arbeit in der Technik zu profitieren, sich dann aber unter der Einwirkung zunehmender Technik-Kritik zurückziehen zu wollen, um die Hände in Unschuld zu waschen.

— Die Verflechtung zwischen Naturwissenschaften und Technik ist heute so weitgehend, daß eine Trennungslinie weder inhaltlich noch methodisch überhaupt noch auszumachen ist. Die Fragestellungen überschneiden sich: Ingenieure in der physikalischen Grundlagenforschung, Physiker in der technologischen Entwicklung. Eine Trennung wäre selbst dann, wenn sie gewollt würde, nicht mehr möglich.

## Ethik als Gegenstand der Naturwissenschaften und der Technik

Hans Jonas hat in seinem Buch „Das Prinzip Verantwortung" die philosophische Grundlegung einer Zukunftsethik gegeben. Verantwortung betrifft hier nicht eine zurückliegende Entwicklung, sondern die zukünftige Entwicklung unserer Welt und der Lebensbedingungen für den Menschen. Es ist bemerkenswert, daß dieses Buch unter Naturwissenschaftlern eine im allgemeinen sehr positive Aufnahme gefunden hat. Einer der

Gründe dafür ist wahrscheinlich, daß Jonas Naturwissenschaften und Technik in ihren bisherigen Entwicklungen zwar kritisch reflektiert, ihnen aber für die Zukunft wissenschaftlich herausfordernde Aufgaben und Pflichten zuweist, die sie aus ihrem heutigen Selbstverständnis heraus angehen können. Jonas schreibt:

[...] denn so, wie die Unternehmungen, deren späte Folgen wir durch Extrapolation erkennen sollen, nur durch Wissenschaft möglich sind, so erfordert auch diese Extrapolation mindestens denselben Grad von Wissenschaft, wie er in jenen Unternehmungen selber am Werke ist. Tatsächlich fordert sie jedoch einen höheren. Denn das, was für die Nahprognose ausreicht, mit der die betreffenden Werke der technischen Zivilisation jeweils unternommen werden, das kann grundsätzlich nicht ausreichen für die Fernprognose, die in der ethisch geforderten Extrapolation angestrebt ist.[5]

Die Fragestellung in der hier gewählten Formulierung lautet: Was ist gut und was ist böse im Sinne der Verantwortung für die Zukunft? Und welchen Beitrag können Naturwissenschaft und Technik dazu leisten? Ich möchte dazu zwei Modelle anführen: die Evolution im naturwissenschaftlichen (biologischen) Sinn und die Fernprognose durch Szenarien.

## Evolutionsmodelle

Carsten Bresch interpretiert in seinem Beitrag zu diesem Band die ethische Evolution als eine Entwicklung zu individuellen und kollektiven Verhaltensweisen, die den Komplexitätsgrad einer Gruppe, einer Gesellschaft oder schließlich des Lebens auf der Erde bewahrt und schützt. Gut in diesem Sinne ist, was die Vielfalt, die Verflechtungen und die Symbiose von Lebewesen fördert, böse ist, was sie zerstört oder bedroht. Bresch weist auch darauf hin, daß eine derartige ethische Evolution sich einfügt in die biologische und kulturelle Evolution, und diese wiederum in die kosmische Evolution insgesamt. Man kann Breschs Ansatz auch in eine konsequent physikalische Sprechweise übersetzen: Gut ist, was den Informationsgehalt vermehrt oder die Entropie des Systems vermindert.

In dieser Sprechweise trifft sich der Ansatz von Bresch mit einer Formulierung von Arne Stahl: *„Du sollst nicht leichtfertig Entropie erzeugen."* In jeder dieser Formulierungen, so scheint mir, ist die Forderung der Bewahrung der Vielfalt und der Komplexität des Lebens eine Realisierung dessen, was Jonas unter Verantwortung für die Zukunft versteht. Es stellt sich aber die Frage, ob die ethische Evolution in Richtung einer zunehmenden oder doch bewahrenden Komplexität eine autonome Evolution nach dem Muster der biologischen Evolution sein kann oder ob sie als Bedingung einer angestrebten zukünftigen Entwicklung gemacht bzw. formuliert werden muß.

Evolutionsmodelle[7] enthalten zwei wesentliche Elemente: Mutation und Selektion. *Mutation* ist die zufällige Veränderung einer bestehenden, z. B. genetisch kodierten Information, in der physikalischen Sprechweise eine Fluktuation, durch die Eigenschaften des Systems verändert werden. *Selektion* ist die durch eine Wertefunktion erfolgende Entscheidung darüber, ob die veränderten Eigenschaften im Vergleich zum Zustand vor der Mutation überlegen sind oder nicht. In den einfachen Evolutionsmodellen, die man auf einem Rechner untersuchen kann,

ist die Wertefunktion meist die Reproduktionsrate. Evolutionsmodelle werden aber heute auch verwendet, um technisch optimale Lösungen zu suchen, etwa Strömungsprofile. Hier ist die Wertefunktion in der Form einer optimalen Eigenschaft von außen vorgegeben. Eines der Probleme bei Evolutionsmodellen besteht darin, wie weit selektiv ungünstige Mutationen akzeptiert werden, aus denen sich im weiteren Verlauf optimale Formen entwickeln können, wie das in der Physik und in der Technik mit dem Algorithmus des sogenannten *Simulated Annealing* versucht wird.

Ob ethische Evolution nach diesem Muster ablaufen kann, erscheint eher fraglich. Zunächst einmal ist die überwiegende Zahl der zufälligen Mutationen in der biologischen Version von Evolution ungünstig, wenn nicht sogar letal, was für die Evolution einer globalen Zukunftsethik unannehmbar ist. Hinzu kommt, daß das Konzept der Selektion durch eine Wertefunktion in der Ethik problematisch ist. „Böses" Verhalten gegen die Verhaltensregeln einer Zukunftsethik kann ja doch gerade lokal und für einen überschaubaren Zeitraum Vorteile erbringen, wie wir immer wieder beobachten können. Um das in einem Evolutionsvorgang auszuschließen, müßte es eine zeitlich sehr langreichweitige, teleologische Wertefunktion geben, deren Realisierung völlig offen ist.

## Szenarien

Es scheint also, daß die Evolution einer Zukunftsethik im Sinne von Jonas nur durch bewußtes Verändern von Verhalten ohne das Element des Zufalls denkbar ist. Die dafür seit den ersten Veröffentlichungen des Club of

Rome bekannte Methodik ist die der *Szenarien*. Ein Szenario ist im Grunde wieder ein Modell, also eine ausschnittsweise Abbildung der Wirklichkeit: wie zum Beispiel Szenarien für das Erdklima, Energieerzeugung und -verbrauch, die globale Entropiebilanz oder die Weltbevölkerung und ihre Ressourcen. In einem Szenario wird die zukünftige Entwicklung unter verschiedenen Annahmen extrapoliert. Die variierten Annahmen spiegeln verschiedenes Verhalten, unter Umständen also auch politisch erzwungenes Verhalten oder politische Eingriffe wider. Der Vergleich der extrapolierten Entwicklungen bildet die Grundlage für eine Bewertung der Annahmen, also des Verhaltens oder der denkbaren politischen Entscheidungen.

Eines der Probleme von Szenarien ist das der Komplementarität zwischen der Ausschnittsgröße des Szenarios und der Präzision der Extrapolation. Ein sehr enges Szenario, zum Beispiel für die Bevölkerungsentwicklung in Deutschland, erlaubt einigermaßen präzise Aussagen, die allerdings nur einen sehr lokalen Wert haben. Globale Szenarien wie für das Erdklima oder die Weltbevölkerung lassen sehr allgemeingültige Aussagen erwarten, sind jedoch notwendigerweise sehr ungenau, also mit großen Extrapolationsfehlern behaftet. Mit der Abgrenzung eines Szenarios hängt auch das Problem der *Randbedingungen* zusammen: Da nicht alle Annahmen, die für die zukünftige Entwicklung maßgeblich sind, variiert werden können, müssen einige von ihnen als konstant für die Zukunft angesehen werden. Für ein nationales Energieszenario in Deutschland wird beispielsweise meist angenommen werden, daß die politische Willensbildung auch in

Zukunft nach den Regeln einer parlamentarischen Demokratie erfolgt. Ob diese Randbedingung realistisch ist oder ob etwa eine Vervielfachung des Energiepreises nicht radikale politische Kräfte in den Mittelpunkt rücken lassen würde, scheint zumindest einer Überlegung wert. Es sind auch Randbedingungen denkbar, die aus politischen Gründen a priori gesetzt werden, beispielsweise, daß nukleare Energieerzeugung grundsätzlich ausgeschlossen werden soll, oder in einem Szenario für die Weltbevölkerung und ihre Ressourcen, daß gentechnische Methoden zur Lösung des Ernährungs- oder Schädlingsbekämpfungsproblems grundsätzlich nicht herangezogen werden sollen.

Eine weitere Schwierigkeit bei der Extrapolation aus Szenarien ist deren Eigenschaft der *Nicht-Linearität*. Nur lineare Systeme sind exakt extrapolierbar. In nicht-linearen Systemen können unstetige Phänomene auftreten, sogenannte „Katastrophen" in der Sprechweise der Katastrophentheorie, sowie das Verhalten der *schwachen Kausalität*, das aus chaotischen Systemen bekannt ist. Darunter versteht man, daß sehr ähnliche Anfangskonfigurationen sich in qualitativ verschiedener Weise entwickeln können. Das bedeutet, daß Unsicherheiten im Status quo verstärkt werden.

Ein eindrucksvolles Beispiel für ein physikalisch-chemisches Szenario, das sämtliche der genannten Probleme zeigt, dessen Extrapolationen aber direkte Implikationen für verantwortungsvolles Handeln für die Zukunft hervorbringen, sind Szenarien für das Erdklima. Die Extrapolationen aus verschiedenen Ansätzen waren bis vor kurzem so unsicher, daß noch nicht einmal entschieden werden konnte, ob der Treibhauseffekt zu einer Zu- oder Abnahme der globalen mittleren Temperatur führen würde. Inzwischen scheinen die Extrapolationen aber doch in Richtung auf eine Zunahme zu konvergieren. Andere Szenarien, wie die für den globalen Umsatz von Energie und Entropie, schließen ökonomische Mechanismen ein. Die grundsätzlichen Probleme, die bisherigen Begriffsbildungen und methodischen Entwicklungen sind jedoch in allen Fällen sehr ähnlich.

Wenn die Unsicherheiten von Extrapolationen so groß sind, daß sich kein zuverlässiges Handlungskonzept gewinnen läßt, dann könnte die Option lauten, stets den schlimmstmöglichen Grenzfall als Extrapolation anzunehmen. Wenn man diese Option konsequent durchführte, könnte man wahrscheinlich auf Szenarien gänzlich verzichten, weil der schlimmstmögliche Grenzfall auch von Hand extrapolierbar ist und kaum noch Handlungsfreiheiten offen läßt. Die Alternative besteht darin, extrapolierte Risiken abzuwägen und zwischen ihnen zu entscheiden. Eine derartige Risikoabwägung könnte sich sehr bald angesichts der Entwicklung der Erdbevölkerung aufzwingen, ohne daß heute eine Aufarbeitung der dabei auftretenden ethischen Probleme auch nur in Sicht ist.

## Die Rolle des christlichen Glaubens

Kann der christliche Glaube Hilfen geben bei der Suche nach einer Ethik des naturwissenschaftlich-technischen Arbeitens und Handelns? Wenn man mehr erhofft als eine Letztbegründung des Guten als Gottes Wille, vielleicht biblische Hinweise auf unseren Umgang mit der Natur als Gottes Schöpfung oder auf das menschliche Wissen über die Natur, dann wird man enttäuscht werden müssen, weil Natur oder gar das Wissen über die Natur kein wesentlicher Gegenstand biblischer Texte ist und ja auch nicht sein kann. Wir lesen im Schöpfungsbericht, daß Gott die Welt, also auch die Natur, geschaffen hat. Bereits Galilei hat aber auch die Einblicke in die Natur, ihr Verständnis durch die Naturwissenschaften also, als Offenbarung Gottes verstanden, und nach ihm eine ganze Reihe von Naturwissenschaftlern. Ob man aber heute die Naturwissenschaften und die ihnen folgende Technik in den christlichen Kirchen bekenntnishaft Teil der Schöpfung Gottes nennen würde, also in den ersten Satz des Glaubensbekenntnisses einschließen würde, scheint mir angesichts der derzeitigen theologischen Diskussionen wenigstens nicht völlig zweifelsfrei.

## Die abgerissene Tradition der religiösen Paradigmenwechsel

Einer der ganz wenigen biblischen Sätze über das Verhältnis des Menschen zur Natur ist Genesis 1,28, in Luthers Übersetzung:

Und Gott segnete sie und sprach zu ihnen: Seid fruchtbar und mehret euch und füllet die Erde und machet sie euch untertan und herrschet über die Fische im Meer und über die Vögel unter dem Himmel und alles Getier, das auf Erden kriecht.

Im folgenden Vers ist dann die Rede von „allerlei Kraut" und „allerlei fruchtbaren Bäumen", die den Menschen zur Speise dienen sollen. Das weist darauf hin, daß dieser Text die religiöse Aufarbeitung des Wechsels der alttestamentlichen israelitischen

Gesellschaft von der Nomaden- zur Ackerbaukultur dokumentiert. Für eine gerade im Entstehen begriffene Ackerbaukultur war die Aufforderung in Genesis 1,28 natürlich lebensnotwendig: die Bearbeitung der Erde, die Haltung von Haustieren, der Schutz der Ernte und eine Mindestdichte der Bevölkerung, weil Landwirtschaft, anders als eine Gesellschaft von Jägern und Nomaden, eine gewisse technische und politische Infrastruktur voraussetzt.

In unserer heutigen Denk- und Ausdrucksweise würden wir den Übergang zur landwirtschaftlichen Nutzung der Erde einen technologischen Wandel oder Umbruch nennen. Die Folgen dieses Wandels, zu dem in Genesis 1,28 als Gottes Gebot aufgerufen wird, bringen uns heute aber an den Rand menschlicher Existenz auf dieser Erde: vor allem die menschliche Überbevölkerung, dann die als Untertan des Menschen ausgebeutete Erde und ihr bedrohtes Klima und schließlich auch die modernen Auswüchse der Intensivlandwirtschaft wie Überdüngung, weltweite Erosion der nutzbaren Böden, Schädlingsbekämpfung. Wiederum in der modernen Sprechweise müssen wir einen *Paradigmenwechsel* fordern, so, wie auch Genesis 1,28 als Paradigmenwechsel angesprochen werden muß. Wenn wir nun nach möglichen Hilfen der christlichen Religion für eine Zukunftsethik fragen, dann müßten wir in Weiterführung der alttestamentlichen Tradition den neuen Paradigmenwechsel als ein religiöses Gebot, als Gottes Wille formulieren. Dieses neue Gebot kann in der Sache nicht aus den biblischen Texten hergeleitet werden, weil unsere heutigen Probleme dort unbekannt sind. Wir stehen also, immer noch unter der Voraussetzung einer Begründung von Zukunftsethik als Gottes Wille, vor der Notwendigkeit, diesen Willen Gottes neu zu formulieren. Wenn die Neuformulierung die traditionelle Verbindlichkeit biblischer Texte erhalten und nicht nur eine letztlich doch wieder unverbindliche theologische Stellungnahme bleiben soll, dann bleibt keine andere Möglichkeit, als die Bibel weiterzuschreiben.

Das Ende des Paradigmas aus Genesis 1,28 ist nun nicht der einzige Paradigmenwechsel, der seit dem Abschluß des biblischen Kanons stattgefunden hat. Die Entstehung der Naturwissenschaften selbst und ihre technischen Anwendungen, die industrielle Revolution mit dem veränderten Begriff der menschlichen Arbeit, oder auch die elektronische Revolution mit der dadurch bedrohten Individualität des Menschen[8] sind weitere Beispiele, die zu fundamentalen ethischen Problemen Anlaß gegeben haben, von denen aber keines einen verbindlichen Niederschlag in unserer christlichen Religion gefunden hat. Wenn wir in Zukunft nicht mehr die Verbindlichkeit von Genesis 1,28 zu den modernen Paradigmenwechseln erreichen können oder wollen, wird die Hoffnung auf Hilfen aus der christlichen Religion enttäuscht werden müssen.

## Ist Synthese gut und Analyse böse?

Die gegenwärtige Theologie versucht, sich über die abgerissenen Traditionen hinweg in die Diskussionen über die ethische Verantwortung der Naturwissenschaftler einzubringen. Es ist verständlich, daß sich die theologischen Beiträge dazu an ursprünglich nicht aus der Theologie her kommenden

Forderungen orientieren müssen. Das scheint mir jedenfalls zuzutreffen auf die Versuche, für die strikte Ablehnung der friedlichen Nutzung der nuklearen Energie sowie aller gentechnischen Projekte eine theologische Untermauerung zu finden oder auch die Bedrohung des Erdklimas zum Gegenstand einer theologischen Reflektion zu machen.[9] Eine weitere Tendenz in der theologischen Diskussion zu unserem Thema scheint aus Anlehnung an New-Age-Gedanken zu kommen, nämlich eine religiöse Transzendierung der Polarität zwischen ganzheitlich, integrierend einerseits und analysierend, differenzierend andererseits. Jürgen Moltmann[10] führt aus, daß die ganzheitliche Sicht die Gegenwart des Geistes Gottes in der Natur erkennt, während die analysierende, trennende Sicht ihrer Ausbeutung und Zerstörung dient.

Ich muß noch einmal auf die Überlegungen zur ökologischen Krise und der New-Age-Kritik zurückkommen. Die Physik verwendet in ihrer Arbeit beide Modi: das analytische Denken mit dem Ziel einer Modellbildung für einzelne, getrennte Phänomene und das integrierende Denken mit dem Ziel des Verständnisses von ganzen Systemen aufgrund der Kenntnis der elementaren Wechselwirkungen. Ohne dieses Zusammenspiel beider Modi wäre die von Jonas geforderte Extrapolation nicht möglich. Ich hatte auch schon darauf hingewiesen, daß es eine Komplementarität zwischen der Allgemeingültigkeit eines Szenarios, also seiner Ganzheitlichkeit, und der Genauigkeit seiner Aussagen gibt, also der Differenziertheit der Extrapolationen. Es erscheint mir fragwürdig, den Geist Gottes nur für die eine Seite dieser Komplementarität zu reklamieren, als wäre Gott nicht auch der Schöpfer des analytischen Denkens. Das würde auch dem Symmetriedenken der Physik, dem stärksten Ausdruck physikalischer Ganzheitlichkeit, entschieden widersprechen, und es würde Galileis Utopie von den Naturwissenschaften als Offenbarung Gottes zerstören.

Symmetrie, Relativität und Komplementarität sind grundlegende und ganzheitliche Konzepte physikalischen Denkens. Das Konzept der Komplementarität hat eine recht junge Geschichte, die in der Physik mit der Entdeckung der Quantentheorie Anfang dieses Jahrhunderts begann. Der gedenkliche Kern von Komplementarität ist aber eigentlich gar nicht physikalisch, sondern meint ein sehr allgemeines gedankliches Phänomen. Hinter der physikalischen Komplementarität von Ort und Impuls steht diejenige von Ort und Wellenzahl, hinter der von Zeit und Energie diejenige von Zeit und Frequenz. Es geht jeweils um Paare von Variabeln, deren Aspekte sich gegenseitig ausschließen, letztlich von lokal und nicht-lokal oder analytisch und ganzheitlich. Ihre mathematische Verknüpfung ist in den obigen Beispielen die Fourier-Transformation. Wichtig ist nun, daß die beiden Aspekte immer völlig symmetrisch auftreten, und nur eine traditionelle Sprache oder Anschaulichkeit eine scheinbare Asymmetrie — in der physikalischen Sprechweise eine spontan (zufällig) gebrochene Symmetrie — entstehen läßt. Dieses ist für mich als Physiker ein weiterer Grund, warum ich der einseitigen Zuordnung von ganzheitlich als gut und analytisch als böse nicht folgen kann.

Und schließlich zur Relativität: Das physikalische Relativitätsprinzip besagt, nur solche physikalischen Aussagen anzuerkennen, die unabhängig vom Standpunkt (Bezugssystem) dessen sind, der die Aussage macht. Ich habe an anderer Stelle versucht, eine Brücke vom Relativitätsprinzip zur Theologie zu schlagen.[11] Das Relativitätsprinzip hat eine lange Geschichte in der Physik, die mit Galileis Auseinandersetzung mit der Kirche beginnt. Da es sich seit dem Beginn der modernen Physik ohne jede Ausnahme bewährt hat, wird das Relativitätsprinzip heute in der Physik als eine Grundlage zur Formulierung von verbindlichen und allgemeingültigen Theorien benutzt. Die Natur realisiert nach unserer Kenntnis nur relativistisch invariante Theorien. Absolute Formulierungen erweisen sich als fragwürdig, weil sie immer ein Element der Willkür enthalten. Eine relativierende Theologie müßte ihre Aussagen, in besonderer Weise diejenigen zu einer religiös begründeten Ethik, dann in den Zusammenhang mit Aussagen anderer Religionen stellen, auf Abgrenzungen verzichten und auf diese Weise an einer globalen Verantwortung für die Zukunft mitwirken, wie das — mit vollem Recht — von den Naturwissenschaftlern und Ingenieuren gefordert wird.

## Zum Problem der Theodizee

Angesichts des Fehlens einer lebendigen und verbindlichen religiösen Tradition einer Ethik der Wissenschaft erscheint nur die religiöse Letztbegründung von Ethik durch Gottes Willen möglich. Ich würde sie durch ein Dostojewski-Zitat ausdrücken: „Falls es keinen Gott gibt, ist alles erlaubt." Der erste Teil dieses Zitats ist zugleich der Titel eines Buches von Leszek Kolakowski[12], in dessen erstem Kapitel Kolakowski das Problem der Theodizee

darstellt: Wenn Gott der liebende Gott ist, kann er nicht allmächtig sein, weil er das Böse nicht verhindert, und wenn Gott der allmächtige Gott ist, kann er nicht der liebende sein, weil er das Böse duldet.

Da das Problem der Theodizee in diesem Band auch an anderer Stelle behandelt wird, möchte ich versuchen, es in den Gedanken der Komplementarität aus dem vorhergehenden Abschnitt einzubinden. Es scheint doch ganz offensichtlich so zu sein, daß Liebe und Macht und dann wohl auch das Gute und die Macht einander ausschließen, nicht nur in der menschlichen Vorstellung von Gott, sondern auch in unserer Lebenserfahrung. Alle Lösungsversuche müssen wohl letztlich so enden wie in Bert Brechts Parabel „Der gute Mensch von Sezuan", nämlich in einer Spaltung der Persönlichkeit in Shen Te und Shui Ta. Die Physiker haben gelernt, mit Komplementarität zu leben und zu arbeiten, und seitdem sind ihre Aussagen über Gottes Willen und das Gute und Böse vorsichtiger geworden.

1 *Hüfner, J.* in: H. A. Müller (Hrsg.): Naturwissenschaft und Glaube. Scherz, Bern/München/Wien 1988. S. 194 ff. — 2 *Capra, F.:* Das neue Denken. Scherz, Bern/München 1988. — 3 *Prigogine, I./ Stengers, I.:* Dialog mit der Natur. Piper, München/Zürich 1981. — 4 Z. B. in Schuster, P./Sigmund, K.: Vom Makromolekül zur primitiven Zelle — Das Prinzip der frühen Evolution. In: W. Hoppe u. a. (Hrsg.): Biophysik, 2. Auflage. Springer, Berlin/Heidelberg/New York 1982. S. 907 ff. — 5 *Jonas, H.:* Das Prinzip Verantwortung. Insel Verlag, Frankfurt am Main 1979. S. 66. — 6 *Stahl, A.:* „Du sollst nicht leichtfertig Entropie erzeugen!" Zu den thermodynamischen Grundlagen einer ökologischen Ethik. In: S. M. Daecke (Hrsg.): Naturwissenschaft und Religion. B. I.-Wiss.-Verlag, Mannheim/Leipzig/Wien/Zürich 1993. S. 157 ff. — 7 Vgl. bei Schuster, P./Sigmund, K.: (Anm. 4). — 8 *Oberschelp, W.:* Gedanken zum Grundrecht auf informationelle Selbstbestimmung als Problem kontextbezogener Information. In: S. M. Daecke (Hrsg.): Naturwissenschaft und Religion. B. I.-Wiss.-Verlag, Mann-

heim/Leipzig/Wien/Zürich 1993. S. 131. – [9] Vgl. in: Evangelischer Pressedienst, Dokumentation, Heft 3/90: Zwischen Sintflut und Regenbogen; Heft 4/90: Schuldenkrise, Entmilitarisierung, Erderwärmung; Heft 35/90: Rückblick und Ausblick auf den konziliaren Prozeß „Gerechtigkeit, Frieden und Bewahrung der Schöpfung", Frankfurt am Main 1990. – [10] *Moltmann, J.:* Gerechtigkeit schafft Zukunft. Kaiser, Grünewald, München/Mainz 1989. – [11] *Schnakenberg, J.:* Erlaubt Gott die Physik? Vorlesungsskriptum zur Ringvorlesung „Umstrittenes Christentum, umstrittene Kirche und Theologie", RWTH Aachen, SS 1993. – [12] *Kolakowski, L.:* Falls es keinen Gott gibt. Piper, München 1982.

## Stellungnahmen

*Carsten Bresch:*

Der Begriff der „Vielheit" bzw. der „Vielfalt" – sowohl von Günther Schiwy als auch von Jürgen Schnakenberg benutzt – könnte einen Widerspruch vermuten lassen.

Schiwy zitiert zustimmend Teilhard mit dem Satz: „Die *Vielheit* ist am Grund all unserer Übel."

Dagegen schreibt Schnakenberg in bezug auf meine Forderung, „Information sei zu vermehren", daß darin wohl die Forderung nach Bewahrung der *Vielfalt* und der Komplexität des Lebens stecke.

Man kann beiden Aussagen zustimmen, weil mit der Vielheit bei Teilhard die Beziehungslosigkeit von Einzelelementen vor ihrer Integration zu neuer Ganzheit gemeint ist. Er spricht ja von dem Weg der evolutiven Schöpfung von der Vielheit zur Einheit.

Dagegen meint Schnakenberg mit Recht, daß die Mannigfaltigkeit (Vielfalt) von Fauna und Flora bewahrt werden müßte (Schutz der in der Evolution aufgebauten Informationsmenge).

*Günther Schiwy:*

Es bringt uns nicht weiter, wenn wir einer überzogenen New-Age-Kritik an dem fehlenden Paradigma der Ganzheitlichkeit in den Naturwissenschaften mit einer ebenso überzogenen Verteidigung der Naturwissenschaften entgegnen. Der physikalische Reduktionismus (das gilt auch für eine biologische oder einen idealistisch-spirituellen), den Schnakenberg anscheinend mit der „Suche nach einer fundamentalen physikalischen Theorie der Welt" ins Feld führt, ist gerade nicht das „ganzheitliche Konzept" im Sinne des New Age. Ein solches einzelwissenschaftliches Welterklärungsmodell verhindert gerade den notwendigen Dialog zwischen den Einzelwissenschaften, zwischen den Natur- und Geisteswissenschaften sowie zwischen den Wissenschaften und den Weltanschauungen und Religionen, auch den Dialog mit dem nichtspezialisierten Alltagsmenschen, der jeder Spezialist „zu Hause" auch immer noch ist. Die Alltagserfahrung kommt sogar der vom New Age gemeinten ganzheitlichen Erfahrung am nächsten, da sie aus dem Umgang mit Steinen und Pflanzen, Tieren und Menschen und dem darin für viele erfahrbaren „Göttlichen" erwächst und von daher ihre Kompetenz zur Kritik der Einzelwissenschaften und weltanschaulichen und religiösen Ideologien bezieht. (Vgl. Günther Schiwy: Der Geist des neuen Zeitalters. New-Age-Spiritualität und Christentum, München 1987, Düsseldorf 1990.)

*Gerhard Vollmer:*

Das moralische Engagement, das aus diesen Zeilen spricht, verdient Bewunderung.

Dagegen verwirrt mich, daß hier zwei Themen zusammengespannt sind, deren Trennung in aller Regel als verdienstvoll angesehen wird: die Ethik der Naturwissenschaften (der Forschung, der Bekanntgabe von Ergebnissen, der Anwendung), also eine typische *Bereichs*ethik einerseits, die Entwicklung einer *globalen* Ethik für die Zukunft andererseits.

Wenn es nun im zweiten Teil um Ethik als *Gegenstand* der Naturwissenschaft geht, so denkt man dabei zunächst an eine *Beschreibung* und *Erklärung* sozialen, moralischen, altruistischen Verhaltens bei Tieren und Menschen, vielleicht auch an eine *Prognose* künftigen Sozialverhaltens, künftiger Moralsysteme oder künftiger ethischer Diskussionen. Was Jürgen Schnakenberg jedoch anbietet, sind *Werkzeuge* der Erfahrungswissenschaften (Evolutionsmodelle, Szenarien, Komplementaritätsideen), die dazu dienen könnten, mögliche Zukünfte zu denken oder zu ermitteln. Auch diese haben mit Evolution nur wenig zu tun.

Die Bewertung solcher Zukünfte als wünschenswert oder gar als gut bedarf offenbar eines von den Erfahrungswissenschaften unabhängigen Maßstabes. Und hier verblüfft es mich, wie eilig Jürgen Schnakenberg diesen Maßstab in Gottes Gebote und Gottes Willen verlegt. Zwar müsse dazu die Bibel erst noch weitergeschrieben werden; trotzdem sei dann eine Letztbindung oder Letztbegründung möglich. Denn das ist eben doch kurios: Theologen versuchen heute, rational zu argumentieren und dabei auf Letztbegründungen weitestgehend zu verzichten (und wir sehen darin einen Fortschritt); und nun kommt ein Naturwissenschaftler und bekennt sich zu einer Letztbindung nicht nur seiner Person (was unkritisierbar wäre), sondern einer Zukunftsethik für alle, insbesondere für

Naturwissenschaftler. Wer wird ihm darin folgen?

*Sigurd Martin Daecke:*

Jürgen Schnakenberg macht am Beispiel der Naturwissenschaften besonders deutlich, wie schwer eine christliche Ethik in einer evolutionären Welt zu begründen ist. Denn die Bibel, auf die sie sich beruft, ist ein Dokument aus einer vorevolutionären, statisch verstandenen Welt, und die Evolution hat — gerade mit den Naturwissenschaften — Fragen gestellt, auf die die Bibel noch keine Antwort gibt. Trotzdem bezweifle ich, daß es „aus der Welt der Bibel [...] keine Verbindung zu unserem gegenwärtigen Problem der Ethik in einer naturwissenschaftlich-technisch geprägten Welt" gibt, und daß das heute notwendige „neue Gebot [...] in der Sache nicht aus den biblischen Texten hergeleitet werden" kann, „weil unsere heutigen Probleme dort unbekannt sind" (S. 36, 49). Viele einzelne, weltbildlich begründete oder zeit- und situationsgebundene Ausdrucksformen von Gottes Willen in der Bibel sind durch den Wandel der Wirklichkeit zwar überholt (vgl. in meinem Beitrag Abschnitt 1, S. 100), und aufgrund des „Paradigmenwechsels" besteht selbstverständlich die „Notwendigkeit, diesen Willen Gottes neu zu formulieren", „die Bibel weiterzuschreiben" (S. 49) — aber eben in Gestalt immer neuer Vergegenwärtigungen der Bibel durch eine theologische Auslegung, die die aktuelle Bedeutung der biblischen Aussagen unter den Bedingungen unserer durch Naturwissenschaft und Technik geprägten Wirklichkeit zu verstehen sucht. Und gerade in einer „relativierenden Theologie", die die Prinzipien der „Relativität und Komplementarität" ernst nimmt (S. 50f.), wird es sowohl Kritik als auch Bejahung von Naturwissenschaft und Technik geben – Bejahung einer sich ihrer Verantwortung bewußten Forschung und Anwendung, Kritik jedoch an einer sich wertfrei verstehenden Wissenschaft, die sich für ihre Folgen nicht verantwortlich fühlt. Auch im Gespräch mit Naturwissenschaft und Technik über ethische Fragen bleibt die vielgestaltige, differenzierte, ja in sich widersprüchliche – und eben dadurch sich selber relativierende – Botschaft der Bibel in ihrer Gesamtheit verbindlich. Sie sagt nichts anderes als: Gott lebt. Und wenn Gott lebt, ist eben nicht „alles erlaubt". Denn Gott ist Leben und will das Leben. Was aber in der jeweiligen Situation erlaubt ist und was nicht, kann der christliche Glaube nur gemeinsam mit den anderen Religionen und den Naturwissenschaften erkennen.

# Hat Gaia Krebs?

Der Konflikt zwischen dem Prinzip Wachstum und
dem Prinzip Verantwortung

Arne Stahl

Unter den neuen ethischen Heraus-
forderungen der Gegenwart findet
sich auch diese: Die Menschheit
muß mit der Einsicht fertig werden,
daß sie für ihr eigenes Fortbestehen
Verantwortung trägt. Denn ob es in
absehbarer Zukunft noch Menschen
geben wird, ist nicht mehr fraglose
Gewißheit. Entscheidungen, welche
die jetzt lebenden Menschen zu treffen haben, bestimmen mit darüber,
ob und wie es mit der Menschheit
auf diesem Planeten weitergeht.
Einer der ersten, die diese Situation
gründlich reflektiert haben, war der
Philosoph Hans Jonas. In seinem
wegweisenden Werk „Das Prinzip
Verantwortung" formuliert er als
den „ersten Imperativ" der Zukunftsethik die Forderung, „daß
eine Menschheit sei". Im folgenden
soll versucht werden, dieses Postulat zusammenzubringen mit Ideen
und Erkenntnissen über Evolution,
die im wesentlichen aus der Naturwissenschaft entlehnt sind.

## Die Evolution und
## ihre Zeitskalen

Wenn man heute von „Evolution"
ohne eine nähere Bestimmung spricht,
dann denken die meisten zunächst an
die biologische Evolution. Aber die
Biologie hat kein Monopol für das
Evolutionsparadigma. Auch die Kosmologie setzt heute auf das Evolu-
tionsprinzip, und die Stationen der
Menschheitsgeschichte lassen sich
ebenso als kulturelle Evolution interpretieren. Gemeinsame Merkmale aller

**Prof. Dr. Arne Stahl,**
geb. 1931 in Hermanns-
eifen (Riesengebirge).
Studium der Physik in
Tübingen, Frankfurt
und Köln; 1960 Promo-
tion; 1967 Habilitation
an der RWTH Aachen;
dort 1968 Dozent, seit
1969 Professor für
Theoretische Physik.
1988 Gastprofessor in Odense/Dänemark. Mitglied im Vorstandsrat der Deutschen Physikalischen Gesellschaft. Forschungsarbeiten auf den
Gebieten der Thermodynamik, Optik und Fest-
körperphysik. Zahlreiche Veröffentlichungen in
internationalen wissenschaftlichen Zeitschriften;
zum Thema dieses Bandes: „Du sollst nicht
leichtfertig Entropie erzeugen!" Zu den thermodynamischen Grundlagen einer Ökologischen
Ethik, in: S. M. Daecke (Hrsg.), Naturwissenschaft und Religion. Ein interdisziplinäres
Gespräch. Mannheim/Leipzig/Wien/Zürich 1993.
Buchveröffentlichung: Electrodynamics of the
Semiconductor Band-Edge (zus. mit J. Balslev),
1987.

*Prof. Dr. Arne Stahl, RWTH Aachen, Institut für
Theoretische Physik, 52056 Aachen*

Prozesse, die als Evolution bezeichnet werden, sind die Irreversibilität, ein zumindest teilweiser Indeterminismus, und daraus resultierend die Unwiederholbarkeit des faktischen Ablaufs. Ausgerechnet im Indeterminismus liegt das Erfolgsrezept evolutionsartiger Prozesse, denn der Indeterminismus erlaubt die Optimierung nach der Methode von Versuch und Irrtum. Man denke nur an die Überlegenheit der Marktwirtschaft über das System der zentralen Planung. Aber für den so erfolgreichen Mechanismus der stochastischen Steuerung muß auch ein Preis bezahlt werden: Evolutionsprozesse entziehen sich der perfekten Vorhersage und sie lassen sich nicht nach Belieben von außen beeinflussen.

Betrachten wir nun den Evolutionsprozeß etwas genauer, an dem der Mensch als Spezies teilnimmt und von dem die Gefährdung der Menschheit ausgehen könnte. Bei näherem Hinsehen handelt es sich hierbei um eine verkettete Hierarchie mehrerer Prozesse, die in einer auffallend unsymmetrischen Weise miteinander verknüpft sind. Typisch ist, daß die einzelnen Teilprozesse der Evolutionshierarchie auf verschiedenen Zeitskalen ablaufen. Die nachfolgende Tabelle enthält die wichtigsten Teilprozesse mit ihren jeweiligen Zeitskalen: Zur Erläuterung der Tabelle ist folgendes zu bemerken:

*Zu 1.:* Die Annahme eines Zeithorizontes von wenigen Jahren ist typisch für demokratisch verfaßte Gesellschaften, wo faktisch die Legislaturperiode den Zeittakt bestimmt.

*Zu 2.:* Die Zeitskala von Jahrzehnten für die individuelle Lebensplanung entspricht einer Gesellschaft mit stabilen Lebensverhältnissen, wo Berufswahl, Familiengründung usw. echte Langzeitentscheidungen sind.

*Zu 3.:* Die kulturelle Evolution, die auf der Zeitskala von Jahrhunderten bis Jahrtausenden abläuft, ist der Gegenstand der Geschichtsschreibung. Auf der zugehörigen Zeitskala findet auch der ethisch-religiöse Paradigmenwechsel statt. Dies ist daher die Zeitskala, auf der unter Normalbedingungen erwartet werden kann, daß die Menschheit auf die eingangs genannte Herausforderung reagiert.

*Zu 4.:* Die Skala der biologischen Evolution, auf der sich Entstehung, Wachstum und Untergang der Arten abspielen, setzt auch die äußerste Grenze menschlichen Bemühens, die eigene Art vor dem Untergang zu bewahren. Der Imperativ von Hans Jonas, daß eine Menschheit sei, bezieht sich, so wie er gemeint ist, nicht auf die Zeitskala von Jahrmillionen.

*Zu 5.:* Als Gaia-Regime wurde jene Zeitskala bezeichnet, auf der die Umweltbedingungen unseres Planeten sich durch die Wechselwirkung zwi-

| Prozeß | Zeitskala [Jahre] |
|---|---|
| 1. Politischer Entscheidungshorizont | $10^0$ |
| 2. Individuelle Lebensplanung | $10^1$ |
| 3. Kulturelle Evolution | $10^2 - 10^3$ |
| 4. Biologische Evolution | $10^5 - 10^6$ |
| 5. Gaia-Regime | $10^7 - 10^8$ |
| 6. Kosmische Evolution | $10^9 - 10^{10}$ |

Tabelle: Zeitskalen der Evolution

schen Biosphäre, Atmosphäre, Hydrosphäre und Lithosphäre einstellen. Es ist die Zeitskala der globalen Homöostase.

*Zu 6.:* Die kosmische Evolution schließlich setzt die Rahmenbedingungen für alles irdische Geschehen, ist aber von diesem nicht beeinflußbar. Der kosmischen Evolution verdanken wir den Energiefluß von der Sonne und den kalten Weltraum als Deponie für die auf der Erde produzierte Entropie.

Die in der Tabelle angegebenen Zeitskalen beschreiben den normalen Ablauf der Dinge, wo infolge Zeitskalentrennung die schnellen Prozesse vor einem quasistatischen Hintergrund ablaufen, der durch den praktisch konstanten Momentanzustand aller langsameren Prozesse gegeben ist. Indem die langsamen Prozesse die Randbedingungen für die schnellen Prozesse liefern, üben sie einen starken Einfluß auf letztere aus. Umgekehrt ist dagegen die Wirkung der schnellen Prozesse auf die langsamen im stabilen Ablauf sehr gering. Das Wetter, ein typisches System mit chaotischer Dynamik, beeinflußt das Langzeitgeschehen, das man als Klima bezeichnet, unter Normalbedingungen praktisch kaum.

Ganz anders ist die Situation, wenn einer der langsameren Prozesse instabil wird. Dann kann es vorkommen, daß die nachgeordneten Instanzen der Evolutionshierarchie das Kommando übernehmen und dabei plötzliche Änderungen ihrer eigenen Umwelt auslösen. Die Physiker nennen so ein Ereignis einen Phasenübergang. Die im Normalverlauf nach Zeitskalen getrennten Prozesse verschmelzen im Phasenübergang zu einem einzigen stark wechselwirkenden dynamischen System. Die Durchmischung der Zeitskalen führt in der Regel zu heftigen Fluktuationen der Zustandsgrößen aller Skalen. Um bei dem Beispiel des Klimas zu bleiben: Eine Umstellung des Klimas sollte man an einer Häufung extremer Wetterlagen wie zum Beispiel Stürme, Überflutungen usw. erkennen.

Kehren wir nun zu unserer Ausgangsfrage zurück. Sie lautete: Ist es möglich, daß die Spezies Mensch durch ihre scheinbar so erfolgreiche eigene Evolution die Stabilität ihrer Lebensgrundlagen gefährdet? Mit Blick auf die Hierarchie der diversen Evolutionsprozesse läßt sich diese Frage in drei Teilfragen gliedern: Erstens wäre zu fragen, ob die kulturelle Evolution der Menschheit in sich schon eine Entwicklung in die Sackgasse ist; zweitens kann man fragen, ob durch Zerstörung von Lebensräumen und massenhafte Ausrottung von Arten die biologische Evolution auf eine Krise zutreibt, in welcher globale Ökosysteme gefährdet sind, und drittens stellt sich die Frage, wie die Regelkreise des Gaia-Systems auf die vom Menschen ausgelösten Störungen reagieren. Auf alle diese Fragen gibt es keine sicheren Antworten. Die Unsicherheit ist sogar prinzipieller Natur aufgrund der Einmaligkeit und Indeterminiertheit von Evolutionsprozessen. Dies sollte uns aber nicht davon abhalten, die Fragen überhaupt zu stellen und nach mehr oder weniger wahrscheinlichen Antworten zu suchen. Das soll im folgenden geschehen, wobei das Gaia-System im Vordergrund stehen wird.

## Das Gaia-Modell

Es ist eine unbestreitbare Tatsache,

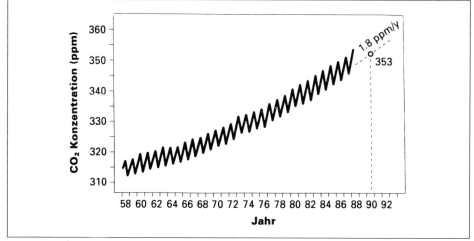

**Abb. 1:** Atmosphärische $CO_2$-Konzentration gemessen im Mauna Loa Observatorium (Hawaii). Der wellenförmige Verlauf der Monatsmittel ist durch die Aktivität der Biosphäre bedingt: Im Sommer $CO_2$-Reduktion aufgrund der Assimilation und im Winter $CO_2$-Zunahme durch Verrottung von organischem Material. Die jährliche Zunahme beträgt heute 1,8 ppm entsprechend 0,5 Prozent (nach F. Gassmann).

daß wichtige physikalisch-chemische Zustandsgrößen des Systems Erde in globaler Größenordnung durch den Stoffwechsel der Lebewesen beeinflußt werden. Ein eindrucksvolles Beispiel sind charakteristische Oszillationen im Jahresgang der $CO_2$-Konzentration (Abb. 1). Diese Oszillationen korrelieren mit der Photosyntheseaktivität auf der Nordhalbkugel.

Es ist demnach nicht so, daß Leben auf der Erde in einer fest vorgegebenen Umwelt existiert, sondern Leben wirkt auch auf die Umwelt zurück. Man kann sich nun fragen, ob diese Rückwirkung womöglich gerade so beschaffen ist, daß sie für das Leben günstige Umweltbedingungen erzeugt. Das würde heißen, daß die Biosphäre mit ihrer physikalisch-chemischen Umwelt in einer lebensfreundlichen Homöostase lebt. Daß dies der Fall ist, behauptet die vor allem von dem Atmosphärenchemiker James Love-

lock propagierte Gaia-Hypothese. Nach der Gaia-Hypothese sind zum Beispiel Verbrauch und Produktion von $CO_2$ durch Pflanzen und Tiere auf der Erde gerade so ausbalanciert, daß eine für das Leben insgesamt günstige Zusammensetzung der Atmosphäre erhalten bleibt. Eine solche Homöostase wirkt zugleich als biologischer Temperaturregler, da bekanntlich der $CO_2$-Gehalt der Atmosphäre den Treibhauseffekt steuert. Vieles spricht für die Wirksamkeit dieser geophysiologischen Regelung. Ein Indiz aus der Erdgeschichte ist die bekannte Tatsache, daß der Sauerstoff in der Erdatmosphäre nicht von Anfang an vorhanden war, sondern erstmals als Stoffwechselprodukt von präkambrischen Cyanobakterien auftrat. Davor gab es auch schon Leben, aber dieses spielte sich in einer sauerstofflosen Atmosphäre ab, in der Methan und Kohlendioxid in wesentlich höherer

Konzentration als heute vorhanden waren (Abb. 2).

Weitere Regelkreise zwischen Biosphäre und den physikalisch-chemischen Umweltbedingungen sind vermutlich an der Regulierung des Salzgehaltes der Meere beteiligt; denn auch dieser wichtige Umweltparameter ist erstaunlicherweise bei einem für das Leben günstigen Wert stabilisiert.

Die Existenz von Regelkreisen, in welchen die Biosphäre an der Stabilisierung ihrer Umwelt mitwirkt, ist nach dem heutigen Stand der Forschung im Prinzip kaum strittig. Wenn man unter dem Gaia-Modell nicht mehr als das versteht, werden dem nur wenige widersprechen. James Lovelock, der neben seiner wissenschaftlichen Phantasie auch eine gewisse poetische Ader besitzt, ist allerdings noch einen Schritt weiter gegangen, indem er anknüpfend an antike Mythen vorgeschlagen hat, das Gaia-System als eine Art integrales Lebewesen zu betrachten, das die Biosphäre und ihre lebenserhaltende Umwelt umfaßt. Folgerichtig bezeichnet er dann die Ko-

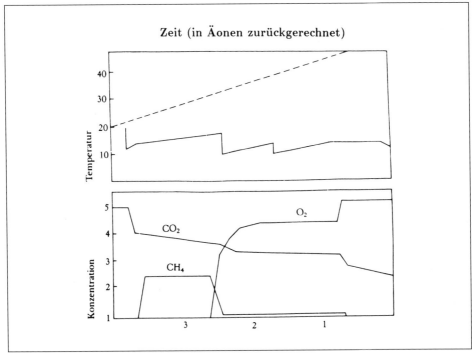

Abb. 2: Eine geophysiologische Sicht der Klimaentwicklung und der atmosphärischen Zusammensetzung während der Lebensdauer von Gaia. In der oberen Graphik werden die wahrscheinlichen Temperaturen auf einer Erde ohne Leben dem stufenförmigen, aber auf lange Sicht konstanten Verlauf des gegenwärtigen Klimas gegenübergestellt. Das untere Schaubild zeigt den stufenförmigen, beständigen Abfall des Kohlendioxids von 10 auf 0,3 Prozent und schließlich auf den heutigen Stand von etwa 300 ppm. Dargestellt ist auch die anfängliche Dominanz von Methan und später die von Sauerstoff. Die Skala des Gasgehaltes ist in Volumen-ppm ausgedrückt und in logarithmischen Einheiten angegeben. 1 entspricht 10 ppm, 5 folglich 100 000 ppm (nach Lovelock).

evolution der Erde und ihrer Biosphäre als einen geophysiologischen Prozeß. Diese Vorstellung ist umstritten, letztlich weil ein rein funktionales Verständnis von Leben ohne ontologischen Hintersinn von vielen nicht akzeptiert wird. Hält man sich jedoch strikt an die funktionale Definition von Leben, dann ist das Bild vom Hyperorganismus Gaia ein brauchbares Erklärungsmodell für eine Reihe auffälliger Phänomene in der Evolution. Im Gaia-Modell wären dann die Lebewesen so etwas wie Organe am Körper von Gaia. Hierauf zielt auch die rhetorische Titelfrage: „Hat Gaia Krebs?" Die Rolle des Tumors fiele in diesem Bild der immer schneller wachsenden Menschheit zu, die mit ihren Stoffwechselprodukten aus Industrie und Landwirtschaft Gaias Homöostase bedroht.

Das Gaia-Modell, welches die Langzeitregulierung gewisser Klimaparameter auf Einflüsse der Biosphäre zurückführt, sollte nicht verwechselt werden mit den rein physikalischen Klimamodellen aus der aktuellen Debatte um den anthropogenen Treibhauseffekt. Letztere taugen allenfalls für eine Prognose der Klimaentwicklung in den nächsten Jahrzehnten.

## Die Menschheit unterwegs zur globalen Monokultur

Wachstum ist in der Evolution ein Erfolgskriterium. Im Sinne dieses Kriteriums ist die Spezies Mensch in jüngster Zeit überaus erfolgreich gewesen. Sie

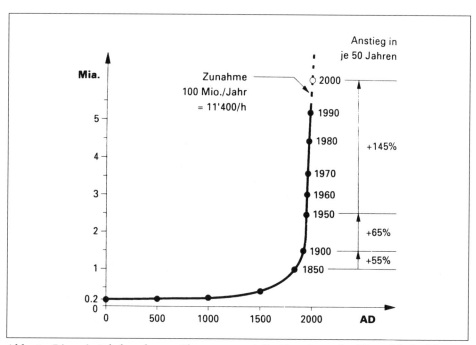

Abb. 3: Die seit Jahrhunderten überexponentielle Zunahme der Menschheit führt zu einer Überbevölkerung des Planeten mit kaum vorstellbaren Konsequenzen (nach F. Gassmann).

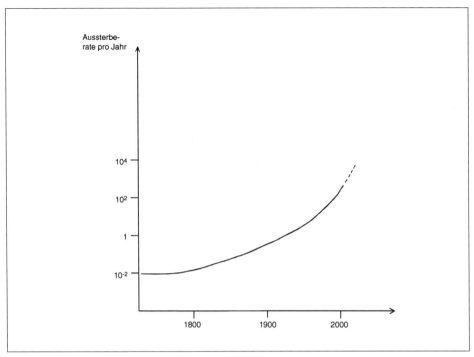

**Abb. 4: „Artensterben"**

hat die Fesseln des langfristigen Zustands der Homöostase gesprengt und in den letzten zweihundert Jahren einen beispiellosen Sieg über alle wachstumsbegrenzenden Faktoren, wie Seuchen, Nahrungsmangel usw. errungen. Das ganze Ausmaß des Siegeszuges der Menschheit illustrieren die folgenden beiden Schaubilder. Abb. 3 zeigt die, zum Teil allerdings geschätzte, Entwicklung der Weltbevölkerung seit Christi Geburt: Das Wachstum einer Spezies geschieht im endlichen Biotop Erde auf Kosten anderer Spezies. Kehrseite des Erfolges der Menschheit ist daher ein parallel verlaufendes Artensterben, dargestellt in Abb. 4. Man beachte hierbei die logarithmische Skala!

Blickt man auf diese Kurven, so kann man sich fragen, ob sich hier nicht ein Phasenübergang im Gaia-System andeutet. So wie im Kapitel über die Hierarchie der Evolution beschrieben, würde ein Phasenübergang bedeuten, daß zumindest eine Zeitlang die Entwicklung der globalen Umweltdaten in Abhängigkeit von der Menschheitsentwicklung geriete. Zur Erinnerung: Im Übergang dominieren die Kurzzeitprozesse die langsameren! Gleichnishaft ausgedrückt hieße das: Der Autopilot der Evolution wird abgeschaltet und durch die Handsteuerung der Spezies Mensch ersetzt. Um allen Mißverständnissen vorzubeugen: Ich will nicht etwa, wie Ernst Bloch das in seinem Buch „Das Prinzip Hoffnung" getan hat, diese Machtübernahme durch den Menschen als ein erwünschtes Endziel der Geschichte preisen, sondern es geht nur um eine

Analyse der tatsächlichen Lage. Da wir die Dynamik der Evolution nicht kennen, bleiben wir dabei allerdings auf Mutmaßungen angewiesen.

Einen gewissen Hinweis geben Relativgrößen, die anzeigen, welchen Bruchteil des irdischen Stoffwechsels der Mensch inzwischen unter seine Kontrolle gebracht hat. Daß in einem dichtbesiedelten Land wie Deutschland praktisch keine vom Menschen unabhängige Natur mehr existiert, daran hat man sich gewöhnt. Dennoch ist die totale Inbesitznahme des Landes durch die eine Spezies Mensch, wie sie sich in den folgenden Zahlen ausdrückt, schon etwas beunruhigend (Abb. 5).

Für unsere Fragestellung wesentlich interessanter als diese lokalen Daten sind natürlich entsprechende Daten über den menschlichen Zugriff auf globale Ressourcen. Hierzu enthält der jüngste Bericht des Worldwatch Institute eine Zahl, die aufhorchen läßt. Danach hat die Menschheit es inzwischen geschafft, ca. 40 Prozent der sogenannten biologischen Nettoprimärproduktivität (NPP) der Erde sich entweder anzueignen (27 Prozent) oder zu zerstören (12 Prozent). Die NPP mißt die von den Pflanzen auf der ungestörten Erde laufend durch Photosynthese bereitgestellte freie Energie. Wenn diese Zahl auch nur annähernd stimmt, zeigt sie, wie dominant bereits die eine Spezies Mensch auf diesem Planeten geworden ist. Wir bewegen uns demnach auf eine globale Monokultur zu. Nach den enttäuschenden Erfahrungen mit der Planwirtschaft fällt es schwer zu glauben, daß die Menschheit es schafft, eine solche Monokultur über längere Zeit stabil zu halten. Über kurz oder lang wird sich wohl eher eine selbstregulierende

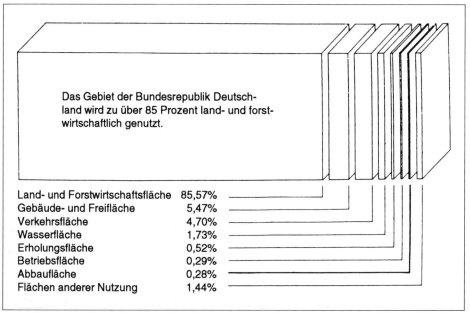

Das Gebiet der Bundesrepublik Deutschland wird zu über 85 Prozent land- und forstwirtschaftlich genutzt.

| | |
|---|---|
| Land- und Forstwirtschaftsfläche | 85,57% |
| Gebäude- und Freifläche | 5,47% |
| Verkehrsfläche | 4,70% |
| Wasserfläche | 1,73% |
| Erholungsfläche | 0,52% |
| Betriebsfläche | 0,29% |
| Abbaufläche | 0,28% |
| Flächen anderer Nutzung | 1,44% |

**Abb. 5: Insgesamt versiegelt 11,5 %.**                    (Quelle: Statistisches Bundesamt)

Phase im Sinne des Gaia-Prinzips durchsetzen. Aber an welches Ufer das System nach den Turbulenzen einer Übergangszeit getrieben wird, darauf kann die Menschheit vermutlich einen gewissen Einfluß nehmen, denn für eine flüchtige geologische Sekunde bekommt der Mensch das Steuer der Evolution zu fassen. Ob er sich dieser Verantwortung gewachsen zeigen wird, bleibt allerdings abzuwarten. Typische Handlungsalternativen, welche die Menschheit in dieser Lage besitzt, beschreiben drei Szenarien, die Fritz Gassmann in einem Büchlein über den Treibhauseffekt vorstellt. Bevor ich mich aber diesen Szenarien zuwende, möchte ich noch einen speziellen Aspekt der Wachstumsproblematik kommentieren: Es geht um den Begriff des sogenannten qualitativen Wirtschaftswachstums.

## Wirtschaftswachstum

Mit Bedacht wurde im letzten Kapitel als Indikator für die anthropogene Belastung der Biosphäre der vom Menschen beanspruchte Anteil an der Nettoprimärproduktivität gewählt. So weicht man der weltanschaulich geprägten Debatte aus, was denn schädlicher sei: die Unersättlichkeit der Bewohner der reichen Länder oder die Bevölkerungsexplosion in den armen Ländern. Der erwähnte Indikator reagiert da ziemlich neutral. Aber jenseits aller Werturteile und Schuldzuweisungen führt kein Weg an der Erkenntnis vorbei, daß die unbegrenzte Fortsetzung des derzeitigen Bevölkerungswachstums auf der endlichen Erde unmöglich ist. Das hat nichts mit rassistischer Ideologie zu tun, denn es ist ein mathematischer Satz. Diskutieren läßt sich nur über die Frage, ob man das

Unvermeidliche freiwillig tun soll oder warten soll, bis die Natur ihr Machtwort spricht.

Etwas komplizierter liegen die Dinge bei der Extrapolation des gegenwärtigen Wirtschaftswachstums. Es gibt da die Idee des sogenannten qualitativen Wachstums, worunter eine Wohlstandsvermehrung ohne zusätzlichen Ressourcenverbrauch verstanden wird. Man kann sich nun fragen: Ist das möglich? Ausschließen kann man die Existenz von qualitativem Wachstum vermutlich nicht, sofern man „Wohlstand" geeignet definiert. Zur Zeit allerdings wird in den Gesellschaften, auf die es ankommt, Wohlstand mit Bruttosozialprodukt gleichgesetzt, wie uns das sehnsüchtige Warten auf ein bißchen Wachstum während der gerade durchgestandenen Rezession deutlich vor Augen geführt hat. Solange dieser Wohlstandsbegriff gilt, darf an der Möglichkeit qualitativen Wachstums gezweifelt werden.

Es gibt hierfür auch ein Argument, das im Kontext einer interdisziplinären Beschäftigung mit Evolutionsprozessen aller Art besonders interessant ist. Es entstammt einer Studie des Schweizer Nationalökonomen Mathias Binswanger. Ausgangspunkt ist der Versuch, die ökonomischen Begriffe „Wertschöpfung" und „Ressourcenverbrauch" so zu quantifizieren, daß sie für eine Beschreibung der Wechselwirkung zwischen Wirtschaftssystem und Ökosystem taugen. Mit anderen Worten: Gesucht ist ein ökonomischer Wertmaßstab, der in dem Sinne real ist, daß er auch vom Ökosystem anerkannt wird. Alle, die je über dieses Problem nachgedacht haben, stimmen darin überein, daß ein solcher Maßstab auf der thermodynamischen Zustandsgröße Entropie basieren sollte.

Man definiert daher als reale Wertschöpfung die im Wirtschaftssystem erzeugten Strukturen, deren quantitatives Maß eine negative Entropie ist. Als Ressourcenverbrauch wird entsprechend die an die Umwelt abgegebene positive Entropie definiert. Dann sagt die allgemeine Theorie der Evolution, daß eine Zunahme der Wertschöpfung bei abnehmendem Ressourcenverbrauch unmöglich ist. Kenner der Thermodynamik erblicken dahinter unschwer das Wirken des „Zweiten Hauptsatzes der Thermodynamik".

Nun könnte man einwenden, daß es sich hier um eine Scheinargumentation handelt, die durch bloßes Spiel mit geeigneten Definitionen für Wertschöpfung und Verbrauch das gewünschte Ergebnis herbeiführt. Es ist deshalb wichtig, daß Binswanger anhand empirischer Wirtschaftsdaten, die in konventionellen Maßeinheiten wie Preisen, Energie- und Materialflüssen gemessen wurden, nachgewiesen hat, daß qualitatives Wachstum dort nicht stattfindet, wo es bisher vermutet worden ist. Dies deutet darauf hin, daß die thermodynamische Bewertung und die konventionelle Bewertung des Wirtschaftsprozesses mehr miteinander gemein haben, als mancher Skeptiker bisher geglaubt hat.

Als Fazit für unsere Frage entnehmen wir dieser Untersuchung: Die Möglichkeit eines ökologisch unbedenklichen Wirtschaftswachstums ist bislang nicht schlüssig bewiesen worden.

## Zukunftsszenarien

Nachdem allerhand Indizien dafür gesammelt wurden, daß wir einer Zeit der Instabilität entgegengehen, mit starken Rückwirkungen des menschlichen Verhaltens auf die Entwicklung des ganzen Planeten, wäre es nur konsequent, mit der Feststellung zu schließen, daß bereits die nahe Zukunft so offen ist wie selten zuvor. Das wäre aber ein unbefriedigender Schluß für eine Betrachtung über Evolution und Ethik, da Ethik mit dem rechten Handeln zu tun hat. Also schauen wir uns einige Handlungsoptionen und deren vorhersehbare Konsequenzen an. Ich halte mich dabei an die bereits erwähnten Szenarios von Fritz Gassmann.

## 1. Das Schicksal der Weißwedelhirsche

Bis 1907 lebten in einem abgeschlossenen Habitat im amerikanischen Bundesstaat Arizona ca. 4 000 Weißwedelhirsche im stabilen Gleichgewicht mit ihren natürlichen Feinden. Durch menschliche Intervention wurden danach in kürzester Zeit die natürlichen Feinde (Puma, Wolf und Kojote) der Hirsche beseitigt. Abb. 6 zeigt die Entwicklung der Hirschpopulation nach diesem Eingriff.

Zunächst setzte ein ungebremstes Wachstum ein, wodurch der Bestand weit über die langfristige Tragekapazität hinauswuchs. Dem folgte ein abruptes Massensterben. Dieses Szenario ist typisch für Populationen, die plötzlich eine Wachtumsgrenze überwunden haben. Die Menschheit, die mit dem Eintritt in die technische Zivilisation eine solche Grenze überwunden hat, könnte sich durchaus ähnlich entwickeln. Die Absturzphase nach einem Gipfel mit vermutlich über zehn Milliarden Individuen wäre allerdings ein Schreckensszenario. Wenn man aber die Dinge treiben läßt, ist genau das die Entwicklung mit der höchsten Wahrscheinlichkeit. Hoimar von

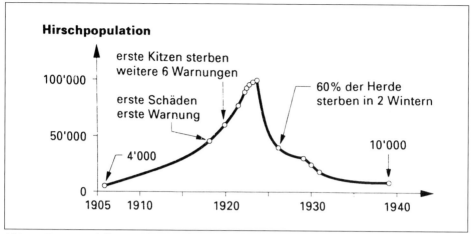

**Abb. 6:** Exponentielles Wachstum der Hirschpopulation auf dem Kaibab-Plateau (Arizona, USA) nach Dezimierung der natürlichen Feinde und Zusammenbruch nach Übernutzung der Lebensgrundlage (nach F. Gassmann).

Ditfurth meint in seinem Bestseller „So laßt uns denn ein Apfelbäumchen pflanzen" sogar, daß einem Absturz auf Null, das heißt einem Aussterben der Menschheit, die höchste Wahrscheinlichkeit zukommt. Man erinnere sich: Im Phasenübergang der Evolution ist die Zukunft ungewisser denn je.

## 2. Marsch entlang der Grenze des Möglichen

Ein zweites Szenario, das auch einige Wahrscheinlichkeit besitzt, illustriert Gassmann am Schicksal der Schafpopulation auf der Insel Tasmanien. Schafe wurden in Tasmanien vom Menschen als Nutztiere in extensiver Haltung eingeführt. Danach wurde die Population hart an der Obergrenze der Tragfähigkeit gehalten. Abb. 7 zeigt das Ergebnis.

Die starken Schwankungen zeigen die Nähe einer kritischen Grenze an. Übertragen auf die Zukunft der Menschheit: So könnte die längerfristige Entwicklung aussehen, wenn es den Menschen durch Einsatz all ihrer Fähigkeiten gelingt, die Menschenzahl längere Zeit hindurch auf dem maximal möglichen Wert zu halten. Wahrscheinlich würden die starken Fluktuationen, die zu einem solchen Szenario notwendig gehören, als unvermeidliche Schicksalsschläge gedeutet und hingenommen.

## 3. Szenario Selbstbeschränkung

Wissenschaftler des Züricher Paul-Scherrer-Instituts haben ausgerechnet, was geschähe, wenn die Menschheit sich ab sofort zu folgendem Akt der Selbstdisziplin aufraffte:
a) Die Reproduktionsrate wird auf durchschnittlich 1,8 Kinder pro Frau begrenzt;
b) die $CO_2$-Emission der Industriestaaten wird um 0,5 Prozent pro Jahr gesenkt.

Dieses moderate Programm einer Selbstbeschränkung würde den Autoren der Studie zufolge bereits nach we-

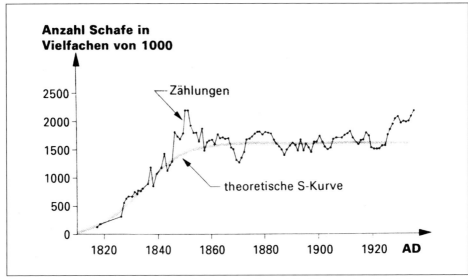

**Abb. 7:** Entwicklung der Schafpopulation nach deren Einführung im 19. Jahrhundert auf der australischen Insel Tasmanien im Vergleich zur theoretischen S-Kurve (nach F. Gassmann).

nigen Jahrzehnten die Menschheit aus der Gefahrenzone bringen. Insbesondere würde sich der anthropogene Treibhauseffekt so abbremsen lassen, daß die nach überwiegender Expertenmeinung noch tolerierbaren Grenzen nicht überschritten würden.

Die Empfehlung, freiwillige Selbstbeschränkung zu üben, ist eine uralte ethische Forderung. Schließlich geht es bei der Geschichte von Adam und Eva und den Früchten des verbotenen Baumes im Paradies im Kern um das Thema des freiwilligen Verzichts. Aber wie jeder weiß, waren schon unsere Vorfahren nicht bereit, sich an dieses Gebot zu halten, wofür sie dann auch zu büßen hatten. Da die Vorstellung, die Menschheit würde aus ihrer Geschichte lernen, als ziemlich utopisch gilt, ist leider eine Realisierung des Szenarios „Selbstbeschränkung" wenig wahrscheinlich.

## Die Ohnmacht, das angestrebte Gute zu tun

Kehren wir zurück zum Imperativ des Hans Jonas, der fordert, daß erstens die Menschheit überhaupt fortbestehen soll und daß zweitens auch kommende Generationen menschenwürdige Bedingungen vorfinden sollen. Es ist kaum zweifelhaft, daß eine große Mehrheit diesem Postulat zustimmen würde. Insofern ist der Konsens darüber, was ethisch geboten ist, in diesem Falle nicht das Hauptproblem. Aber was heißt das, wenn die Menschheit unfähig ist, diesen Konsens in konkrete Handlungen umzusetzen. Die Konferenzen in Rio und Berlin zum Umwelt- und Klima-Problem und in Kairo über Bevölkerungsplanung haben diese Ohnmacht einmal mehr demonstriert. Es hat sich auf diesen beiden Konferenzen drastisch gezeigt, daß weder bei Vertretern der Politik noch bei Vertretern der Religionen eine hinreichende Bereitschaft da ist, neue Prioritäten anzuerkennen. Die kulturelle Evolution kann mit den Problemen nicht Schritt halten, die sie zum Teil selbst erzeugt hat. Nur einzelne Menschen und kleinere Minderheiten, nicht aber die großen Institutionen der Menschheit haben die neue Lage schon wirklich erfaßt.

Schauen wir deshalb zum Schluß noch einmal kurz auf die Akteure in diesem Ringen um neue Prioritäten.

### Zur Rolle der Politik

Typisch für die gegenwärtige politische Lage ist die Abwesenheit starker Mächte. Es herrscht eine Art Gewaltenteilung, ein Zustand, der für die innere Verfassung der Staaten seit Montesquieu als erstrebenswert gilt. Machtbalance blockiert aber auch kraftvolles Handeln. Die Evolution geht dann ungestört ihren naturgesetzlichen Weg. Wer aus Schwäche nicht handeln kann, macht auch keine großen Fehler. Ich glaube, daß nach dem Debakel des Sozialismus die meisten diese Schwäche der Politik im Prinzip wollen. Nur brauchte man dann eine Verfassungsinstitution, die ex officio die Zukunftsbelange gegen die organisierten Gegenwartsinteressen verteidigt. Sonst haben sogar Diktaturen einen Systemvorteil; denn wer als Diktator Herr im eigenen Haus ist, der kann, wenn er nur will, über den Tag hinaus denken und zum Beispiel die Aufgabe der Bevölkerungsplanung mit gewissem Erfolg anpacken, wie das Beispiel China zeigt. Ich finde übrigens, daß diese Leistung zu wenig gewürdigt wird. Natürlich gibt es unerfreuliche Begleiterschei-

nungen, aber wer die neuen Prioritäten will, sollte anerkennen, daß China, das wegen seiner Menschenrechtspolitik so viel berechtigte Kritik erfährt, in Sachen Bevölkerungsplanung verantwortungsbewußt handelt. Immerhin impliziert Chinas Bevölkerungspolitik auch die Absage an die Idee, durch Eroberung und ethnische Säuberung neuen Lebensraum zu gewinnen.

### Zur Rolle der Religion

Die traditionellen Religionen haben sich, um es mild auszudrücken, wenig hilfreich im Ringen um neue Prioritäten gezeigt. Islamischer Fundamentalismus behindert die für eine effektive Familienplanung so wichtige Frauenbefreiung, die katholische Kirche kämpft ihren bizarren Kampf gegen eine wirksame Empfängnisverhütung, und andere Weltreligionen wie der Buddhismus verharren in apolitischer Innerlichkeit. Und dennoch: ein solcher Kraftakt wie die Durchsetzung einer Ethik der Selbstbeschränkung ist ohne Abstützung durch einen religiösen Grundkonsens schwer vorstellbar. Oft genug hat sich im Verlauf der kulturellen Evolution die Religion als ein wichtiger Fitneßparameter in schwieriger Lage erwiesen. Allerdings muß es eine Religion sein, die erstens zu den anstehenden Fragen glaubhafte Aussagen machen kann und die zweitens bereit ist, politisch zu sein: alles ziemlich utopische Forderungen in einer Zeit, in welcher Religion zum unverbindlichen Privatvergnügen verkommen ist.

### Beitrag der Individuen und informellen Gruppen

Wenn Politik handlungsschwach und Religion irrelevant sind, ruht alle Hoffnung auf Einzelpersonen oder informellen Gruppen nach Art von Bürgerinitiativen. Die Beharrlichkeit der Einsichtigen und scheinbar Machtlosen hat schon einiges bewegt. Schließlich kann in einer auf demokratischen Konsens angewiesenen Gesellschaft nichts Neues passieren, wenn sich nicht zuvor in den Köpfen etwas geändert hat. Und wenn die Verzweiflung über die scheinbare Vergeblichkeit aller Mühe zu groß wird, sollte man daran denken, daß wir in Wahrheit mitten in einem Phasenübergang stecken, wo fast alles möglich ist: sogar das plötzliche Auftauchen einer religiösen Erneuerung, welche die Menschheit beflügeln würde, das Notwendige freudig zu vollbringen.

Ganz zum Schluß bin ich noch eine Antwort schuldig auf die Titelfrage: „Hat Gaia nun Krebs?" Ich glaube, Ja-

mes Lovelock hat recht, wenn er diese Frage verneint. Gaias Immunsystem ist stark genug, um durch den Menschen nicht ernsthaft gefährdet zu werden. Es ist also keine lebensbedrohende Krise für Gaia, aber vielleicht eine für den Menschen.

*Binswanger, M.:* Information und Entropie (Wirtschaftswissenschaft Bd. 24). Frankfurt a. M. 1992. − *Brown, L. R.* et al: State of the World 1994. Worldwatch Institute, Washington. − *Ditfurth, H. von:* So laßt uns denn ein Apfelbäumchen pflanzen. Hamburg 1985. − *Ebeling, W./Feistel, R.:* Chaos und Kosmos. Heidelberg 1994. − *Gassmann, F.:* Was ist los mit dem Treibhaus Erde? (Einblick in die Wissenschaft). Zürich/Leipzig 1994. − Global 2000: Deutsche Fassung, hrsg. von R. Kaiser. Verlag zweitausendeins. − *Jonas, H.:* Das Prinzip Verantwortung. Frankfurt a. M. 1979. − *Lovelock, J.:* The Ages of Gaia. A Biography of our Living Planet. New York/London 1988. − *Mohr, H.:* Natur und Moral: Darmstadt 1987. − *Verbeek, B.:* Die Anthropologie der Umweltzerstörung. Darmstadt 1994. − *Warnecke, G.* et al: Tatort Erde. Berlin usw. 1992.

# Wollen – Können – Dürfen

## Aspekte einer Evolutionären Ethik

Gerhard Vollmer

**Wir können mehr, als wir dürfen. Die Frage nach dem Können ist eine faktische, die nach dem Dürfen eine normative. Wie wirken beide zusammen? Da die Evolutionäre Ethik Fakten und Normen verknüpft, bietet sie eine gute Gelegenheit, dieses Zusammenwirken zu studieren. Im folgenden werden sechs Betrachtungsebenen unterschieden: die explikative, die deskriptive, die explanative, die evaluative, die normative und die pragmatische. Und anhand der Begriffe „böse" und „Krieg" werden diese Ebenen dann auch begangen. Insgesamt geht es dabei weniger um die Inhalte der Evolutionären Ethik als um ihre Werkzeuge.**

## Fakten und Normen

Nicht jede Ethik muß die Probleme von Gut und Böse behandeln; denn Sollensaussagen kann man formulieren und untersuchen, ohne dabei Gut und Böse in Betracht zu ziehen. Wohl aber führen Betrachtungen über Gut und Böse regelmäßig zu moralphilosophischen und ethischen Überlegungen; denn es liegt nahe zu fordern, daß wir das Gute tun und das Böse lassen sollen.

Im folgenden gehen wir davon aus, daß der Evolutionsgedanke für Fragen nach Gut und Böse und für Probleme der Ethik fruchtbar gemacht werden kann. Eine Ethik, die sich solchen Überlegungen öffnet, kann man *Evolutionäre Ethik* nennen.[1] Diese Bezeich-

Prof. Dr. Dr. **Gerhard Vollmer,** geb. 1943 in Speyer a. Rhein. Studium der Mathematik, Physik und Chemie; 1971 Promotion in Physik; 1974 Promotion in Philosophie; 1975 Akad. Rat am Philosophischen Seminar der Universität Hannover; 1981 Professor am Zentrum für Philosophie und Grundlagen der Wissenschaft, zugleich Mitglied im FB Biologie der Universität Gießen; 1991 Lehrstuhl für Philosophie an der Technischen Universität Braunschweig. Buchveröffentlichungen: Evolutionäre Erkenntnistheorie, 1975 (6. Aufl. 1994); Was können wir wissen? 2 Bde., 1985/86 (2. Aufl. 1988); (Mit.Hrsg.) Denken unterwegs. Fünfzehn metawissenschaftliche Exkursionen, 1992; Wissenschaftstheorie im Einsatz. Beiträge zu einer selbstkritischen Wissenschaftsphilosophie, 1993; (Mit-Hrsg.) Der Mensch in seiner Welt – Anthropologie heute: Buchausgabe des Funkkollegs 1992/93, 1994; Auf der Suche nach der Ordnung. Beiträge zu einem naturalistischen Welt- und Menschenbild, 1995; Biophilosophie, 1995.

*Prof. Dr. Dr. Gerhard Vollmer, TU Braunschweig, Seminar für Philosophie, Geyso-Straße 7, 38106 Braunschweig*

nung ist — im Gegensatz etwa zur Bezeichnung *Evolutionäre Erkenntnistheorie* — schon recht alt. Bereits 1893 veröffentlicht Charles Mallory Williams ein dickes Buch „Evolutional Ethics"[2]; er stellt darin zahlreiche Ethik-Entwürfe zusammen, die sich auf Evolutionstheorien stützen. Im gleichen Jahr hält Darwins Vorkämpfer Thomas Henry Huxley (1825 bis 1895) seine Romanes-Lecture „Evolution and Ethics"[3], die sein Enkel Julian Huxley (1887 bis 1975) dann zusammen mit einem eigenen Vortrag „Evolutionary Ethics" von 1943 noch einmal veröffentlicht und kritisch kommentiert.[4]

Die Ansprüche, die sich mit solchen Entwürfen verbinden, sind sehr unterschiedlich. Sie reichen von dem Vorschlag, das evolutive Gewordensein des Menschen vorsichtig in ethische Überlegungen *einzubeziehen,* bis zu dem Versuch, aus den Prinzipien der natürlichen Auslese besondere Rechte für den Stärkeren *abzuleiten.* Die meisten Autorinnen und Autoren sind sich jedoch darüber einig, daß ein solcher Schluß von den Tatsachen der Evolution auf das Sollen und Dürfen von Personen, also der Schluß von Fakten auf Normen, nicht zwingend ist. Wenn somit die Evolutionäre Ethik biologische Tatsachen und moralische Normen in Beziehung setzen will, dann muß gerade sie sich vor dem naturalistischen Fehlschluß besonders in acht nehmen.

Nicht daß zwischen Fakten und Normen gar keine Beziehungen bestünden. Im Gegenteil: Sowohl in unserem Alltag als auch in unserer Sprache sind sie stark vernetzt. Anscheinend sind diese Verknüpfungen noch nicht systematisch untersucht worden. Dabei wäre das sowohl für die Vertreter einer Evolutionären (und allgemeiner jeder naturalistisch orientierten) Ethik wie auch für deren Kritiker eine lohnende Aufgabe.

Dieser Beitrag soll vor allem Klarheit bringen. Er soll klären, auf welchen Ebenen solche Fragen diskutiert werden. Er soll diese Ebenen auch betreten und an Beispielen zeigen, wie dort gefragt und gearbeitet wird. Und er soll — wieder an einem Beispiel — zeigen, wie in der moralphilosophisch-ethischen Diskussion Fakten und Normen zusammenwirken. Welträtsel lösen werden wir dabei nicht; aber wir können doch versuchen, unser Werkzeug in Ordnung zu bringen.

## Sollen oder Dürfen?

Zu Beginn seines schönen Buches „Die Biologie der Zehn Gebote" schreibt Wolfgang Wickler: „Der Mensch ist dasjenige Geschöpf, das mehr will, als es kann, und mehr kann, als es soll. Das Können, eingespannt zwischen Wollen und Sollen, ist deshalb gewöhnlich Hauptgegenstand seines Wissensdurstes."[5]

Sieht man näher hin, so handelt es sich hier um ein eigenartiges Sollen. Denn oft genug *sollen* wir etwas tun — aus moralischen, rechtlichen, pädagogischen Gründen —, was wir dann doch nicht leisten, nicht schaffen, nicht *können*. Das heißt, daß wir oft genug auch *mehr* sollen, als wir können, — eine Umkehrung des im Zitat behaupteten Verhältnisses. Was Wickler mit „Sollen" meint, ist wohl eher das „Dürfen". „Dürfen wir, was wir können?", fragt deshalb Walther Christoph Zimmerli,[6] und natürlich dürfen wir nicht. „Können, Machen, Dürfen" überschreibt auch Christof Schorsch einen Aufsatz über Wissenschaftsethik.[7] Und in ihrer Einleitung zu dem

Sammelband „Technik und Ethik" verorten Lenk und Ropohl die Technik zwar zunächst „zwischen Können und Sollen"; aber auch ihnen geht es dann eben doch um das Dürfen. So heißt es dort bald: „Die Philosophie hat schon immer gewußt, daß die Menschen mehr können, als sie dürfen."[8]

Halten wir fest: Wir können *mehr*, als wir dürfen. Das schließt nicht aus, daß wir an anderer Stelle *weniger* können, als wir dürfen, zum Beispiel ohne Hilfsmittel fliegen oder uns unsichtbar machen. Aber was wir sowieso nicht können, das brauchen wir weder zu erlauben noch zu verbieten; deshalb sind diese Fälle weit weniger problematisch und für moralphilosophische und ethische Diskussionen ohne Belang.

## Sechs Betrachtungsebenen

Gut und Böse − und viele andere Themen − kann man auf verschiedenen Ebenen diskutieren. Wir werden im folgenden sechs Ebenen unterscheiden.

Auf der *explikativen* Ebene versucht man, Begriffe zu klären und schärfer zu fassen, Bedeutungen zuzuweisen, Mehrdeutigkeiten zu erkennen und zu beseitigen. Die entscheidenden Fragen sind: Was meinst du damit? Was verstehen wir darunter? Was wollen wir darunter verstehen? Was bedeutet etwa das Wort „Krieg"? Was ist ein Bürgerkrieg, was ein Angriffskrieg, was ein Präventivkrieg? Explikationen sind also nicht bloße Fest*stellungen* zur Bedeutung der verwendeten Wörter, aber auch keine willkürlichen terminologischen Fest*legungen*. Sie enthalten beide Elemente: Beschreibungen des tatsächlichen Sprachgebrauchs und begründete Verbesserungsvorschläge.

Auf der *deskriptiven* Ebene werden Tatsachen beschrieben. Die leitenden Fragen sind: Was ist der Fall? Wie war es? Wie wird es sein? Auch Vergangenheit und Zukunft werden also in die Beschreibung einbezogen. Wo herrscht zur Zeit Krieg? Wie viele Kriege hat es schon gegeben? Wird es immer wieder Kriege geben?

Auf der *explanativen* Ebene versuchen wir, beobachtete (und beschriebene) Tatsachen zu erklären. Wir suchen Ursachen, Gründe, Motive, Auslöser, kausale Zusammenhänge, Naturgesetze, notwendige und hinreichende Bedingungen. Warum kämpfen Serben gegen Kroaten und beide gegen Bosnier? Wie kam es zum Ersten Weltkrieg? Warum führen Menschen überhaupt Krieg?

Auf der *evaluativen* Ebene bewerten wir das Beobachtete, Getane, Erlebte. Wie finden wir das?, ist hier die Leitfrage. Wir finden es gut oder schlecht, nützlich oder schädlich, gerecht oder ungerecht, wertvoll oder wertlos, richtig oder falsch, schön oder häßlich. Wie finden wir es, daß in Jugoslawien Bürgerkrieg herrscht, daß Menschen so viele Kriege geführt haben, vielleicht immer wieder Kriege führen werden? Bewertungen beruhen auf Intuition *und* auf rationalem Erwägen. Es kann also durchaus sein, daß wir unser Werturteil aufgrund von Nachdenken, von Argumenten, von zusätzlicher Information ändern; es kann aber auch sein, daß unsere Intuition stärker ist als alle Argumente.

Auf der *normativen* Ebene versucht man, Vorschläge zu machen, nicht nur zum Sprachgebrauch wie auf der explikativen Ebene, sondern für unser Handeln. Solche Vorschläge antworten auf die Frage: Was sollen wir tun? Normen in diesem Sinne sind Gebote, Verbote und Erlaubnisse. Dürfen wir Krieg führen? Sollen wir uns verteidigen? Dürfen wir Kriege anderer gewaltsam beenden? Die Vergangenheit ändern können wir nicht. Wir können Bekanntes vergessen; wir können unser moralisches oder unser ästhetisches Urteil ändern; aber Geschehenes ist nicht mehr rückgängig zu machen. (Das kann nicht einmal Gott.) Im Gegensatz zu allen vorhergehenden Fragen kann sich also die Frage „Was sollen wir tun?" immer nur auf die Zukunft beziehen.

Auf der *pragmatischen* Ebene geht es darum, unser Wissen und vor allem unsere Normen aktiv in Handlungen (oder Unterlassungen) umzusetzen.

Zur besseren Übersicht stellen wir die sechs Ebenen in einer Tabelle zusammen (siehe unten).

Um Mißverständnisse zu vermeiden, sei noch dreierlei betont.

Erstens kann man die genannten Betrachtungsebenen zwar unterscheiden, aber nicht ohne weiteres voneinander trennen. So gehen in eine Explikation sowohl beschreibende als auch vorschreibende (oder wenigstens vorschlagende) Elemente ein; jede Erklärung greift ihrerseits auf beschreibende Elemente (Naturgesetze, Rand- und Anfangsbedingungen) zurück; eine Bewertung ist zugleich eine Beschreibung meiner Wünsche, Vorlieben, Moralvorstellungen; Normen beruhen im allgemeinen auf Wertungen; usw.

Ferner setzen einige der genannten Ebenen andere voraus. So gibt es nichts zu erklären oder zu bewerten, was nicht vorher beschrieben wurde; es gibt auch nichts zu beschreiben, wenn nicht eine wenigstens vorläufige Einigkeit über die Bedeutung wichtiger Begriffe besteht; und auf der pragmatischen Ebene wirken alle Ebenen zusammen.

Schließlich ist es mit dem einmaligen Durchlaufen aller Ebenen nicht getan; vielmehr herrscht hier ein kompliziertes Wechselspiel, eine Art Rückkopplung: Mehr (deskriptives) Wissen erlaubt oder verlangt schärfere Begriffsbestimmungen; gelungene Erklä-

| Ebene | Leistung | Typische Fragen | Aufgabe für |
|---|---|---|---|
| explikativ | Begriffsverschärfung | Was meinst du damit? Was **wollen** wir darunter verstehen? | Sprachanalyse, terminologische Festlegungen |
| deskriptiv | Beschreibung | Was ist der Fall? Wie war es? Wie wird es sein? | Erfahrungswissenschaften |
| explanativ | Erklärung | Wie kommt das? Warum ist es so? | |
| evaluativ | Bewertung | Wie finden wir das? | Intuition und rationales Erwägen |
| normativ = präskriptiv | Vorschriften, Verbote | Was sollen/dürfen wir tun/lassen? | Philosophen, Theologen, Gesetzgeber |
| pragmatisch | Verwirklichung | Wie schaffen wir das? | Politik, Management |

rungen ermöglichen bessere Beschreibungen, z. B. genauere Prognosen; negative Wertungen führen zu Versuchen, es besser zu machen; usw. Wenn wir also im folgenden jede Ebene nur ein einziges Mal betreten, so sind wir uns darüber im klaren, daß wir die Diskussion auf diese Weise nicht abschließen können.

## Zwei Explikationen: Was heißt „böse"? Was ist Krieg?

Was-heißt- und Was-ist-Fragen klingen leicht so, als ob es die erfragten Begriffe, also die Bedeutungen der fraglichen Wörter, unabhängig von uns bereits gäbe und wir uns nun an sie heranpirschen und ihr „Wesen" erkunden könnten. Tatsächlich sind die Wortbedeutungen in der Regel von mir als Einzelperson unabhängig; sie sind jedoch nicht unabhängig von der Sprachgemeinschaft, die sie prägt und gebraucht. Wörter bedeuten das, was wir sie bedeuten lassen, und deshalb können wir ihre Bedeutung auch ändern, willkürlich oder ganz unbeabsichtigt. Die erste Frage heißt also genauer: Was *verstehen* wir unter „böse"? Und soweit es hier einen Bedeutungsspielraum gibt, können wir auch fragen: Was *wollen* wir − vorläufig − unter „böse" verstehen?

Wie wir leicht feststellen, kann sich das Prädikat „böse" auf unterschiedliche Gegenstände beziehen: auf Handlungen („die böse Tat"), auf Gedanken, auf Absichten („des Menschen Trachten ist böse von Jugend auf"), auf Motive, auf Menschen („der bitterböse Friederich" aus dem Struwwelpeter), auf Tiere („der böse Kettenhund"), im übertragenen Sinne („eine böse Wunde") und vor allem im Scherz („du böse Uhr") auch noch auf viele

andere Dinge. Wir beschränken uns hier zunächst auf Personen und Handlungen und sagen: Eine *Person* ist böse, wenn sie absichtlich gegen anerkannte moralische Grundsätze verstößt. Und eine *Handlung* ist böse, wenn wir die handelnde Person um dieser Handlung willen böse nennen (würden).

Aber wie ein Wespenschwarm überfallen uns nun auch gleich die Folgeprobleme: Was heißt „absichtlich"? Wann ist eine Norm anerkannt? Muß auch die handelnde Person die Norm anerkannt haben? Gibt es nicht auch harmlose und gerechtfertigte, ja sogar moralisch gebotene Verstöße? Können auch schon gedankliche Verstöße böse sein? Gibt es überhaupt böse Menschen, wenn wir keine Willensfreiheit besitzen, also gar nicht anders handeln können? Können böse Menschen Gutes, gute Menschen Böses tun?

Wir werden diese Probleme hier *nicht* lösen. Uns genügt es, eine Arbeitsdefinition, eine vorläufige Explikation gegeben zu haben, die bei Bedarf verbessert werden kann. Sie zeigt, daß eine Explikation *möglich* ist. Mit ihr werden wir im folgenden arbeiten.

Dann ist offensichtlich, daß wir etwa *Mord* als böse ansehen. Dies zeigt sich nicht erst, aber auch, wenn der Mörder in § 211 des Strafgesetzbuches über *niedrige* Beweggründe, *gemeine* Tötungsweisen oder *schlimme* Zwecke definiert wird.

Ein Ereignis, bei dem besonders viele Menschen von Menschen getötet werden, ist der Krieg. Wenn wir nun dazu übergehen, Krieg zu definieren, so soll dadurch nicht nahegelegt werden, daß wir jede Art von Krieg, jede am Krieg beteiligte Person oder gar jede Kriegshandlung als böse ansähen.

Doch bieten Kriege besonders viel Gelegenheit, Böses zu tun, gerade *weil* die „Logik" des Krieges so ganz anders ist als die „Logik" unkriegerischer Auseinandersetzung. (So wurde die Neutronenbombe besonders gepriesen, weil ihre Strahlung „nur" Lebewesen vernichtet, Sachwerte aber benützbar läßt — aus der Friedensperspektive ein perverser Vorzug.)

Was ist Krieg? Lexika definieren Krieg politisch-technokratisch als *bewaffnete* Auseinandersetzung zwischen *Staaten*, jedenfalls zwischen organisierten Gruppen, den „Streitkräften". Fragen wir nach der Evolution des Bösen, insbesondere nach den stammesgeschichtlichen Wurzeln des Krieges, so müssen wir dabei auch Zeiten in Betracht ziehen, in denen es noch keine Staaten und kaum Waffen gab. Biologen und Anthropologen definieren deshalb Krieg anders, nämlich als *organisierte innerartliche Mehrfachtötung.*[9] Wichtigstes Merkmal ist dabei die *Gruppenaggression,* die nicht etwa nur auf Einschüchterung, Nahrungserwerb, Reviererhalt oder Fortpflanzungschancen ausgerichtet ist, sondern auf *Zerstörung,* insbesondere auf Verletzung, Tötung oder gar Ausrottung benachbarter Artgenossen.

## Beschreibungen

*a) Wo beginnt das Böse?* Es ist leicht und deshalb verlockend, alles Töten als böse zu bezeichnen. Aber dann wären alle Tiere böse, auch schon der Einzeller, der sich von anderen Zellen ernährt. Das widerspricht nicht nur unserer Intuition, sondern auch unserer Explikation; denn von moralischen Prinzipien oder von Absichten ist hier ja noch gar nicht die Rede. Sind alle Menschen böse, die andere Menschen absichtlich töten? Offenbar nicht; schließlich wird Töten in (angemessener) Notwehr, Töten durch den Scharfrichter oder Töten im Krieg nicht nur von jeder Strafe ausgenommen, sondern offiziell erlaubt, häufig sogar geboten, gelobt, gepriesen.

Aber Mord ist offenbar böse. Wenn Mord böse ist, wo beginnt Mord? Kann ein Kind, kann ein Geisteskranker, kann ein Schimpanse Mörder sein? Wenn Edgar Allan Poe in seiner Kriminalgeschichte „Der Doppelmord in der Rue Morgue" den scharfsinnigen Dupin herausfinden läßt, daß der Töter gar kein Mensch, sondern ein entlaufener Orang-Utan war — handelt es sich dann gar nicht um Mord? War das Tier böse? Kannte es moralische Grundsätze, gegen die es verstoßen konnte? (Nach Poe handelte es in Erregung, Verwirrung, Panik; nicht einmal sein Herr, ein Matrose, gilt als schuldig oder gar böse.)

Wir wollen und können diese Fragen hier nicht abschließend beantworten. Aber wir spüren, daß beim Kind, beim Psychopathen, beim Menschenaffen die Grauzonen unserer Begrifflichkeit liegen. Irgendwo zwischen Kind und Erwachsenem, irgendwo zwischen Geisteskrankem und Gesundem, irgendwo zwischen Affe und Mensch beginnt das Böse, beginnt Mord, beginnt die Moral.[10]

*b) Wie Menschen Krieg führen.* Eine Schilderung können wir uns wohl ersparen. Ein Blick in eine beliebige Tageszeitung belehrt uns darüber, daß immer irgendwo Krieg herrscht, daß es verschiedene Arten von Krieg gibt, daß noch jede kriegführende Partei sich im Recht fühlte, daß in allen Kriegen Schreckliches geschieht, daß die Zahl der Kriege und ihre Grausamkeit stetig zugenommen haben. Eine einzige Statistik genügt, um blankes Entsetzen über die Vergangenheit hervorzurufen und Sorge um die Zukunft der Menschheit (und der Menschlichkeit) zu wecken: In den 40 Jahren von 1820 bis 1859 gab es auf der Erde 92 Kriege mit einer Million Toten; in der gleichen Zeitspanne von 1860 bis 1899 gab es 106 Kriege mit 4,6 Millionen Toten; von 1900 bis 1949 gab es 117 Kriege mit 42,5 Millionen Toten! [11]

Aber wir brauchen keine Weltkriege, keinen Bombenterror, keine Kernwaffen, nicht einmal Fernwaffen, um Krieg schrecklich zu finden. Wir könnten uns auch auf das Altertum beziehen oder auf sogenannte Naturvölker, traditionale Kulturen, Eingeborene. Auch sie führen Kriege, in denen Böses geschieht.

*c) Wie Schimpansen Krieg führen.* Ist Krieg — so unmenschlich er uns erscheinen mag — etwas typisch Menschliches? Man ist versucht, diese Frage spontan zu bejahen: Tiere führen keine Kriege. Oder doch? Jane Goodall ist zu Recht berühmt für ihre langjährigen Beobachtungen an freilebenden Schimpansen im Gombe-Nationalpark. Sie schildert auch Feindseligkeiten zwischen benachbarten Schimpansen-Gruppen. Dazu gehören Vorstöße kleinerer Trupps auf angrenzendes Gebiet und gezielte Angriffe auf vereinzelte Mitglieder der Nachbargruppe. Diese Attacken gehören zum Brutalsten, was Jane Goodall je gesehen und geschildert hat. Christian Vogel faßt ihre Beobachtungen in besonders drastischer Weise zusammen:

Sie dauerten oft 15 bis 20 Minuten, man brachte den Opfern schreckliche Wunden bei, die in aller Regel dann auch mehr oder weniger schnell zum Tode führten. Die angreifenden Männer fuhren fort, auf das Opfer einzuschlagen, es zu bespringen und zu beißen, wenn dieses längst bewegungslos und ohne jede Abwehrreaktion am Boden lag, dabei wurden Handlungen beobachtet, die nie in anderen Kontexten innerartlicher Auseindersetzung zu sehen waren, so der Versuch, Gliedmaßen durch Drehen auszurenken, Haut mit anhaftendem Fleisch in Streifen abzuziehen, ja selbst das Trinken von Blut — beim Menschen würden wir hier von brutalsten Foltermethoden sprechen! (Ist dabei Empathie im Spiel?) Kinder wurden dabei regelmäßig ihren Müttern entrissen, getötet und dann angefressen wie Jagdbeute. [...]

Vier Jahre (1974 bis 1978) währten die aggressiven Feindseligkeiten und Attacken, dauerte der Schimpansen-„Krieg" am Gombe; immer weiter gelang es der „Nordgruppe", ihre „home-range"-Grenze nach Süden zu verschieben. Nach diesen vier Jahren gab es die „Südgruppe" nicht mehr: Sieben erwachsene Männchen und drei erwachsene Weibchen waren getötet worden oder nach schweren Verletzungen verschwunden, die übrigen Weibchen der „Südgruppe" waren in die Sieger-Gruppe eingegliedert, die „Nordgruppe" besetzte das ganze Areal. Der Sieg war vollkommen. Wem kommt hier nicht der Vergleich mit menschlichen „Ausrottungskriegen", mit „Genocid" in den Sinn? [12]

Von einer angeborenen Tötungshemmung, wie die Verhaltensforschung sie lange und gerne postuliert hat, ist dabei nichts zu spüren.

Natürlich sind diese Beobachtungen zunächst nur ein Einzelfall. Wenn aber gerade in dem einzigen Fall, in dem freilebende Schimpansen über längere Zeit beobachtet wurden, solches passiert, dann gibt es auch keinen Grund, diesen Fall als untypisch, als Ausnahme oder als pathologisch abzutun: Schimpansen führen eine Art Krieg; dabei ist es unerheblich, mit wie vielen Anführungszeichen wir das Wort „Krieg" versehen. Vergleichbares gibt es nur bei ganz wenigen Tieren und nur bei solchen, die ein hochentwickeltes Sozialleben haben: bei räuberischen Ameisen, vielleicht auch bei Ratten und Tüpfelhyänen.

## Erklärungsansätze: Warum führen Menschen Krieg?

Hier fragen wir nicht, was den Peloponnesischen Krieg oder den Ersten Weltkrieg ausgelöst hat. Darüber mögen sich die Historiker streiten. Warum gibt es überhaupt Krieg, warum gibt es jenes organisierte innerartliche Mehrfachtöten, das wir als „Krieg" definiert haben?

Vermutlich gibt es beim Menschen eine genetische Disposition zum organisierten Töten. Dann gibt es also auch genetische Wurzeln des Bösen. Dafür sprechen mehrere Argumente.[13]

Erstens kennen auch die Schimpansen, also gerade unsere nächsten Verwandten, das organisierte Töten. Die meisten Mechanismen, die wir für den Krieg unter Menschen verantwortlich machen könnten, spielen bei Schimpansen keine Rolle. Wenn aber Schimpansen eine genetische Anlage zum organisierten Töten haben, dann liegt es nahe, eine solche auch beim Menschen zu vermuten.

Zweitens ist Krieg bei Menschen universell. Es gibt kein Volk der Erde, bei dem es keinen Krieg gäbe. Krieg und Blutrache sind stete Begleiter der uns bekannten Menschheitsgeschichte. Drittens ist Krieg nicht nur in historischen Zeiten verbürgt. Auch die Entwicklung vom Menschenaffen zum Menschen war von blutigen innerartlichen Auseinandersetzungen begleitet. Nicht nur begleitet — vorangetrieben! Wie kommen wir darauf?

Niemand kann die Evolution des Menschen studieren, ohne sich über die Größe und vor allem über die Leistungsfähigkeit des menschlichen Gehirns zu wundern. Weit und breit gibt es kein Tier mit vergleichbarer Intelligenz, kein Wesen, das ernsthaft mit dem Menschen konkurrieren könnte; alle näheren Verwandten hat er weit hinter sich gelassen. Auch das, was wir Kultur und Kulturfähigkeit nennen, ist diesem Gehirn zu verdanken.

Als Evolutionsbiologen suchen wir bei einem solch auffälligen Merkmal nach dem Selektionsdruck, der es hervorgebracht haben könnte. Wenn es die zwischenartliche Konkurrenz nicht war, dann kann es nur die innerartliche gewesen sein! Der Wettbewerb zwischen benachbarten Gruppen, der Kampf um Wasser, Nahrung, Territorium oder Frauen, die kriegerische Auseinandersetzung haben den Menschen geprägt. Der Krieg ist nicht nur der Vater aller Dinge; in diesem Sinne ist er sogar der Vater der Menschheit!

Zwei jeweils für sich erstaunliche Fakten, zwei Besonderheiten des Menschen, werden also durch diese Erklärung in Zusammenhang gebracht: die überragende Leistungsfähigkeit des menschlichen Gehirns und das menschenweit anzutreffende organisierte innerartliche Töten. Beide gehören zum Erbe einer Zeit, die den Menschen im biologisch-anthropologischen Sinne hervorgebracht hat; beide haben sich gegenseitig gefördert.

Heute allerdings dient — jedenfalls kurzfristig gesehen — nur noch das eine dem anderen: das Gehirn dem Krieg: Unsere Kriege sind so grausam, weil wir so schlau sind, weil wir so viel können, weil unsere Gehirnkapazität inzwischen ausreicht, die ganze Menschheit auszurotten. Daß Kriege auch heute noch der Steigerung unserer Fitneß dienten, wird wohl kaum jemand behaupten wollen.

Zwei Bemerkungen sind hier am Platze. Erstens: Daß der Krieg genetische Wurzeln hat, ist einleuchtend, aber nicht zweifelsfrei belegt. Diese Wurzeln haben mit Gruppendifferenzierung, mit Fremdenangst und mit Aggression zu tun. Über die *Stärke* dieser Wurzeln ist nur wenig bekannt. Deshalb ist es auch schwer zu sagen, ob und wie die menschentypische Anlage zum Krieg überwunden werden kann. Sicher bedarf es zur Ausformung und Aktivierung organisierten gemeinschaftlichen Tötens bestimmter Bedingungen, die wir im Prinzip beeinflussen könnten, insbesondere der Propaganda. Einen bloßen Automatismus wie etwa bei der hormonell gesteuerten Geschlechtsreife gibt es hier gewiß nicht. Zweitens: Wenn es biologische Wurzeln des Bösen oder des Krieges gibt, so bedeutet das nicht, daß wir das, weil es *natürlich* ist, auch *gut* finden müßten. In der oben getroffenen Wortwahl („grausam", „ausrotten") steckt unverkennbar schon eine bestimmte, nämlich eher die gegenteilige Bewertung. Bewertungen wollten wir jedoch dem nächsten Abschnitt vorbehalten.

## Bewertungen: Wie finden wir das?

Dieser Abschnitt kann der kürzeste sein. Denn wie finden wir es,
— daß Schimpansen „Krieg" führen?
— daß Menschen solche Kriege führen?
— daß es zu allen historischen Zeiten Blutrache, Krieg, Völkermord gab?
— daß weder Schimpansen noch Menschen eine angeborene Tötungshemmung zu haben scheinen?

— daß vielleicht Schimpansen, vor allem aber Menschen, eine genetische Anlage zum organisierten Töten haben?
— daß diese Anlage ein Evolutionsprodukt ist?
— daß wir diese Anlage gerade jenen Mechanismen zuschreiben müssen, denen wir auch unser Gehirn und unsere Intelligenz verdanken?
— daß wir also viele Humanmerkmale wie Sprache, Denken, Intelligenz, Kultur, Wissenschaft, Kunst, Religion, Philosophie, also gerade solche, auf die wir besonders stolz sind, einer Evolution verdanken, die „im gleichen Atemzug" den Krieg hervorgebracht hat?

Das organisierte Töten als „Preis" für die menschliche Kulturfähigkeit? Wir brauchen nicht lange zu überlegen, um zu wissen, daß wir das *nicht* gut finden, daß wir das bedauern, daß uns das im Hinblick auf die Vergangenheit erschreckt und im Hinblick auf die Zukunft besorgt macht.

Natürlich ist es möglich, auch am Krieg allgemein, an bestimmten Kriegen oder an einzelnen Kriegshandlungen Positives zu finden. Wenn der Krieg „der Vater aller Dinge" ist, dann ist er auch der Vater einiger guter Dinge. Doch wären wir wohl in der Regel bereit, auf diese guten Dinge zu verzichten, wenn wir den Krieg dadurch im Einzelfall vermeiden oder sogar gänzlich abschaffen könnten.

Irgendwie sind wir jedoch auch erschrocken darüber, daß es nötig ist, positive und negative Seiten des Krieges gegeneinander aufzurechnen und abzuwägen. Lieber wäre es uns, wenn wir behaupten könnten, am Krieg sei überhaupt nichts Gutes und die Abschaffung des Krieges sei *jedes* Opfer wert.

Aber so weit reicht unser Idealismus – oder unsere Naivität – nicht. Obwohl wir die Gewaltlosigkeit im Einzelfall – etwa bei Gandhi – bewundern, wollen wir uns doch wehren können, sind wir sogar bereit, Kriege *gewaltsam* zu verhindern oder zu beenden. Es bleibt uns einfach nichts anderes übrig als abzuwägen. Es reicht also nicht, Krieg schrecklich zu finden. Nicht nur wird er dadurch nicht abgeschafft; es ist nicht einmal wünschenswert, ihn einseitig abzuschaffen, solange es Aggression gibt.

Mit der Frage, ob die Abschaffung des Krieges wünschenswert wäre, geraten wir schon in den Bereich des Sollens, des Normativen, also auf die fünfte unserer sechs Ebenen.

## Gebote, Verbote, Erlaubnisse: Was sollen wir tun?

Viele moralphilosophische Systeme, viele „Ethiken" laufen auf die Forderung hinaus, wir sollten für alle Menschen, *für die Menschheit als Ganzes* etwas, vieles, alles tun. Man könnte und sollte diese Forderung präzisieren. Hier werden wir sie jedoch unbefragt übernehmen und nur prüfen, wie sie angesichts der biologischen Wurzeln des Bösen umgesetzt werden kann.

Interessanterweise kommen dabei die klassische Verhaltensforschung und die moderne Soziobiologie zu unterschiedlichen Resultaten. Nach der *klassischen Ethologie* (Konrad Lorenz, Irenäus Eibl-Eibesfeldt) verhalten sich Organismen normalerweise *arterhaltend*. Wenn Menschen das nicht tun, sich vielmehr gelegentlich (und leider viel zu oft) artschädigend verhalten, dann ist das pathologisch, ein Ausrutscher, eine Degenerationserscheinung, ein Zivilisationsschaden.

Der Mensch ist „eigentlich" gut, gut genug jedenfalls für die steinzeitliche Horde, wenn auch nicht für das Leben in Großverbänden und Massengesellschaften und für den Umgang mit Fernwaffen, bei denen die angeborene Tötungshemmung versagt. Gemäß der klassischen Ethologie muß die Maxime also lauten: *Zurück zur Natur!*

Nach der *Soziobiologie* (Edward Wilson, David Barash, Richard Dawkins, Christian Vogel u. a.) verhalten sich Organismen nicht art-, sondern *generhaltend*. Entscheidend ist dabei nicht mein persönliches Wohlergehen (individuelle Fitneß nach Darwin), sondern die Ausbreitung meiner Gene (Gesamtfitneß nach Hamilton). Verhalten, das anderen nützt, mir aber schadet, ist beschränkt auf den engen Adressatenkreis meiner Verwandten (deren Gene den meinen ähnlich sind) und meiner Freunde (die meine Wohltaten erwidern). Im übrigen ist der Mensch nicht gut, sondern aggressiv: kämpferisch, kriegerisch, mörderisch. Eine angeborene Tötungshemmung hat er nicht. Die Aufforderung vieler Religionen und Ethiken, wir sollten dem Wohle der Menschheit dienen, also nicht nur Nächsten-, sondern auch Fernstenliebe walten lassen, mündet somit in die Maxime: *Weg von der Natur!*

## Wie schaffen wir das?

Obwohl klassische Ethologie und Soziobiologie einander im Hinblick auf die Natur des Menschen in vielen Punkten widersprechen – vor allem im Hinblick auf Tötungshemmung, innerartliches Töten, Arterhaltung, Altruismus gegenüber Fremden –, stimmen sie doch in einem Punkt überein: Unser soziales Verhalten in der Kleingruppe funktioniert. In Anlehnung an den Begriff „Mesokosmos" aus der Evolutionären Erkenntnistheorie könnten wir bei diesem Bereich, auf den wir in unserem Sozialverhalten evolutiv geprägt sind, auch von einem *sozialen Mesokosmos* sprechen. Und wie wir unsere kognitive Nische, den Mesokosmos, durch theoretische Erkenntnis verlassen können, so sollen und wollen wir auch den sozialen Mesokosmos überschreiten. Können wir das, und wie fangen wir das an?

Offenbar kommt es darauf an, den Kreis derer, für die wir etwas zu tun bereit sind, zu erweitern.[14] Appelle allein reichen dafür nicht aus.

Ein bewährtes Mittel ist die Übertragung der Verwandtennamen auf Nichtverwandte: unser Vater im Himmel, Pater, Papst als Papa und Kirchenvater, Mutter Teresa; wir sind Kinder Gottes (also Geschwister!), alle Menschen werden Brüder (Schiller), Krankenschwestern, unsere Brüder und Schwestern im Osten; Ordens-, Bundes-, Verbands-, Corps-, Bluts-, Skatbrüder; Bruderstaaten, Onkel Doktor usw.

Ein anderes Mittel ist das persönliche Kennenlernen. Auf Leute, die man kennt und schätzt, schießt man nicht. Insofern hat der nationale und internationale Tourismus sicher auch sein Gutes.

Das wichtigste Mittel sind Institutionen, die das Zusammenleben erleichtern, zum Beispiel Gesetze, Polizei, Gerichtsbarkeit. Zwar können sie Gruppenaggression nicht grundsätzlich verhindern; jedoch können sie die *Kosten* für aggressive Akte so erhöhen, daß es sich für den einzelnen nicht lohnt, sich unsozial zu verhalten.

Ist dieser Ansatz richtig, so bedarf es zur Vermeidung von Kriegen zwischen Staaten *über*staatlicher Institutionen, also staatsübergreifender Gesetze, internationaler „Polizei" und internationaler Gerichte, vielleicht sogar einer gewählten (und abwählbaren!) Weltregierung. Doch würden wir die Aufgabe dieses Aufsatzes überschreiten, wenn wir hier tatsächlich Vorschläge machen wollten.

## Wie wirken Fakten und Normen zusammen?

Aus Fakten folgen keine Normen. Die Tatsachen der Evolution allein – der biologischen wie der kulturellen – lehren uns noch nicht, was gut und böse, was richtig und falsch, was schön und häßlich ist. Wenn in den letzten Abschnitten von Werten und Normen die Rede war, so folgen solche Bewertungen und Normierungen nicht einfach aus den Explikationen, Beschreibungen und Erklärungen davor. Insbesondere ist die ethisch-moralische Forderung, wir sollten für die Menschheit als Ganzes etwas tun, eine Grundnorm, die *nicht* aus der Evolutionsbiologie oder aus der Kulturgeschichte abgeleitet werden kann.

Obwohl Fakten und Normen voneinander *logisch* unabhängig sind, greifen sie doch irgendwie ineinander. Dieses Zusammenspiel ist bisher noch nicht befriedigend geklärt. Auch wir können hier keine eingehende Untersuchung anstellen. Wir wollen jedoch an einem Beispiel zeigen, wie aus Grundnormen *mit Hilfe von Fakten* weitere, konkretere Normen abgeleitet werden.

Formulieren wir unsere Grundnorm noch einmal etwas deutlicher: Die Menschen, insbesondere zukünftige Generationen, sollen menschenwürdig leben können. Diese Grundnorm wird von fast jedem Menschen anerkannt. Auch für Hans Jonas etwa ist die Forderung, die Welt solle in alle Zukunft bewohnbar sein und bewohnt von einer dieses Namens würdigen Menschheit, ein „allgemeines Axiom", — unbeweisbar zwar, aber doch überzeugend.[15]

Trotz ihrer allgemeinen Anerkennung reicht diese Grundnorm allein noch nicht aus, um Entscheidungshilfen oder Handlungsanweisungen zu liefern. Wie kommen wir im Einzelfall zu konkreten Rat- und Vorschlägen?

Während die Frage, ob die Menschheit (zum Beispiel das nächste Jahrtausend) überlebt, nur eine Ja-Nein-Entscheidung verlangt, ist *menschenwürdiges Dasein* ein normativer Begriff, der seinerseits einer Präzisierung bedarf. Wir begnügen uns damit, einige Minimalbedingungen zu nennen, wie etwa die Misereor-Mahnung sie aufzählt:

Ein Dach über dem Kopf,
genug zu essen,
Arbeit und gerechter Lohn,
Ausbildung für die Kinder,
Hilfe bei Krankheit:
Auch die Armen in Afrika, Asien und Lateinamerika
wollen menschenwürdig leben — wie wir.

Diese Minimalbedingungen könnte man bei Bedarf durchaus noch weiter präzisieren, sogar quantifizieren; fordern könnte man etwa zehn Quadratmeter Wohnraum, 7 000 Kilojoule Nahrungsenergie pro Tag, 1 000 Dollar Jahreseinkommen, die Möglichkeit, zwei eigene Kinder zu haben, und vielleicht fünf weitere, ausdrücklich zu nennende Freiheiten oder (Menschen-)Rechte.

Es ist offenkundig, daß schon in diese Präzisierung *Sachwissen* eingeht, etwa über den Grundbedarf an Nahrung, Energie oder Wasser. Noch deutlicher wird das, wenn wir nun unsere Grundnorm auf das Problem der Weltbevölkerung anwenden.

Dazu erinnern wir an einige Fakten:
— Die Weltbevölkerung beträgt zur Zeit (1995) rund 5,6 Milliarden.
— Die Zuwachsrate liegt bei zwei Prozent pro Jahr.
— Das Wachstum folgt nicht einer Geraden oder einer Potenz, es ist mindestens exponentiell; über Jahrhunderte war es sogar hyperbolisch.
— Dieses Wissen erlaubt *Prognosen:* Bei gleichbleibendem Wachstumsverhalten zählt die Menschheit im Jahre 2020 zehn Milliarden.
— Andererseits sind unsere Nahrungsquellen nicht nur endlich, sondern auch nicht wesentlich erweiterbar.
— Die Erde kann nicht mehr als zehn Milliarden Menschen ernähren.
— Für die Weltbevölkerung gibt es also eine Sättigungsgrenze (wobei das Wort „Sättigung" neben seiner rein mathematischen noch eine sehr existentielle bis makabre Bedeutung bekommt).
— Diese Grenze wird um das Jahr 2020 überschritten.
— Spätestens dann wird die Grenze für ein menschenwürdiges Leben bei vielen Menschen unterschritten.

Über jede dieser Behauptungen kann man geteilter Meinung sein: Wieviel Nahrung braucht der Mensch wirklich? Wie viele Menschen kann die Erde *langfristig* ernähren? Sind dafür vielleicht schon 5 Milliarden zuviel? Liegt der Engpaß überhaupt bei der Nahrung (oder viel eher beim Wasser, bei den Rohstoffen, bei der Energie)? Entscheidend ist nicht, ob die Zahlen stimmen, sondern daß es sich hier — auch bei den Prognosen — um *Tatsachenfragen* handelt.

Natürlich reicht auch dieses Wissen allein nicht aus, um Handlungsanweisungen zu liefern. (Aus Fakten folgen ja keine Normen.) Aber im Verbund mit unserer Grundnorm (die Menschen sollen menschenwürdig leben können) ist es ganz einfach, daraus die Folgenorm abzuleiten: Die Weltbevölkerung *soll* weniger schnell zunehmen, vielleicht sogar abnehmen.

Zur Eindämmung der Bevölkerungsexplosion gibt es – das ist wieder einfaches Faktenwissen – nur zwei Wege: Erhöhung der Todesrate und Senkung der Geburtenrate (bzw. eine Kombination aus beidem). Da eine Erhöhung der Todesrate mit unserer Vorstellung von Menschenwürde nicht vereinbar ist (hierin steckt ein normatives Element!), kommt nur eine Senkung der Geburtenrate in Frage. Wie können wir diese Forderung erfüllen? Wieder brauchen wir Faktenwissen: Welche Möglichkeiten gibt es? (Aufklärung, Empfängnisverhütung, Besserstellung der Frau, soziale Absicherung im Alter usw.) Welche Wege sind gangbar, welche Mittel wirksam, welche Maßnahmen durchsetzbar? (Hier spielt auch die triviale Norm eine Rolle, daß Forderungen erfüllbar sein müssen und man bekannt Unmögliches auch nicht versuchen oder verlangen sollte.) Wir sollten dann jene Mittel einsetzen, die den besten Erfolg versprechen.

Natürlich erheben wir nicht den Anspruch, das Bevölkerungsproblem gelöst oder auch nur zu seiner Lösung beigetragen zu haben. Vielmehr wollten wir zeigen, wie Fakten und Normen bei der Gewinnung weiterer, also *abgeleiteter* Normen ineinandergreifen. Erst beide Komponenten zusammen leisten etwas, was offenbar keine allein vermocht hätte.

Deshalb muß nicht nur eine deskriptive, sondern gerade auch eine normative Ethik (die Gebote, Verbote und Erlaubnisse formulieren möchte) über reiches Faktenwissen verfügen. Wer den Menschen Vorschriften machen möchte, muß wissen, was ihnen abverlangt und zugemutet werden kann. Deshalb ist Wissen über die biologische Natur des Menschen unverzichtbar, und um solches Wissen bemüht sich die Evolutionäre Ethik.

Mit Biologie allein ist es jedoch auch auf der Faktenseite noch nicht getan. Psychologische, soziologische, ökonomische Gesichtspunkte spielen eine wichtige Rolle. Zweifellos gibt es hier noch viel zu erforschen. So paradox es klingt: Für eine realistische Ethik fehlen uns wahrscheinlich gar nicht die Normen, sondern die Fakten. Wenn also heute immer wieder nach einer neuen Ethik gerufen wird, so sollte man das nicht dahingehend mißdeuten, daß wir uns nach neuen Normen sehnten. Wir brauchen mehr Wissen, vor allem auch Wissen darüber, welches Wissen wir brauchen.

Evolutionäre Ethik ist also – wie viele Ansätze auch – immer noch *Programm*. Es ist ein *naturalistisches* Programm, da hier nicht auf außernatürliche, transzendente, religiöse Instanzen zurückgegriffen werden soll. Die wichtigste Instanz ist vielmehr die Vernunft. Das ist kein Widerspruch; denn auch die Vernunft ist ja – jedenfalls nach naturalistischer Auffassung – ein natürliches Vermögen des Menschen. Wäre es nicht erfreulich, wenn dieses Vermögen, mit dem uns die Evolution unter schwersten Opfern ausgestattet hat, endlich auch dazu diente, uns Leid zu ersparen?

---

[1] Zur Evolutionären Ethik auch *Vollmer, G.:* Möglichkeiten und Grenzen einer Evolutionären Ethik. In: K.

Bayertz (Hrsg.): Evolution und Ethik. Reclam, Stuttgart 1993. S. 103–132. Abgedruckt in: *Vollmer, G.:* Biophilosophie. Reclam, Stuttgart 1995. S. 162–192. – [2] *Williams, Ch. M.:* Evolutional ethics. A review of the systems of ethics founded on the theory of evolution. Macmillan, New York/London 1893. – [3] *Huxley, Th. H.:* Evolution and ethics (Romanes Lecture 1893). In: Collected Essays, 9. Macmillan, London 1894. – [4] *Huxley,Th. H./Huxley, J.:* Evolution and ethics, 1893–1943. Pilot, London 1947. – [5] *Wickler, W.:* Die Biologie der Zehn Gebote. Piper, München 1971; Serie Piper 1975. S. 7. – [6] *Zimmerli, W. Chr.:* Dürfen wir, was wir können? Zum Verhältnis von Recht und Moral in der Gentechnologie. In: R. Flöhl (Hrsg.): Genforschung – Fluch oder Segen? Schweitzer, München 1985. S. 59–85. – [7] *Schorsch, Ch.:* Können, Machen, Dürfen – Neue Wege für die Wissenschaft. UNIVERSITAS 48 (Jan. 1993), S. 50–60. – [8] *Lenk, H./Ropohl, G.* (Hrsg.): Technik und Ethik. Reclam, Stuttgart 1987, 2. Aufl. 1993. S. 5 und 7. – [9] Hierzu etwa *Vogel, Ch.:* Vom Töten zum Mord. Das wirkliche Böse in der Evolutionsgeschichte. Hanser, München 1989. S. 115–117. – [10] In diesem Sinne äußert sich auch *Stieve, H.:* Ist Böses nur menschlich? In: Wissenschaft und Fortschritt 42 (1992), S. 342–347; vgl. ders. in: H. Siepmann/K.Spinner (Hrsg.): Elf Reden über das Böse. Romanistischer Verlag, Bonn 1992. S. 119–136. – [11] *Clarke, R.:* The science of war and peace. Cape, London 1971. S. 10–12. – [12] *Vogel, Chr.* (Anm. 9), S. 119f. – [13] *Shaw, R. P./Wong, Y.:* Genetic seeds of warfare. Evolution, nationalism, and patriotism. Hyman, London 1989. – [14] So erklärt sich der Titel des Buches von *Singer, P.:* The expanding circle. Ethics and sociobiology. Oxford University Press, Oxford 1981. – [15] *Jonas, H.:* Das Prinzip Verantwortung. Insel, Frankfurt 1979; Suhrkamp, Frankfurt 1984. S. 33.

## Stellungnahmen

*Günther Schiwy:*

Der wunde Punkt bei Vollmer (wie auch bei Patzig) ist die Frage nach der Begründbarkeit der Normen, vor allem von Grundnormen wie Verantwortung für die ganze Menschheit, Respekt vor der Menschenwürde, Vorsorge für die kommenden Generationen. Zu meinen, „für eine realistische Ethik fehlen uns wahrscheinlich gar nicht die Normen, sondern die Fakten" (das richtige Wissen, sie zu erfüllen), scheint mir unrealistisch im Hinblick auf die gegenwärtigen Erfahrungen mit Rassismus, Folterungen, Raubbau an den Ressourcen.

Was uns erstens fehlt, ist ein allgemeinverbindlicher Wertekanon, der die Menschheit über die kulturellen, weltanschaulichen und religiösen Differenzen hinweg verpflichtet und verbindet. Wir brauchen die Anerkennung der Menschenrechte in Theorie und Praxis als Grundnorm des menschlichen Zusammenlebens.

Was uns zweitens fehlt, ist eine für möglichst viele Menschen nachvollziehbare Begründung dieser Grundnormen. Nach Vollmer können diese Grundnormen „nicht aus der Evolutionsbiologie oder aus der Kulturgeschichte abgeleitet werden" (warum nicht?); sie würden zwar „von fast jedem Menschen anerkannt" (was ich nicht glaube; falls es so wäre, müßten Philosophen darüber nachdenken, wieso das möglich ist!); sie seien, „unbeweisbar zwar" (wieso? was heißt hier „beweisen"?), „aber doch überzeugend" (grundlos oder begründet?).

Trotz des verdienstvollen ersten Teils seines Beitrags, der „vor allem Klarheit bringen" wollte, verstrickt sich Vollmer am Ende seines Textes in terminologische Unklarheiten beim Begriff „Natur". Da Vollmer ein „*naturalistisches* Programm" (was ist das?) vorlegen möchte, kann er zur Begründung „nicht auf *außernatürliche* (was ist das?), transzendente, religiöse Instanzen" zurückgreifen. Doch wieso zählt die Annahme dieser Instanz im Gegensatz zur Vernunft nicht zu den „*natürlichen* Vermögen des Menschen"? Wäre es nicht „vernünftig", zur Begründung von Grundnormen alle der Menschheit zur Verfügung stehenden Instanzen in Anspruch zu nehmen? Entspräche das nicht der

„Natur" des Menschen? (Vgl. meine Stellungnahme zu Jürgen Schnakenberg über die Ganzheitlichkeit.)

*Sigurd Martin Daecke:*

Gerhard Vollmer entwirft in seinem Beitrag „ein naturalistisches Programm, da hier nicht auf außernatürliche, transzendente, religiöse Instanzen zurückgegriffen werden soll". Diesem Ansatz kann ich durchaus zustimmen, da ich ihn nicht als Gegensatz zur christlichen Ethik sehe, sondern als deren notwendige Ergänzung und als deren kritisches Korrektiv. Bei Vollmers Evolutionärer Ethik kommt es vor allem auf „Fakten" und auf „Wissen", auf ein „Faktenwissen" an. Ein solches ist auch für eine theologische Ethik notwendig; auch eine religiöse Ethik beruft sich nicht auf „übernatürliche Instanzen"; Gott und die Natur sind keine Alternativen, sondern gehören zusammen; die Transzendenz ist kein Gegensatz zur Immanenz, sondern kann nur als Einheit mit dieser gesehen werden. So spricht Vollmer aus, was auch Kriterium jeder heutigen theologischen Ethik ist und was traditionellen theologischen Entwürfen als Korrektiv dienen sollte.

Sogar die Anthropozentrik der Evolutionären Ethik, zu der Vollmer sich in seiner kritischen Stellungnahme zu meinem Beitrag ja ausdrücklich bekennt, ist an sich kein Gegensatz zur christlichen Ethik — alle ihre traditionellen Entwürfe sind anthropozentrisch.

Mag sein, daß die Konzeption eines Eigenwerts der Natur „utopisch" ist — in dem Sinne, in dem dies der christliche Glaube überhaupt ist und sein muß, wenn er die Welt verändern will und sich nicht realistisch mit den „natürlichen" Gegebenheiten abfinden will. Aber „überflüssig" ist die Forderung, der Natur einen Eigenwert zuzuerkennen, sie als durch Gott geheiligt zu verstehen, keineswegs, da es der anthropozentrischen Vernunftbegründung ethischer Normen und Werte niemals gelingen kann, bei einem Interessenkonflikt von Mensch und Natur, von Mensch und Tier die Rechte der Natur gegen die Menschen zu vertreten (der Umwelt- und Tierschutz kostet den Menschen zumindest Geld), oder auch nur die Interessen der Zukünftigen gegenüber den Heutigen, die sich um der Ungeborenen willen einschränken müßten, zu wahren. Das ist nur in der Verantwortung gegenüber derjenigen Interessenvertretung möglich, die die Christen „Gott" nennen.

# Kann die Natur Quelle moralischer Normen sein?

Günther Patzig

David Hume stellte schon 1741 fest, daß allein aus Tatsachenbeschreibungen durch rein logische Ableitung keine Normen gewonnen werden können („Sein-Sollens-Schranke").

Trotzdem wurde immer wieder – und wird heute im Zeichen der ökologischen Probleme mit besonderer Emphase – die Natur als Quelle von moralischen Normen in Anspruch genommen. Ich möchte zeigen, warum das nicht gelingen kann, aber auch dafür plädieren, daß eine rationale Begründung moralischer Normen – einschließlich der ökologischen Normen – ohne Verletzung der Humeschen Schranke möglich ist.

Meine Bemerkungen zu diesem Thema werden sich in drei, hoffentlich erkennbar miteinander zusammenhängende Teile gliedern: *Zuerst* sollen die verschiedenen, immer wieder auf lebhafte populäre Zustimmung treffenden Versuche besprochen werden, die Natur zur Basis von Regeln für menschliches Verhalten zu machen. Dabei ist mein Beweisziel zu zeigen, daß ein solcher Begründungsansatz aus prinzipiellen Erwägungen nicht leisten kann, was er leisten soll. Dabei möchte ich aber auch die Überre-dungskraft solcher Ansätze verständlich machen und darauf hinweisen, in welchem Sinne die Kenntnis der Natur für die Ethiker allerdings wichtig ist. *Zweitens* möchte ich einiges über die soziobiologischen Ansprüche auf die wissenschaftliche Begründung moralischer Verhaltensnormen sagen. Auch hier werde ich zu dem Ergebnis kommen, daß diese Ansprüche auf einem Kategorienfehler beruhen. Dabei soll wiederum nicht vergessen werden, daß die Soziobiologie und vergleichende

Prof. Dr. **Günther Patzig**, geb. 1926 in Kiel. Studium der Philosophie und der Klassischen Philologie; 1951 Promotion; 1958 Habilitation für Philosophie. 1960 a. o. Professor, 1962 o. Professor in Hamburg; 1963 bis 1991 (Emeritierung) Lehrstuhl für Philosophie in Göttingen. Mitglied (1988 bis 1990 Präsident) der Akademie der Wissenschaften in Göttingen. Niedersachsenpreis für Wissenschaften 1983. Buchveröffentlichungen u. a.: Sprache und Logik, 1970, ²1981 (auch ital.); Ethik ohne Metaphysik, 1971, ²1983 (auch span.); Tatsachen, Normen, Sätze, 1980, ²1988 (auch span.); mit M. Frede: Aristoteles Metaphysik Z. Text, dt. Übersetzung und Kommentar (2 Bde.), 1988; Gesammelte Schriften I-IV, 1993 ff. (Bd. I, Bd. II erschienen).

*Prof. Dr. Günther Patzig, Calsowstraße 24, 37085 Göttingen*

Verhaltensforschung viele Erkenntnisse beisteuern, die für die Beurteilung moralischer Normen von erheblicher Bedeutung sind. *Drittens* und abschließend werde ich, in aller Kürze, Verfahrensweisen nennen, mit denen moralische Normen in der Tat einer gewissen rationalen Begründung unterzogen werden können.

## Der griechische Naturbegriff

Die Berufung auf die Natur als Quelle der Verbindlichkeit von Verhaltensregeln ist natürlich uralt. Schon in der frühesten uns erhaltenen Urkunde europäischer Philosophie, dem sogenannten „Spruch des Anaximander" (ca. 600 v. Chr.), heißt es: Die seienden Dinge ($\tau\grave{\alpha}$ $\check{o}\nu\tau\alpha$) — gemeint sind wohl die kosmischen Gegensätze: Heiß-Kalt, Licht-Dunkel, Feucht-Trocken u. ä. — träten aus dem Unbegrenzten ($\check{\alpha}\pi\varepsilon\iota\rho o\nu$) hervor und kehrten dorthin zurück, „denn sie geben einander Strafe ($\delta\acute{\iota}\varkappa\eta$) und Buße ($\tau\acute{\iota}\sigma\iota\varsigma$) für ihre Ungerechtigkeit nach der Anordnung ($\tau\acute{\alpha}\xi\iota\varsigma$) der Zeit".

Die Ungerechtigkeit besteht offenbar in der periodischen oder lokalen Vorherrschaft einer dieser kosmischen Kräfte, die durch Ablösung in dieser Herrschaft durch das entgegengesetzte Prinzip wieder ausgeglichen wird.

Auch bei Heraklit (um 500 v. Chr.) hören wir den Vorschlag, daß die Gesetze der Staaten sich aus dem Logos (Weltgesetz) „nähren" sollen. Die Sophisten spielten ein Jahrhundert später die Natur (Physis) gegen die konventionellen menschlichen Satzungen (Thesis) aus. Dabei blieb aber charakteristischerweise offen, was denn nun eigentlich die Natur sei, und welche Verhaltensweisen als naturgemäß gelten können: Das Naturrecht des Stär-keren und Intelligenten auf rücksichtslose Herrschaft konnte ebenso aus der Physis, der Natur, abgeleitet werden wie der Anspruch auf Gleichheit, der alle Herrschaftsverhältnisse unter Menschen als „widernatürlich" verwirft.

Bei Platon und Aristoteles, dann besonders in der Stoa, wurde der Naturbegriff evaluativ aufgeladen: Der „Kosmos" (Ordnung, Schmuck) wird aufgefaßt als teleologisch geordnet, von einer vernünftigen Weltordnung, ja einer persönlich gedachten „Weltvernunft", dem „Nous" durchwaltet; und mit dieser schon werthaft aufgeladenen Natur soll dann der stoische Weise in Übereinstimmung leben ($\acute{o}\mu o\lambda o\gamma ov-\mu\acute{\varepsilon}\nu o\varsigma$ $\tau\tilde{\eta}$ $\varphi\acute{v}\sigma\varepsilon\iota$ $\zeta\tilde{\eta}\nu$). Nicht also aus der Natur, wie sie sich unbefangener Erfahrung darbietet, sondern aus einer Natur, die schon mit Wertprinzipien ausgestattet ist, sollte der Maßstab menschlichen Handelns gewonnen werden.

## Der Mensch: Teil oder Gegenspieler der Natur?

Diese Betrachtungsweise hat auch in der späteren Philosophiegeschichte fortgewirkt und besitzt insbesondere heute wieder große Anziehungskraft: in der Umweltschutzdebatte, in Diskussionen über die Reproduktionsmedizin, im Streit um die Chancen und Risiken der Gentechnologie. Romantische und idealisierende Vorstellungen von Natur — einer, wäre der Mensch nicht mit im Spiele, heilen Welt — werden bemüht, wenn es darum geht, die in der Tat ja äußerst besorgniserregenden Folgen unserer massiven technischen Eingriffe in die Natur (zunächst einmal: eines kleinen Teils des uns bekannten Universums, nämlich der Erdoberfläche, die für uns freilich der wichtigste Teil der Natur ist) zu kritisieren.

Da wird vom notwendigen „Frieden mit der Natur" (Meyer-Abich)[1] gesprochen, die Natur mit ihrer stabilen Neigung zum Fließgleichgewicht als Vorbild harmonischen Zusammenlebens und weiser Beschränkung aller Teilnehmer am Naturprozeß gepriesen. Auch die früher lebenden Menschen sollen ein solches weises Verhältnis zur Natur gehabt haben. Realistischer ist wohl die Ansicht, daß diese Version näherer Nachprüfung nicht standhält. Auch die sich selbst überlassene Natur kennt katastrophale Einbrüche, wie z. B. den berühmten „Faunenschnitt" vor etwa 60 Millionen Jahren, kosmische Explosionen, wenn Galaxien aufeinandertreffen; und die Mechanismen, mit denen vorübergehendes Gleichgewicht z. B. zwischen Freßfeinden und ihren Opfern erhalten wird, sind von abschreckender Grausamkeit. Nicht zufällig sind ja 99 Prozent aller bisher auf Erden existierenden Arten von Lebewesen inzwischen ausgestorben. Und was die Menschen angeht, so ist ihre sogenannte weise Zurückhaltung in der Ausbeutung der Natur vor allem wohl durch ihre bis etwa 1750 geringe Anzahl und den Mangel an technischen Mitteln erklärlich. Nach den besten Schätzungen lebten um 10 000 v. Chr. 10 Millionen Menschen, um 5000 v. Chr. 50 Millionen, um die Zeitwende ca. 250 Millionen, 1650 etwa 500 Millionen; die erste Milliarde wurde 1850 erreicht, 1980 bewohnten schon 4 Milliarden Menschen die Erde, die sich im Jahre 2000 auf etwa 6 Milliarden vermehrt haben werden. Während also die Vermehrung der Menschheit auf eine Milliarde etwa 12 000 Jahre gebraucht hat, ist in unserer Gegenwart eine gleiche Vermehrung eine Sache von weniger als zehn Jahren!

Der Mensch ist nicht etwa ein Abtrünniger der Natur, sondern ihr erfolgreichster Schüler; es ist gerade sein Erfolg im Rahmen der Gesetze der Selektion, der nun seine Gattungsexistenz in Frage stellt.

## Existenzrecht aller Lebewesen oder sogar alles Seienden?

Im Hinblick auf den Tierschutz wird gern vom Menschen als einem Geschöpf Gottes und von den nichtmenschlichen Lebewesen als von seinen „Mitgeschöpfen" gesprochen, denen wir, eben weil sie unsere „Mitgeschöpfe" sind, eine gewisse Solidarität schulden. Die Bibelstellen, auf die man sich für eine solche Auffassung berufen kann, sind freilich spärlich und sprechen mehr davon, daß Gott den Menschen zum Herrn über die nichtmenschliche Natur eingesetzt hat (vgl. 1. Mose 1, 26–28; 9, 1–3; 1. Korinther 3, 21–23). Aber selbst wenn man diese natürlich nicht empirisch aufweisbare Auffassung einmal zugrunde legen wollte: plausibel ist das nur, wenn man die Natur bloß ausschnittsweise betrachtet. Die Säugetiere lassen wir uns als Verwandte, die unserer Obhut unterstellt sind, gerne gefallen; aber es gibt ja auch z. B. Blattläuse, Hakenwürmer und Aidsviren: Sollen wir auch diese als unsere Mitgeschöpfe annehmen, ehren und schützen?

Artenschutz und Tierschutz können auf rationale Weise auch ohne eine solche Naturheiligung begründet werden: Tierschutz z. B. durch eine Verpflichtung, anderen empfindlichen Lebewesen nach Möglichkeit Schmerzen zu ersparen, von denen wir selbst verschont zu bleiben wünschen; Artenschutz einmal durch die Notwendigkeit, einen möglichst reichhaltigen und vielfältigen Gen-Pool zu erhalten, der die Möglichkeit der Anpassung an sich verändernde Umweltbedingungen offenhält, und zweitens aus Gründen der Erhaltung einer artenreichen Umwelt als Lebensraum für unsere Nachkommen, also aus Rücksicht auf deren emotionale und ästhetische Bedürfnisse. Ich sehe keinen rationalen Grund, das Aussterben z. B. des Pokkenvirus zu bedauern; ginge es aber um die Erhaltung von Lebewesen um ihrer selbst willen, wie doch viele meinen, müßte die Nachricht vom Wiederaufleben einer kleinen Polio-Epidemie in einem Nachbarland, die kürzlich durch die Presse ging, mit Befriedigung statt mit Besorgnis aufgenommen werden.

Manche Autoren gehen in der Naturheiligung so weit, daß sie ein Existenzrecht alles Existierenden verlangen. In extremer Weise hat ein solches Recht P. Kirschenmann eingefordert[2], mit erheblich größerer Wirkung Hans Jonas in seinem mit Recht vielgerühmten und -zitierten, bedeutenden Buch „Das Prinzip Verantwortung"[3]. Aber die metaphysische Basis, die Jonas da für seine moralischen Forderungen bereitstellen will, ist nicht belastbar. Die von David Hume 1741 errichtete Schranke, daß vom Sein zum Sollen kein logischer Weg führen kann, daß also Normen immer nur aus vorauszusetzenden Grundnormen abgeleitet werden können, will Jonas ausdrücklich durchbrechen. Das Seiende hat für ihn als solches Wert und Existenzrecht. Dies soll in paradigmatischer Weise der Anblick eines Neugeborenen bei seinen ersten Atemzügen

evident machen. Fühlt da nicht jeder, daß es „unwidersprechlich ein Soll an die Umwelt richtet, nämlich: sich seiner anzunehmen?"[4] Ja, natürlich, aber wir fühlen dies nur, weil wir die Norm, von der dies ein Fall ist, schon internalisiert haben: daß nämlich hilflosen menschlichen Wesen geholfen werden soll, daß wir Schmerz und Not von Lebewesen bekämpfen sollen, wo immer es uns möglich ist. Außerdem wirkt hier natürlich noch der biologisch implantierte Brutpflegeinstinkt mit ein. Manche empfinden wohl sogar eine moralische Verpflichtung, einer Pflanze Wasser zu geben, die sonst zu vertrocknen droht; aber gegenüber Steinen, die doch auch existieren, fühlen wir solche Verpflichtung nicht und zerschlagen sie ohne Skrupel etwa zu Zwecken des Haus- oder Straßenbaus. Die Dinge haben also nicht für sich selbst einen rational begründbaren Wert, sondern erhalten ihn als Objekte unserer Bedürfnisse, Wünsche und Interessen (die keineswegs immer egoistisch sein müssen).

## Möglicher Nutzen auch nicht-rationaler moralischer Motive

Vielleicht kann man den Befürwortern des Konzepts „Frieden mit der Natur" und der Verantwortung des Menschen als Geschöpf unter Mitgeschöpfen dadurch entgegenkommen, daß man sagt: Es gibt durchschlagende rationale Gründe für eine ökologische Neuorientierung von Technik und Wirtschaftsformen, für Tierschutz und Artenschutz. Aber nicht alle Menschen sind in gleicher Weise fähig und bereit, die entsprechenden rationalen Argumente zu durchdenken, zu verstehen und auch für ihr Handeln zu akzeptieren. Auch Kant hat ja schon auf den Unterschied zwischen dem principium diiudicationis (dem Prinzip der moralischen *Beurteilung* einer Verhaltensregel) und dem principium executionis (dem Motiv der *Befolgung* einer anerkannten Norm) in seiner Moralphilosophie unterschieden.[5] Da ist es sehr willkommen, daß es auch nichtrationale Motive gibt, die in dem erwünschten Sinne handlungssteuernd sein können, z. B. Liebe zur Natur als einer uns von Gott gegebenen Heimat, mit der wir sorgfältig umgehen sollten, Sympathie für die als unsere „Mitgeschöpfe" angesehenen nicht-menschlichen Lebewesen. Ein gewisser Nachteil liegt allerdings darin, daß solche Emotionen erfahrungsgemäß oft sehr selektiv sind und daß sie außerdem ohne rationale Steuerung, wie die Erfahrung immer wieder zeigt, leicht ermatten oder bis zum Fanatismus gesteigert werden können.[6]

## „Natürlichkeit" als moralisches Argument

Die „Natürlichkeit" wird auch gern beschworen, wo es um das weite Gebiet der menschlichen Fortpflanzung geht. Aber selbst innerhalb der katholischen Kirche ist der offizielle Grundsatz heute einigermaßen umstritten, daß aus dem offensichtlichen Kausalzusammenhang zwischen sexuellem Verhalten und Reproduktion folge, daß Empfängnisverhütung moralisch unerlaubt, weil gegen die Naturordnung gerichtet, sei. Und in der Tat folgt eine solche moralische Norm aus einem natürlichen Kausalverhältnis nicht; es müßte noch ein moralisches Prinzip hinzugefügt werden, nach dem es generell moralisch falsch ist, in den Naturzusammenhang präventiv einzugreifen. Ein solches Prinzip wäre

extrem unplausibel, schon weil es zentrale Bereiche menschlichen Handelns, z. B. in Medizin und Technik, moralisch disqualifizieren würde. Ja, schon das bloße Aufspannen eines Regenschirms wäre dann moralisch bedenklich! Damit will ich wiederum nicht ausschließen, daß es manche ernstzunehmenden moralischen Argumente gegen Empfängnisverhütung geben kann, z. B. die Beförderung von Promiskuität und die damit verbundene mögliche Verflachung menschlicher Beziehungen. Aber diese Argumente scheinen mir gegenüber dem Gewinn an Freiheit und Autonomie und vor allem angesichts der katastrophalen Folgen der Bevölkerungsexplosion eindeutig zurückzutreten.

Entsprechend wird gegen die Invitro-Fertilisation, die Samen- und Eispende, mögliche Leihmutterschaft etc. auch mit dem Argument der *Unnatürlichkeit* solcher Anwendungen neuer medizinischer Erkenntnisse und Techniken argumentiert. Aber auch hier gilt, daß nur solche moralischen Argumente ins Gewicht fallen können, die eine sorgfältige Abwägung der Chancen und Risiken solcher Verfahrensweisen zur Grundlage haben. Sonst müßte man wohl auch die ebenso „unnatürlichen" Maßnahmen der modernen Perinatologie und Gynäkologie ablehnen, die die Mütter- und Säuglingssterblichkeit in den letzten Jahrzehnten z. B. in der Bundesrepublik auf unter ein Prozent reduziert haben, während z. B. in Indien die Säuglingssterblichkeit noch über 12 Prozent beträgt. Auch hier wird deutlich, daß das Argument der „Unnatürlichkeit" besonders dort gern verwendet wird, wo schnelle Entwicklungen sich auf für den Menschen zentralen, emotional besonders wichtigen Gebieten vollziehen, so daß es den Zeitgenossen schwerfällt, sich schrittweise an sie zu gewöhnen. Auch die Beschleunigung der menschlichen Ortsveränderung, die im 19. Jahrhundert durch die Eisenbahn möglich wurde, ist ja zunächst als extrem unnatürlich weithin abgelehnt worden.

Entsprechendes gilt für die Gentechnologie. Auch hier gibt es eine Reihe von ernstzunehmenden Argumenten, die sich auf die Risiken einer ungeprüften und unvorsichtigen Anwendung der Kenntnisse der genetischen Forschung beziehen. Aber die Tatsache, daß z. B. Organismen entstehen, dergleichen bisher in der Natur nicht vorkamen, kann noch nicht als durchschlagendes Argument gegen gentechnologische Experimente dienen: Der biologische Artbegriff ist ja schon seit langem dynamisiert und flexibilisiert worden. Es scheinen aber immer noch Auffassungen verbreitet zu sein, nach denen die biologischen Arten, wie von Aristoteles konzipiert, ewig bestehend, auf spezielle Schöpfungsakte Gottes zurückgehen. Die Gentechnologie, so kann man häufig lesen, wolle „Gott ins Handwerk pfuschen". Mit dem gleichen Argument könnte man aber auch schon die seit der Jungsteinzeit betriebene bewußte Züchtung von Nahrungspflanzen und Nutztieren angreifen.

## Soziobiologie als wissenschaftliche Basis der Ethik?

Ich komme nun zum *zweiten Teil* meines Themas: Können wir vielleicht aus der Evolutions- und Soziobiologie Kriterien für die moralische Normierung von menschlichen Verhaltensweisen gewinnen? Hier sind die Meinungen

von Biologen und Verhaltensforschern durchaus kontrovers: E. Wilson vertrat in seinem Buch „Sociobiology, The New Synthesis"[7] entschieden die Meinung, daß wir z. B. die weithin geltenden moralischen Gesetze des „reziproken Altruismus" oder der sozialen Kooperation viel besser verstehen, wenn wir sie als Strategien zur bestmöglichen Verbreitung und Entwicklung des Gen-Pools, dem der jeweils Handelnde angehört, auffassen. Dies sei der „cardinal terminal value" (der ausschlaggebende höchste Wert), der hinter dem beobachteten Verhalten unter den sozial lebenden Tieren ebenso deutlich erscheine wie bei den menschlichen Verhaltensweisen, die im allgemeinen als sozial akzeptabel und moralisch richtig angesehen werden. Daher sollten wir auch unsere sonstigen moralischen Normen auf diesen Grundwert einstellen: Auf diese Weise könne die Soziobiologie der Ethik endlich eine wissenschaftliche Basis verschaffen. Ähnlich hat Wolfgang Wickler in seinem Buch „Die Biologie der Zehn Gebote" die These vertreten, daß man unter dem Ausdruck „richtiges Verhalten" „ganz allgemein das auf Fortbestand der Art gerichtete Verhalten" verstehen könne.[8] Ich vermerke ausdrücklich, daß Herr Wickler in seinen neueren Veröffentlichungen von dieser Auffassung abgerückt ist. Aber die Meinung ist unter Biologen noch immer verbreitet.

Inzwischen ist unter den Soziobiologen die Auffassung wohl vorherrschend, daß nicht *Erhaltung der Art* als das Erklärungsprinzip für das Verhalten der Tiere angesehen werden sollte, sondern die Maximierung des *individuellen* Reproduktionserfolges, wobei dieser Erfolg an der Anzahl der jeweils überlebenden eigenen Gen-Anteile gemessen wird. Auf diese Weise lassen sich die „moral-analogen" (K. Lorenz) kooperativen Verhaltensformen, die wir im Tierreich (wie bei Menschen) finden, verständlich machen, ohne daß wir eine altruistische Intention im eigentlichen Sinne bei den sich so verhaltenden Individuen der verschiedenen Spezies annehmen müßten (oder dürften). Die Schonung des Unterlegenen im Rivalenkampf, der Warnruf der Drosseln beim Auftauchen von Habichten, die verlangsamte Gangart, ein rituelles Stelzen, das bei Thomson-Gazellen die Rudelgenossen vor jagenden Großkatzen warnt, das warnende Individuum aber selbst gefährdet — all dies ist biologisch sinnvoll, wenn es auf die Erhaltung und Verbreitung eines Gen-Pools bezogen wird.

Damit ist das Paradox gelöst, das Darwin beschäftigte: In seinem Buch „Die Abstammung des Menschen" von 1871 schrieb er, es sei zweifelhaft, ob kooperatives Verhalten einen Vorteil in der natürlichen Zuchtwahl mit sich bringen könne, so daß es nicht verständlich sei, wie sich solche Verhaltenstendenzen in einer Bevölkerung erhalten könnten.

Die heutige Soziobiologie kann einen freilich nach Verwandtschaftsgraden sehr selektiven und abgestuften, zudem wesentlich reziproken, das heißt gegenseitigen, Kooperations-Altruismus erklären: Da das, was der Kampf um Lebens- und Reproduktionschancen auswählt, Gene sind, dieselben Gene aber in den Geschwistern eines Individuums mit gleicher Wahrscheinlichkeit wie in den eigenen Nachkommen fortexistieren, prämiiert die Evolution sowohl ein Verhalten, das zur Erzeugung von eigenem Nachwuchs und zur Verteidigung und Versorgung dieses Nachwuchses bis zur Geschlechtsreife führt, als auch ein Verhalten, das bei Gefahr des eigenen Untergangs die Chancen der Geschwister zur Reproduktion wesentlich verbessert.[9] Das mit abnehmendem Verwandtschaftsgrad starke Gefälle der Bereitschaft, Opfer zu bringen, ließe sich auf diese Weise gut erklären: Es gibt ja auch viele Menschen, die für ihre Kinder alles, für Verwandte manches, für andere Menschen aber überhaupt nichts zu tun bereit sind.

Die Soziobiologie kann wahrscheinlich machen, daß Gene, die ein solches Verhalten steuern, wenn es denn solche Gene gibt, eine überdurchschnittliche Reproduktionschance in einer Normalbevölkerung haben würden.

Ähnliches gilt für das Konzept „Altruismus auf Gegenseitigkeit". Es ist ja für das Überleben des Gen-Pools einer Gruppe von Individuen günstiger, wenn gegenseitige Hilfsbereitschaft ihr Verhalten bestimmt, als wenn gegenseitige Gleichgültigkeit oder gar Aggressivität herrscht. Aber es kommt zugleich sehr darauf an, „Trittbrettfahrer" auszuschließen, also Individuen, die Hilfe annehmen, aber keine leisten, wenn sie an der Reihe wären. Beim Überhandnehmen von „Trittbrettfahrern" in einer Gruppe würde sich der evolutionäre Vorteil des altruistischen Verhaltens in einen Nachteil verwandeln. Es ist aufgrund von Feldstudien der Verhaltensforscher gut belegt, daß ein solcher reziproker Altruismus bei sozial lebenden Tieren sehr verbreitet ist. Und es ist offensichtlich, daß dieses Verhaltensmuster auch in menschlichen Gesellschaften, meist mit großer Gleichgültigkeit oder gar Aggressivität gegen Außenstehende verbunden, häufig vorkommt.

## Sind die Befunde der biologischen Verhaltensforschung moralisch relevant?

Hier meldet sich nun das Problem, wie wir diesen Befund deuten wollen: Sollen wir sagen, daß wir hier die eigentlichen Wurzeln der Moralität gefunden haben und unsere historisch entwickelten moralischen Normensysteme an diesen Befunden ausrichten sollten, um ihnen eine Basis in der Wirklichkeit zu verschaffen? Oder sollen wir eher bei der Frage nach den „richtigen" moralischen Normen diese Fakten zwar in Ruhe zur Kenntnis nehmen, dann aber abwägen, ob wir eine solche Moral für überzeugend, begründbar und akzeptabel halten? Die erste dieser beiden Positionen wird von E. Wilson, W. Wickler und wohl auch von K. Lorenz[10] vertreten; die entgegengesetzte Auffassung finden wir z. B. in den Schriften des vor kurzem zu früh verstorbenen Göttinger Anthropologen Christian Vogel.[11] Ich schließe mich der zuletzt genannten Auffassung an. Ich kann weder das bloße Überleben der Menschengattung (gleichgültig unter welchen Bedingungen) als einen höchsten Wert anerkennen, dem alle unsere anderen Handlungsziele untergeordnet werden müßten, noch ist mir der besondere Erfolg gerade des Gen-Pools, dem ich zufällig angehöre, ein aufs innigste zu wünschendes Ergebnis. Ich bin vielmehr an der weiteren Ausbreitung des Gen-Pools, dem ich entstamme, vollkommen uninteressiert. Wenn ich gern für meine Kinder und Enkelkinder sorge, so deshalb, weil ich ihnen persönlich zugetan bin und, falls ich das nicht wäre, schon die generelle moralische Verpflichtung von Eltern ihren Nachkommen, als Personen, gegenüber als Motiv ausreichen dürfte.

Bei massiven eigenen genetischen Defekten, wie z. B. Hämophilie oder Chorea Huntington, kann sich ja sogar die Frage für den einzelnen stellen, ob er nicht moralisch verpflichtet sei, auf Nachwuchs ganz zu verzichten, um die Weitergabe dieser Defekte an nachfolgende Generationen einzuschränken. Es ist eine Kategorienverwechslung, wenn man uns gegenüber einem Gen-Pool moralische Verpflichtungen zusprechen will, so wie es schon eine Kategorienverwechslung ist, wenn R. Dawkins in seinem bereits genannten Buch „The Selfish Gene" schon im Titel dem Gen moralisch relevante Eigenschaften, nämlich Selbstsucht oder Egoismus zuspricht. Nur Personen, keine Gene, können egoistisch oder altruistisch sein, wenn sie nämlich dringendere Interessen anderer gegenüber ihren eigenen Interessen entweder vernachlässigen oder sie ganz mißachten.

Hinsichtlich der Wahl unserer moralischen Normen, die wir sicherlich nicht unabhängig von unseren kulturellen Traditionen entwickeln können, kann uns also die Kenntnis der Evolutionsbiologie nicht wesentlich weiterhelfen. Wir müssen sie aufgrund entsprechender Überlegungen frei wählen und unser Verhalten nach ihnen ausrichten, soweit wir dazu in der Lage sind. Freilich ist auch die Kenntnis der Evolutionsbiologie und unsere Ausstattung mit vererbten Verhaltensdispositionen dabei eine wichtige *Orientierungshilfe*. Und dies in dem Sinn, daß wir mehr darüber erfahren, welches Verhaltensrepertoire dem Menschen aufgrund seiner Naturanlagen überhaupt offensteht und welche Verhaltenstendenzen wir besonders berücksichtigen müssen. Es scheint z. B. sicher, daß wir eine starke Affinität zur Bildung kleiner Gruppen haben, denen wir uns emotional verbunden fühlen, mit Aversionsneigungen gegen alle Außenseiter. Das ist eine biologische Basis für Nepotismus und Fremdenfeindlichkeit und ein Hindernis für jene kosmopolitische Solidarität, die schon die Stoiker um 200 v. Chr. als Ideal menschlichen Zusammenlebens ansahen. Wir müssen also moralische Normierung und Erziehung gegebenenfalls bewußt *gegen* solche uns eingewurzelten Tendenzen einsetzen.

Ebenso ist uns durch biologische Selektion die Neigung eingepflanzt, unsere Hilfe nur solchen Menschen zuteil werden zu lassen, von denen wir uns gegebenenfalls eine Gegenleistung versprechen, nach dem Motto „do ut des", und die Neigung, uns zu „revanchieren", im Guten wie im Bösen. Bei der Einrichtung von Normensystemen müssen wir diese biologischen Tatsachen in dem doppelten Sinn berücksichtigen, daß wir einerseits, wie schon Aristoteles empfohlen hat,[12] unsere moralischen Ziele so einstellen, daß eine kräftige Gegenwirkung hinsichtlich solcher Naturanlagen, wo sie unseren moralischen Intuitionen widersprechen, erreicht wird, andererseits aber auch in dem Sinne, daß wir vermeiden sollten, solche Normen aufzustellen, denen Menschen aufgrund ihrer „Naturanlagen" kaum oder gar nicht entsprechen können, also z. B. den Opfermut auch nicht zu überanstrengen. Die Erkenntnisse der Soziobiologie können in diesem Sinne für die Normenbildung und für die moralische Erziehung einen hohen Informationswert haben. Soziologen, Ethiker und Pädagogen können hier erfolgreich zusammenarbeiten.

## Wie könnte eine akzeptable Normenbegründung aussehen?

Abschließend möchte ich noch kurz etwas darüber sagen, woher wir denn sonst Orientierung für die Normenbildung gewinnen können, wenn die Berufung auf die Natur sich als so relativ unergiebig erweist.

Es liegt aus Gründen der Historie und der Pietät nahe, zunächst an göttliche Gebote, in unserem europäischen Kulturkreis an die Zehn Gebote und die Lehren der Bergpredigt, zu denken. Aber unabhängig von allen Schwierigkeiten der allgemeingültigen Beglaubigung solcher Gebote als wirklicher göttlicher Weisungen brauchten wir in jedem Falle noch ein davon unabhängiges Prinzip, nach dem die moralischen Forderungen Gottes in jedem Falle befolgt werden sollten, auch dann z. B., wenn sie unseren moralischen Intuitionen widersprechen würden.[13] Eine andere, oft erwogene Lösung ist der Appell an gewisse absolute, von unserer Existenz und unserem Dafürhalten ganz unabhängige moralische Werte, wie sie besonders von G. E. Moore, in unserem Land von Max Scheler und Nicolai Hartmann vertreten wurden.[14] Aber auch hier macht die schwierige Frage nach dem ontologischen Status solcher merkwürdiger idealer Wesenheiten nach meiner Meinung unüberwindliche Schwierigkeiten. Es erscheint viel plausibler, Werte als Korrelate unserer Bedürfnisse, Interessen und Wünsche anzusehen.

Angesichts der Schwierigkeiten einer objektiven Begründung moralischer Forderungen breiten sich heute, besonders im angelsächsischen Sprachbereich, Auffassungen aus, die auf jede ethische Theorie zur Begründung moralischer Normen ausdrücklich verzichten wollen. Vielmehr vertrauen die Autoren dort lieber auf moralische Sensibilität, wie sie sich in konkreten Lebensgemeinschaften und Gruppen herausbilden kann („Kommunitarismus").[15] Hier scheint jedoch die Gefahr eines erstarrenden Traditionalismus und eines unübersichtlichen Regionalismus, wohl auch eines emotionsgeladenen Fundamentalismus bedrohlich: Ohne Diskurse über rational begründbare ethische Prinzipien wären eingewurzelte moralische Übel wie Sklaverei, Kastenwesen, Unterdrückung von Frauen und Einschränkung von Meinungsfreiheit unüberwindlich.

## Rationale Normenbegründung

Es scheint, nach Prüfung verschiedener Konkurrenten, nur die menschliche Vernunft, die allerdings fehlbare menschliche Vernunft als Quelle moralischer Normen übrigzubleiben. Sie kann uns, im Rahmen kantischer Ansätze, Kriterien der Beurteilung moralischer Verhaltensregeln geben. Wir haben uns freilich daran gewöhnt, Vernunft — im Sinne von Max Weber — als bloße Zweckrationalität, also als ein Instrument der Auswahl geeigneter Mittel für jeweils schon vorgegebene Ziele anzusehen. Aber es spricht nichts dagegen, Rationalitätsprinzipien auch auf die *Wahl der Ziele* anzuwenden. Es ist in diesem Sinne unvernünftig, eine Handlungsweise auszuüben, die man nicht jedem, der in einer in allen wesentlichen Punkten ähnlichen Situation wäre, ebenfalls zubilligen würde. Es ist unvernünftig und daher moralisch unzulässig, z. B. als Angehöriger der heute lebenden Generation zur Förderung eigener nicht lebens-

wichtiger Interessen Umweltschäden in Kauf zu nehmen, die alle nach uns kommenden Generationen in unzumutbarer Weise belasten würden. Man kann nicht überzeugend begründen, warum man sich selbst eine Handlungsweise soll erlauben dürfen, die man mit guten Gründen tadeln würde, wäre man selbst einer der von den Folgen dieser Handlungsweise Betroffenen. Auf diese Weise können Gerechtigkeitsnormen, aber wohl auch weitergehende moralische Normen, z. B. des Umweltschutzes und des Tierschutzes, rational begründet werden.[16]

Dieser Ansatz hat freilich eine wesentliche Schwäche: Das Prinzip Rationalität kann selbst nicht wiederum rational begründet werden, wenn seine Anwendung über die langfristige Sicherung eigener Interessen, wie bei der sozialen Kooperation, hinausgreift. Wir haben nichts davon, wenn wir unsere eigenen Interessen zurückstellen, um für Schwerbehinderte oder unheilbar Kranke zu sorgen, oder wenn wir uns für die Interessen späterer Generationen oder für Tierschutz einsetzen. Den Versuch einer transzendental-pragmatischen Letztbegründung des Rationalitätsprinzips, wie er von K. O. Apel[17] gegeben wurde, halte ich nicht für tragfähig. Wir müssen uns, so meine ich, mit dem Faktum abfinden, daß es ebensowenig eine Letztbegründung der Ethik wie eine voraussetzungslose Wissenschaft gibt. „Warum soll ich moralisch handeln?" ist eine nicht erschöpfend beantwortbare Frage; aber wie wir handeln sollen, *wenn* wir moralisch richtig handeln wollen, das kann, jedenfalls weithin, durch rationale Argumente klargemacht werden.

Es gibt Menschen — und dies ist das, was ich als ein Analogon des

Kantischen „Faktums der Vernunft" ansehe —, die das starke Bedürfnis spüren, für ihre Handlungen vernünftige Gründe zu haben, die oft weit über ihre eigenen unmittelbaren oder auch langfristigen Interessen hinausgreifen. Dies wäre freilich ohne das „Training" in dem Bereich sozialer Kooperation, dessen Zustandekommen die Biosoziologie erklären kann, nicht möglich. So haben wir auch hier ein Phänomen, wie es Gottlob Frege beschrieb, als er sagte: So wie wir beim Segeln die Kraft des Windes benutzen können, um gegen die Windrichtung zu segeln, so könnten wir auch die Sprache, die Denken erst möglich macht, schließlich dazu nutzen, um das Denken aus den Fesseln der Sprache zu befreien.[18] Die Soziobiologie kann uns gut erklären, wie es dazu kommen konnte, daß Menschen als sozial lebende Säugetiere die Elemente einer kooperativen Moral entwickelten. Aber die moralische Reflexion, einmal in Gang gekommen, folgt ihren eigenen Entwicklungstendenzen und emanzipiert sich im Menschen auch von ihren biologischen Anfangsbedingungen.

[1] *Meyer-Abich, K. M.* (Hrsg.): Frieden mit der Natur. Freiburg 1979 (Der Begriff „Frieden mit der Natur" ist als Titel dieses Sammelbandes, für den auch S. M. Daecke einen Beitrag geschrieben hat, von ihm mitgeprägt und vorgeschlagen worden. Daeckes Verständnis dieses Begriffs unterscheidet sich jedoch von demjenigen Meyer-Abichs. — D. Hrsg.); *Meyer-Abich, K. M.:* Wege zum Frieden mit der Natur. München-Wien 1984. — [2] *Kirschenmann, P.:* Ecology, ethics, science and the intrinsic value of things. In: A. Diemer (Hrsg.): Sektionsvorträge, 16. Weltkongreß für Philosophie 1978. Düsseldorf 1978. S. 367—370. — [3] *Jonas, H.:* Das Prinzip Verantwortung. Frankfurt/Main 1979. — [4] Ebenda, S. 235. — [5] Vorlesungsnachschrift Moral Mrongovius in: Kants Werke, Akademie-Ausgabe Bd. XXVII, 2.2., S. 1422 f. — [6] Hier ist eine Anmerkung zur gegenwärtigen Lage angebracht: Nachdem der „real existierende Sozialismus" als Wirtschaftssystem weltweit zusammengebrochen ist, zeigt sich, daß in sozialistischen Ländern ökologische Gesichtspunkte nicht etwa besser, sondern noch viel schlechter als in den kapitalistisch verfaßten Wirtschaftsbereichen berücksichtigt worden sind. Damit hat sich die noch 1979 von Hans Jonas geäußerte Hoffnung (Das Prinzip Verantwortung, S. 256—270), sozialistisch regierte Länder hätten eine bessere Chance, die Einschränkungen der Umweltausbeutung und -schädigung, die notwendig sind, auch durchzusetzen, als ein Irrtum erwiesen. (Zur Frage des Umweltschutzes in der ehemaligen DDR und nach der Wende in den neuen Bundesländern vgl. *Zanger, C.:* Ökologie versus Ökonomie — ein Widerspruch besonders in den neuen Bundesländern? In: S. M. Daecke (Hrsg.): Ökonomie contra Ökologie? Stuttgart 1995, S. 92—105. — D. Hrsg.). Jedoch ist nun ebenso zu warnen vor der verbreiteten euphorischen Meinung, die Überlegenheit des kapitalistischen Systems sei klar erwiesen und wir könnten daher im bisherigen Stil weitermachen. Die Überlegenheit der Marktwirtschaft ist wesentlich mitbedingt dadurch, daß sie dem Kapitalismus soziale Zügel angelegt hat. Ihre weitere Überlegenheit wird davon abhängen, ob sie sich in entsprechender Weise zu einer sozialen *und ökologischen* Marktwirtschaft weiterentwickeln kann. Von einem „Sieg" des liberalen politischen und wirtschaftlichen Systems kann man erst sprechen, wenn das Ziel erreicht ist: nämlich für eine annähernd stabile Weltbevölkerung ein menschenwürdiges Dasein unter artgerechten Bedingungen zu sichern. Ein „Etappensieg", der nur darin besteht, daß der wichtigste Konkurrent ausgefallen ist, wäre wenig wert, wenn der noch im Rennen verbliebene nur kurze Zeit später, noch weit vom Ziel entfernt, einem ähnlichen Schicksal zum Opfer fiele. Und das scheint mir immer noch eine realistische Perspektive. — [7] *Wilson, E.:* Sociobiology. The New Synthesis. Cambridge (Mass.) 1975. — [8] *Wickler, W.:* Die Biologie der Zehn Gebote. München 1971. S. 16. — [9] Man muß freilich im Auge behalten, daß die Soziobiologen den Begriff des „Altruismus" auf ihre eigene Weise definieren: Altruismus ist danach ein solches Verhalten, „das das Wohlergehen (das heißt besonders die Überlebenschancen) eines anderen Organismus derselben Art auf Kosten des eigenen Wohlergehens vergrößert" (Dawkins, R.: The Selfish Gene, Oxford 1976, zitiert nach der deutschen Ausgabe, Berlin 1978). Es kommt dabei allein auf das objektive Ergebnis an, nicht auf die Intention des Handelnden. Im normalen Sprachgebrauch spielt jedoch auch die Intention beim Altruismus eine wesentliche Rolle. Ein altruistisches Verhalten wäre dann ein solches, das *in der Absicht* erfolgt, einem anderen Individuum oder einer Gruppe von Individuen bei der Realisierung von deren Interessen oder Bedürfnissen ohne Rücksicht auf entgegenstehende eigene Interessen behilflich zu sein. Ob nicht-menschliche Lebewesen solche **Absichten** haben können, ist umstritten; mir scheint

das eher unwahrscheinlich und höchstens für einige besonders hoch entwickelte Säugetiere diskutabel. − [10] *Lorenz, K.:* Das sogenannte Böse. Wien 1963. − [11] Vgl. *Vogel, Ch.:* Evolution und Moral. In: H. Maier-Leibnitz (Hrsg.): Zeugen des Wissens. Mainz 1986. S. 467−507. − [12] *Aristoteles:* Nikomachische Ethik, Buch II, Kap. 8 f. − [13] Beispiele für solche kontraintuitiven Forderungen etwa im Neuen Testament scheinen mir die Forderung der Feindesliebe, die Aufforderung, dem Bösen nicht zu widerstehen und dem, der uns schlägt, auch noch die andere Wange darzubieten, zu sein, oder die Aufforderung, nicht für den morgigen Tag vorzusorgen, weil Gott uns schon, wie den Lilien im Felde und den Vögeln unter dem Himmel, weiterhelfen werde. − [14] *Moore, G. E.:* Principia Ethica. Cambridge 1903; *Scheler, M.:* Der Formalismus in der Ethik und die materiale Wertethik. Halle 1930²; *Hartmann, N.:* Ethik. Berlin 1926. − [15] Z. B. *Williams, B.:* Ethics and the Limits of Philosophy. Cambridge (Mass.) 1985; *McIntyre, A.:* After Virtue: A Study in Moral Theory. Notre Dame 1984²; *Walzer, M.:* Spheres of Justice. Oxford/New York 1983. − [16] Diese, an Kants Lehre vom „Kategorischen Imperativ" anknüpfende Auffassung habe ich schon mehrfach in Veröffentlichungen vertreten, zuletzt in *Patzig, G.:* Aspekte der Rationalität. In: Jenaer philosophische Vorträge und Studien, Heft 4, Erlangen/Jena 1994. − [17] *Apel, K. O.:* Das Apriori der Kommunikationsgemeinschaft und die Grundlagen der Ethik. In: Ders.: Transformation der Philosophie, Bd. II. Frankfurt a. M. 1973. S. 358−435. − [18] *Frege, G.:* Über die wissenschaftliche Berechtigung einer Begriffsschrift. In: G. Patzig (Hrsg.): G. Frege, Funktion, Begriff, Bedeutung. Göttingen 1986⁶, S. 92.

## Stellungnahmen

### Gerhard Vollmer:

Wissenschaftskritik ist große Mode. Dabei wird das größte Verdienst der neuzeitlichen Wissenschaft in der Regel übersehen: In einem mühsamen Abgleich von Ansprüchen, Erfolgen und Mißerfolgen hat sie herausgearbeitet, *worauf man sich intersubjektiv einigen kann.* Und dabei hat sich − unter anderem − herausgestellt, wieviel leichter man sich einigt auf das, was der Fall ist, als auf das, was wir tun sollen. Die Unterscheidung von Fakten und Normen ist deshalb ein wertvoller Besitzstand, den wir nicht ohne Not aufgeben sollten. Ich begrüße es deshalb sehr, daß Günther Patzig diese Unterscheidung in den ersten beiden Teilen seines Beitrages anmahnt und darauf hinweist, daß weder die Naturwissenschaft im allgemeinen noch die Soziobiologie im besonderen moralische Normen begründen können.

Dabei betont er mehrfach, daß Naturerkenntnis trotz allem für den Ethiker „wichtig", sogar „von erheblicher Bedeutung" sei. Sie biete eine *Orientierungshilfe,* welches Verhalten Menschen offenstehe und welches ihnen zumutbar sei. Freilich sagt er nicht, *wie* denn nun Fakten und Normen, wenn sie schon grundverschiedenen Kategorien angehören, bei der Gestaltung unseres Sozialverhaltens *zusammenwirken.* Auf dieses Problem bin ich ja gegen Ende meines Beitrags eingegangen. Gelöst scheint mir dieses Problem jedenfalls noch nicht.

Als Quelle moralischer Normen kommt für Patzig nur die menschliche Vernunft in Frage. Eine Schwäche dieses Ansatzes sieht er darin, daß Rationalität ihrerseits nicht rational begründet werden kann. Das zeigt, daß Patzig den Kern der Rationalität immer noch − und insoweit ganz traditionell − in der *Begründbarkeit* sieht. Nun hat aber der *kritische* Rationalismus (Popper) dieses klassische Rationalitätskriterium längst aufgegeben, und zwar einfach deshalb, weil es nicht einlösbar ist. Das neue Rationalitätskriterium ist *Kritisierbarkeit:* Entscheidungen, Handlungen, Unternehmungen, Ziele, Argumente sind dann rational, wenn sie kritisierbar sind. Und da die Entscheidung für Rationalität und für dieses Rationalitätskriterium (zwar nicht begründbar, wohl aber) ihrerseits kritisierbar ist, ist der *pankritische* Rationalismus (Bartley) *selbstanwendbar* und besitzt die oben genannte Schwäche nicht. (Zum pankritischen Rationalismus vgl. Gerhard Vollmer: Wissenschaftstheorie im Einsatz. Hirzel, Stuttgart 1993, Kap. 1, „Über die Schwierigkeit, Meinungen zu ändern", und Kap. 8, „Mehr oder weniger Vernunft?")

Das Hauptproblem scheint mir jedoch zu sein, was wir können und tun sollen, *wenn die Vernunft nicht siegt.* Selbst wenn wir genau wissen oder zu wissen glauben, was vernünftig ist, tun wir es doch oft genug nicht. Das wissen wir aus der Tageszeitung und aus eigenem Erleben, aus Alltag und Beruf, aus Wissenschaft und Politik. Neuerdings beginnen wir nun aber auch zu verstehen, *warum* es die Vernunft so schwer hat: Spieltheorie und Soziologie klären uns darüber auf, wo entscheidende Hindernisse liegen, im Gefangenen-Dilemma etwa oder im Genegoismus. Eben darin liegen die Fortschritte der ethischen Diskussion: Die Entdeckung solcher Hindernisse läßt uns hoffen, daß wir diese Hindernisse auch beseitigen oder überwinden können. Vielleicht können wir ja doch dafür sorgen, daß das, was vernünftig ist, auch wirklich wird?

*Sigurd Martin Daecke:*

Wie ich auch in meiner Stellungnahme zum ähnlichen Ansatz Gerhard Vollmers schreibe, halte ich es — gegen Günther Patzig — nicht für möglich, daß Umwelt- und Tierschutz in vollem Umfang — also auch dann, wenn (zumindest finanzielle) Interessen des Menschen den Interessen von Natur und Tier entgegenstehen — „auf rationale Weise [...] begründet werden" können.

Zwar ist die von Günther Patzig vorgeschlagene vernünftige Begründung moralischer Normen unbedingt notwendig und auch bei einer theologischen Ethik unverzichtbar: Christliche Ethik ist weder irrational und unvernünftig noch durch eine übernatürliche Instanz („Offenbarung", „Wille Gottes") autoritär begründet. Deswegen halte ich Patzigs — ebenso wie Vollmers — Ansatz für ein wichtiges Element jeder Ethik.

Ich möchte ihn jedoch ergänzen durch den von Patzig abgelehnten Gedanken der „Heiligung" der Natur durch Gott, durch die Vorstellung, daß die Natur als Schöpfung und die Tiere als Geschöpfe Gottes einen Eigenwert und sogar eigene Rechte haben, wie sie jetzt auch juristisch anerkannt werden. (Vgl. dazu in meinem Beitrag den Abschnitt „Die Rede vom ‚Wert', von den ‚Rechten' oder der ‚Heiligkeit' der Natur".)

Das von Patzig etwas karikierte Verständnis der Tiere als Geschöpfe läßt sich nicht biologisch erklären: Aids- und Pockenviren sind eben keine guten Geschöpfe Gottes im Sinne des Schöpfungsglaubens — sie dienen dem Leben nicht, sondern zerstören es. Ebenso kann man das Postulat eines „Friedens mit der Natur" nicht naturalistisch-philosophisch — also auch nicht wie K. M. Meyer-Abich — begründen, nicht abgesehen vom Glauben an den Frieden Gottes mit seiner Schöpfung und seinen Geschöpfen. Den eigenen Wert hat die Natur nicht aus sich selbst, sie ist nicht in sich und als solche heilig (holy), sondern durch Gottes Beziehung zu ihr als Schöpfer und Erlöser geheiligt (sacred). Als derjenige, der bei der Titelsuche für den Sammelband „Frieden mit der Natur" (Freiburg 1979) im Gespräch mit dem Herausgeber K. M. Meyer-Abich den

Begriff „Frieden mit der Natur" mitgeprägt hat, fühle ich mich durch Günther Patzigs Kritik daran sowie an der dahinter stehenden Vorstellung einer Heiligung der Natur durch Gott — oder zumindest eines Eigenwerts der Natur — angesprochen.

Patzigs „Entgegenkommen", das „nichtrationale" Konzept des Friedens mit der Natur und der Verantwortung des Menschen als Geschöpf unter Mitgeschöpfen denjenigen zu konzedieren, die nicht fähig sind, rationale Argumente zu verstehen — diese Abwertung des Glaubens gegenüber dem Denken, der Religion gegenüber der Vernunft steht zwar in der ehrwürdigen aufklärerischen Tradition seit Lessing, ist aber nicht hilfreich. Man kann das Verständnis der Natur als Schöpfung Gottes auch nicht dadurch diskreditieren, daß man sie mit dem „Natürlichkeits"-Kult der katholischen Sexualethik in Verbindung bringt — dieser hat völlig andere philosophische und theologische Grundlagen. Die rationale Begründung moralischer Normen, wie Patzig sie vorschlägt, ist ohne Zweifel berechtigt — auch theologisch. Aber die Frage ist zum einen, ob sie ausreicht, um die gefährliche Anthropozentrik der Ethik zu überwinden, und zum anderen, ob es wirklich nicht möglich ist zu sagen, *warum* wir moralisch handeln sollen.

*Günther Schiwy:*

1. Wer heute die Natur als Quelle der Verbindlichkeit von Verhaltensregeln proklamiere, müsse auch den Menschen als Produkt von Mutation und Selektion und als „erfolgreichsten Schüler" der Natur akzeptieren, auch da, wo dieser „seine Gattungsexistenz in Frage stellt" — diese Ansicht ist Naturalismus und ein naturalistischer Fehlschluß, den man Philosophen wie Meyer-Abich und Jonas nicht unterstellen bzw. zumuten sollte. Die „Natur" des Menschen unterscheidet sich dadurch von der übrigen Natur, daß sie nicht mehr blind den „Gesetzen" der Mutation und Selektion unterworfen ist, sondern sich selbst steuern kann und sollte. Wenn der Mensch heute trotzdem durch sein Verhalten die Existenz seiner Gattung in Frage stellt, tut er es eben nicht aus „Naturnotwendigkeit".

2. Zur Frage der Begründbarkeit von Normen, besonders von Grundnormen und Zielen, siehe meine Stellungnahme zum Beitrag von Gerhard Vollmer (siehe S. 82).

# Evolutionäre contra christliche Ethik?

Die Frage nach Gut und Böse in einer sich wandelnden Welt

Sigurd Martin Daecke

**Die Evolutionäre Ethik scheint ein Gegensatz zur christlichen Ethik zu sein: Vernunftethik statt Offenbarungsethik, moralische Autonomie statt Heteronomie, mit natürlichen statt übernatürlichen Begründungen. Denn nach Gerhard Vollmer kennt die Evolutionäre Ethik keine universellen Standards, keine absoluten Maßstäbe, keine verbindlichen Normen, keine unwandelbaren Gesetze. Es gibt in ihr nur hypothetische Imperative, nur relative Begründungen, nur bedingte Anweisungen.[1] Nach der traditionellen christlichen Ethik dagegen sind Gottes Gebote nicht hypothetisch, sondern apodiktisch, nicht relativ, sondern absolut, nicht bedingt, sondern unbedingt, nicht variabel, sondern invariabel; sie sind keine bedingten Ratschläge und Empfehlungen, sondern unbedingten Gehorsam fordernder Anspruch, bindende Verpflichtung.**

Die Beliebigkeit und Austauschbarkeit, der Relativismus und Pluralismus, das gleichberechtigte Nebeneinander gegensätzlicher Werte und Normen in der Evolutionären Ethik — all dies ist Kennzeichen dessen, was man heute als „postmodern" bezeichnet: wie das Nebeneinander der verschiedensten Stilelemente als „Zitate" in der postmodernen Architektur — „anything goes".

Im Gegensatz von christlicher und Evolutionärer Ethik scheint sich übrigens nur der alte, klassische Gegensatz von deontologischer und teleologi-

Prof. Dr. **Sigurd Daecke**, geb. 1932 in Hamburg. Studium der Evangelischen Theologie; 1957 bis 1964 Vikar, Pfarrer, Wiss. Assistent und theologischer Redakteur; 1964 bis 1970 Redakteur der Zeitschriften „Radius" und „Evangelische Kommentare"; 1970 Chefredakteur „Evangelische Kommentare"; 1972 Lehrstuhl für Evangelische Theologie/Systematische Theologie an der PH Aachen, seit 1989 an der Philosophischen Fakultät der RWTH Aachen. Straßburg-Preis der Stiftung F.V.S. 1967. Buchveröffentlichungen u. a.: Teilhard de Chardin, 1967; Der Mythos vom Tode Gottes, 1969 (2. Aufl. 1970); (Mit-Hrsg.) Kann man Gott aus der Natur erkennen?, 1990 (2. Aufl. 1992); (Hrsg.) Naturwissenschaft und Religion, 1993; (Hrsg.) Verantwortung in der Technik, 1993; (Hrsg.) Ökonomie contra Ökologie?, 1995.

*Prof. Dr. Sigurd M. Daecke, RWTH Aachen, Lehrstuhl für Evangelische Theologie, 52056 Aachen*

scher Ethik zu wiederholen. Gehört die traditionelle christliche Ethik zum Typ der deontologischen Pflichtenethik, die sich auf Moralprinzipien, auf Gebote und Verbote beruft und an unumstößlichen und verbindlichen Grundsätzen orientiert, so ist die Evolutionäre Ethik im Grunde nichts anderes als eine neue Variante der teleologischen Güterethik, die eine relativistische Ethik ist und nach den Folgen des Handelns fragt, auch wenn man ihr nicht die extremste Maxime dieses Ethiktyps – „der Zweck heiligt die Mittel" – nachsagen kann.

Aber mit ihrem Prinzip der Evolution zeigt uns diese ethische Konzeption: Die Entwicklung unserer Welt, die geistige Evolution mit ihrem Wandel des Denkens und der Sprache, die kulturelle Evolution mit ihrem Wandel der Handlungs- und Lebensweisen, die technische Evolution mit ihrem Wandel der Möglichkeiten, der Reichweite und der Wirkungen des menschlichen Handelns, alle diese Entwicklungen stellen uns die Aufgabe, die ethischen Normen der Bibel ebenso wie der kirchlichen und theologischen Überlieferung so in die heutige Situation und die heutige Wirklichkeit hinein zu übertragen, daß angesichts der neuen Fragen auf die alten, heute nicht mehr passenden Antworten neue gegeben werden.

Ein Beispiel: Der sogenannte „Herrschaftsauftrag" Gottes in der priesterschriftlichen Schöpfungsgeschichte (Gen 1,26–28) hat geboten: Macht euch die Erde untertan und herrscht über die Tiere. Das war vor 2 500 Jahren unbedingt notwendig, denn der damalige Ackerbauer und Viehzüchter mußte lernen, diese Herrschaft auszuüben – im Gegensatz zum früheren Sammler und Jäger. Auch war es damals so, daß der Mensch durch die Natur bedroht wurde und *sich* schützen mußte. Heute dagegen ist es genau umgekehrt: Die Natur wird durch den Menschen bedroht, und dieser muß die Umwelt schützen. Darum kann der Herrschaftsauftrag nicht mehr in der bisherigen Auslegung gelten, vielmehr müssen wir einen neuen Sinn finden.

Ein zweites Beispiel aus demselben Zusammenhang, demselben Vers Gen 1,28: „Seid fruchtbar und mehret euch." Auch das war damals nötig, zumal für das Volk Israel in seiner besonderen geschichtlichen Situation, dem allein ja dieser Auftrag zunächst galt. Damals war Bevölkerungswachstum notwendig, damit das Volk Israel nicht zugrunde ging. Heute aber droht umgekehrt die Menschheit durch Überbevölkerung zugrunde zu gehen, heute sind Natur und Umwelt und damit die Zukunft der Erde durch die Bevölkerungsexplosion gefährdet, wird Gottes Schöpfung geschädigt. Das kann doch wohl nicht Gottes heutiger Wille sein?

Diese schwierige hermeneutische Aufgabe der Vergegenwärtigung, der Aktualisierung der biblischen Ethik führt natürlich niemals zu eindeutigen, unumstrittenen Aussagen und ist daher Anlaß vieler kirchlicher und theologischer Auseinandersetzungen geworden. Von der Friedensfrage bis zur Gentechnologie, in der politischen wie in der medizinischen Ethik gibt es diametral entgegengesetzte Antworten auf die Frage, was gut und was böse ist, Antworten, die sich alle aber gleichermaßen auf die Bibel berufen. Auch die christliche Ethik ist also keine ein für allemal feststehende Größe. Auch sie befindet sich ständig im Wandel, steht in einer Entwicklung. Bibel und Theologie reden ja von

Wirklichkeiten, die in Evolution begriffen sind und sich wandeln, verändern, entwickeln: Die Welt, der Mensch, sein Denken und Handeln, aber auch sein Glaube und sein Gottesbild wandeln und entwickeln sich ebenso wie die Weisen der Offenbarung Gottes, da sich diese ja in der sich wandelnden Welt ereignet.

## Werden und Wandel Gottes

Gott selbst ist im Werden, Gott ist im Wandel, weil er nicht im „Himmel" blieb, sondern in diese Welt kam, selber Mensch, Natur, Materie wurde — weil er nicht isoliert und distanziert in sich und bei sich blieb, sondern sich entäußerte, sich offenbarte und sich der Welt hingab. Martin Luther betonte — etwa gegen Calvin — immer wieder, daß Gott ganz und gar Mensch geworden ist, daß wir ihn voll und ganz in Jesus erfahren und ihm nur in Jesus begegnen, daß er nicht sonst noch etwas Fernes und Unbekanntes ist. In Jesus haben wir den ganzen Gott, und nur in ihm haben wir Gott. Ja, Luther sagte sogar: „Außerhalb Jesu Gott suchen, ist der Teufel" — das heißt: nur in Jesus finde ich Gott, finde ich das Gute. Wo immer sonst ich hinschaue, die *Vernunft* zum Schluß zwingt, daß es — abgesehen von Jesus, dem Menschen — keinen Gott gibt: eine erstaunlich moderne Erkenntnis, sowohl über das Wesen Gottes als auch über Gut und Böse (Luther weiß, daß eine Theodizee unmöglich ist).

Indem Gott also ganz und gar Mensch geworden, in die Welt eingegangen ist, hat er selbst sich dem Wandel unterworfen, dem Werden, der Entwicklung, die Wesen dieser Welt und ihrer Materie ist. Gott hat sich, so beginnt der Christushymnus im Philipperbrief (Phil 2,5—11), seiner Gottheit entäußert und damit auch der Attribute der Gottheit wie Ewigkeit und Unveränderlichkeit. Das ist ja der Gegensatz des christlichen Glaubens zu allen anderen Religionen, daß für ihn der leidende und getötete Mensch Jesus die Offenbarung Gottes ist, eines Gottes, der in dieser Offenbarung nicht allmächtig, sondern ohnmächtig erscheint. Es ist also die Offenbarung nicht eines unveränderlichen Gottes, sondern eines Gottes, der sich bereits in Jesus radikal verändert hat.

## Vom Vater zum Evolutor

Den Gedanken der Entäußerung Gottes und — als äußerste Entäußerung — des Todes Gottes hatte schon Hegel in seiner Philosophie durchdacht, zugleich aber das göttliche Werden verstanden als die Entwicklung des Geistes auf uns hin und durch uns hindurch zur Vollendung, als den Prozeß der Vergeistigung und Vergöttlichung der Welt. Diese Vision des Deutschen Idealismus vereint sich mit der Evolutionstheorie in den Gedanken Teilhards de Chardin vom Werden und Wandel Gottes, von der Entwicklung der Welt auf Gott hin. So deutlich wie kein anderer spricht Teilhard von der Kosmogenese und Biogenese, die über die Noogenese, die Entwicklung des Geistes, hinführt zur Christogenese und Theogenese, der Entwicklung Christi und dem Werden Gottes. Mit der Welt und durch die Welt vollendet sich Gott auf das kosmische Omega hin, die gemeinsame Zukunft von Gott und Welt. Gott der Herr und der Vater wird für Teilhard zum Gott der Evolution, der Christus Redemptor zum Christus Evolutor, das Kreuz symbolisiert für ihn die Last einer Welt in Evolution, Christus trägt die Last des Fortschritts der Welt, der Christus Universalis erscheint auf dem Gipfel der Welt und vereint sich mit ihr im Punkt Omega, der kosmische Christus koinzidiert mit der zukünftigen Vollendung der Welt. Teilhard bringt das auf die Formel: Christus rettet die Evolution, und die Evolution rettet Christus.[2]

Das ist nicht nur ein anderes Gottes-*bild*, Gott selbst hat sich gewandelt vom Vater zum Evolutor, und Christus hat sich gewandelt vom Herrn und Erlöser zum Prinzip Omega. Die Evolution ist also Teilhards hermeneutisches Prinzip für die Christologie, das heißt: damit versucht er, Person und Werk Jesu Christi in unserer von der Naturwissenschaft als evolutionär erkannten Wirklichkeit neu zu verstehen, die Christus-Botschaft in die Sprache des evolutionären Weltbildes zu übersetzen. Er hat die Auffassung vieler Theologen unserer Zeit bereits vorweggenommen, daß die Heilstat Jesu Christi mit der antiken Rechts- und Opferkult-Terminologie des Paulus heute nicht mehr angemessen und verständlich beschrieben und gedeutet werden kann. Mit seiner evolutionären Christologie und seinem christologischen Evolutionismus will Teilhard den christlichen Glauben, der nach seiner Meinung heute unverständlich und unbefriedigend geworden ist, aus dem überholten Weltbild des statischen Kosmos übersetzen in dasjenige der Kosmogenese, des evolutiven Werdeprozesses. Auch Teilhard ist an dieser viel zu großen Aufgabe gescheitert, — aber weiter gekommen als er sind wir heute, fast 40 Jahre nach seinem Tod, immer noch nicht.

## Vom allmächtigen zum ohnmächtigen Gott

Doch ein so als Aufstieg und Vollendung des Geistes in der Welt verstandener Wandel, ein so vorgestelltes Werden Gottes widerspricht nach Hans Jonas unserer heutigen elementaren Grunderfahrung über Gott und den Menschen, die Jonas mit der Chiffre „Auschwitz"[3] bezeichnet, die bleibend gültig ist und auch durch aktuelle Namen wie Sarajevo oder Ruanda nicht ersetzt werden kann. Vom majestätischen Gang der Vernunft, vom Siegeszug des Geistes durch die Welt könne, meint Jonas, doch einfach nicht die Rede sein.

Solchen — wie Hans Jonas es nennt — „success stories vom Sein", solchen „hochherzig-optimistischen Konstruktionen", solchen „Erdichtungen der spekulativen Vernunft" „schlägt der kosmologische wie der anthropologische Befund, dem wir uns nicht verschließen dürfen, ins Gesicht". „Der Weltbefund", so Jonas, widerlege alle Prozeßdenker von Leibniz über Hegel bis zu Teilhard und Whitehead, die das „göttliche Wagnis mit der Schöpfung" gründlich verkennen.[4] Mit anderen Worten: schön wär's, aber leider entspricht die Wirklichkeit nicht diesen gedanklichen Konstruktionen und Spekulationen.

Zwar spricht gerade auch Hans Jonas vom Wandel und Werden Gottes, aber die göttliche Entwicklung ist für ihn eben kein unaufhörlicher Aufstieg in die Höhen des Geistes. Entäußerung Gottes ist für Jonas Machtentsagung Gottes, seine Wandlung vom allmächtigen zum ohnmächtigen Gott, der mit den Menschen leidet und mit dem der Mensch leidet. Angesichts von Auschwitz kann Gott nicht uns helfen, sondern wir müssen Gott helfen, meint Jonas.[5]

Das, was die Offenbarung Gottes in Jesus gezeigt hat, dieses Ohnmächtigwerden, Leiden und Sterben Gottes, dieses Hineingerissenwerden in den Wandel der Welt, ereignet sich nun gerade durch den heutigen Wandel der Welt, durch ihre Entwicklung, ihre Evolution. Dieser Prozeß ist in Jesus vorweggenommen worden.

So wiederholt sich in der Begegnung Gottes mit der Entwicklung unserer Welt das, was sich in Jesus ereignet hat: Gott wird ohnmächtig, er leidet und stirbt. Auf seine Weise hat bereits Hegel das mit seinen Gedanken über den Tod Gottes beschrieben. Aber daß die Ohnmacht Gottes christologisch zu verstehen ist, das heißt, daß sie der Offenbarung Gottes in Jesus entspricht, zeigt: diese neuzeitliche Entwicklung ist gerade kein Abfall von Gott, sondern eben Gottes eigenes Handeln, Gottes eigene Wandlung; und sie ist nicht Zeichen für einen Verlust des Glaubens, vielmehr ist sie diesem Glauben angemessen.

## Gott bleibt derselbe nur dann, wenn er sich wandelt

Ist Gott im Wandel? Wenn Gott auch heute noch unser Gott ist, und das glauben wir, dann hat Gott sich zusammen mit seiner Welt, seiner Schöpfung und seinen Geschöpfen entwickelt und gewandelt. Das Buch Exodus berichtet vom Zug des Volkes Israel durch die Wüste: „Der Herr zog vor ihnen her [...]. Nie wich die Wolkensäule am Tage und nie die Feuersäule bei Nacht von der Spitze des Zuges" (Ex 13, 21 f.). So zieht Gott auch durch die Geschichte an der Spitze der Entwicklung, er blieb nicht vor zwei Jahrtausenden stehen, sondern ist uns immer voraus im Wandel der Welt. Er zeigt sich — auch das lehrt diese Geschichte in ihren eindrucksvollen Bildern — an der Spitze *dieser* Weltwirklichkeit, er spricht nicht nur aus einem fernen Himmel heraus, sondern wandelt sich in ein Element dieser Welt, in Feuer und Rauch. So wie Mose und sein Volk Gott auf der Wanderung durch die Wüste folgten, so muß unser theologisches Gottesbild dem Wandel Gottes im Werden der Welt folgen.

Wir brauchen ein Wort Gottes mit Antworten auf unsere heutigen Fragen, die ganz andere als die damaligen sind. Das meinte schon Lessing mit seinem Wort vom „garstigen breiten Graben" zwischen der Bibel und seiner Zeit. Dieser Graben aber ist in den letzten zweihundert Jahren noch breiter, noch garstiger geworden. Wörtliches Verständnis der biblischen Aussagen in den Kategorien des vergangenen antiken Weltbildes führt gerade zu ihrem Mißverständnis, weil wir eben keine antiken Menschen mehr sind. Und umgekehrt sagen die Texte dasselbe, was sie damals meinten, nur dann, wenn wir es anders sagen. Gott bleibt derselbe nur dann, wenn er sich wandelt.

Kann nun die Evolutionäre Ethik helfen bei der Lösung dieser Aufgabe, die uns durch die Evolution gestellt ist, der Aufgabe einer Aktualisierung der traditionellen Ethik, die zugleich wandelbar und unwandelbar, zugleich variabel und invariabel ist, weil die moralischen Normen einerseits als Gebote Gottes in ihrer Intention dieselben bleiben, aber in unserer sich unablässig wandelnden Welt, in einer neuen Zeit eine ganz andere konkrete Gestalt bekommen müssen?

Diese Frage zu beantworten, könnte erleichtert werden durch einen Blick zurück auf bekannte Beispiele christlich geprägter Ethik, die in ihrer Art bereits Vorformen oder Formen evolutionärer Ethik waren.

## Die idealistische Ethik der Entwicklung

### Das Böse dient dem Guten der Entwicklung

Ein ethisches Phänomen, nämlich der Sündenfall, den er jedoch gerade nicht als Fall versteht, ist für Friedrich Schiller[6] der Motor der Entwicklung der Menschengesellschaft, und diese Evolution macht den Menschen erst zu einem ethisch denkenden und handelnden Wesen. Bereits bei Schiller ist die Ethik also evolutionär begründet — wenn auch nicht durch eine biologische, sondern durch eine geistige und kulturelle Entwicklung.

Nach Schiller wird der Mensch durch den Sündenfall „aus einem Sklaven des Naturtriebs ein frei handelndes Geschöpf, aus einem Automat ein sittliches Wesen, und mit diesem Schritt trat er zuerst auf die Leiter, die ihn nach Verlauf von vielen Jahrtausenden zur Selbstherrschaft führen wird". „Dieser Abfall des Menschen vom Instinkt, der das moralische Übel zwar in die Schöpfung brachte, aber nur um das moralische Gute darin möglich zu machen, ist ohne Widerspruch die glücklichste und größte Begebenheit in der Menschengeschichte; von diesem Augenblick her schreibt sich seine Freiheit, hier wurde zu seiner Moralität der erste [...] Grundstein gelegt", weil der Mensch sich „auf den gefährlichen Weg zur moralischen Freiheit" machte. Die geistige Evolution, die

Entwicklung zur Freiheit und Selbstbestimmung, zur Mündigkeit und Autonomie, also zum ethischen Bewußtsein, zur Verantwortungsfähigkeit, wird nach Schiller ermöglicht durch die mythische erste ethische Entscheidung des Menschengeschlechts. Das Böse dient hier zum Guten der Evolution, das Böse ermöglicht das Gute, ist Voraussetzung des Guten. Das Böse ist also gut, die Ethik wird um ihrer selbst willen auf den Kopf gestellt.

Den idealistischen Gedanken Schillers — Hegel denkt ähnlich — von der konstitutiven Rolle des Bösen für die Entwicklung der Menschheit überträgt der Tiefenpsychologe C. G. Jung auf die individuelle Entwicklung. Der Sündenfall ist auch für ihn ein Bild für die Bewußtwerdung und die Selbstfindung des Menschen. Das Böse ist notwendig für seine Selbsterkenntnis und Selbstentfaltung. Ebenso wie in der Geschichte der Menschwerdung muß in der Selbstwerdung des Individuums ein „Sündenfall" am Anfang der Entwicklung stehen.[7] Auch bei C. G. Jung ist das Böse also gut.

Bereits die idealistische Ethik ist eine evolutionäre Ethik: denn die ethische Entscheidung zwischen Gut und Böse ist hier Voraussetzung und Bedingung der Evolution, der gesellschaftlich-kulturellen wie auch der individuellen Entwicklung.

Es hat schon in der alten christlichen Theologie manche Versuche gegeben, das Böse nicht als absoluten, sondern lediglich als dialektischen Gegenpol des Guten zu sehen, ja als logisch und geschichtlich notwendig, damit das Gute gut sei. Es ist der Grundgedanke einer „felix culpa", der „glücklichen Schuld", der von der alten christlichen Theologie bis hin zur atheistischen Philosophie etwa Jean Paul Sartres vielfältig variiert wurde. Die Schuld des Sündenfalls galt im altkirchlichen Hymnus als glücklich, weil ohne sie die Erlösung durch Jesus Christus nicht notwendig gewesen wäre, weil wir das Gute der göttlichen Gnade also gleichsam dem Bösen des Menschen zu verdanken haben.

Anders ist es, wenn dasjenige, was durch das Böse provoziert wurde, nicht mehr die göttliche Gnade, sondern, wie bei Schiller, die menschliche Freiheit wäre oder der gesellschaftliche Fortschritt. Könnte dann das Böse nicht mit dem Guten so harmonisiert werden, daß es für das Gute notwendig wäre? Im Deutschen Idealismus — wie wir am Beispiel Schillers gesehen haben — wurde der Mythos vom Sündenfall, vom Eintritt des Bösen in die Geschichte nicht mehr als Symbol für einen Fall, sondern für einen Aufstieg, für eine Aufwärtsentwicklung, nicht mehr für den Verlust, sondern für den Gewinn der Freiheit, nicht mehr für die Selbstverfehlung, sondern für die Selbstfindung und Selbstkonstituierung des Menschen, als Symbol für die Ausbildung seiner Identität verstanden.

## Es ist nichts Gutes am Bösen

Als idealistische ist diese Form evolutionärer Ethik im weiteren, zumindest im historischen, Sinne zwar eine christliche Ethik. Aber ihre Tendenz steht im ausgesprochenen Gegensatz zur christlichen Ethik, wenn sie die böse Tat als konstitutiv für die sittliche Entwicklung betrachtet: Erst die Möglichkeit des Bösen verhilft hier dem Menschen zu seiner Freiheit und Selbstbestimmung, während ihn der Gehorsam gegen Gottes Gebote unfrei und unmündig macht. Das Böse wird

hier als notwendig angesehen für die Menschwerdung des Menschen: Das Böse hat also auch sein Gutes, es ist etwas Gutes am Bösen, wenn dieses als notwendiges Durchgangsstadium einer Evolution zum Besseren hin verstanden wird. Indem hier das Böse als gut verstanden wird, wird es unerträglich verharmlost und seine noch von Kant gesehene „Radikalität" geleugnet. Die teleologische, evolutionäre Sinngebung des Bösen rechtfertigt dieses nicht nur, sondern kann es sogar verklären und verherrlichen. In diesem idealistischen Sinne kann die christliche Ethik also keine evolutionäre Ethik sein. Doch selbst die Verharmlosung des Bösen als Durchgangsstadium einer Evolution zum Besseren hin steht im Gegensatz zur christlichen Ethik,[8] die den „Sündenfall" zwar natürlich nicht historisch, sondern als Symbol versteht, als einen Mythos, der eine Wirklichkeit, nämlich die Realität des Bösen, bildhaft zum Ausdruck bringt.

## Die evolutionäre Ethik Teilhards de Chardin

### Moral als Ziel der Evolution — Evolution als Ziel der Ethik

Eine ähnliche evolutionäre Relativierung des Bösen wie im Idealismus finden wir bei Pierre Teilhard de Chardin in diesem Jahrhundert. Wenn Gott, so schreibt er, den Menschen auf einem langen Weg durch die Evolution erschaffen hat, „dann ist das Böse ein unvermeidliches Nebenprodukt". Der Erfolg des Evolutionsprozesses müsse „mit einem gewissen Prozentsatz von Abfall bezahlt werden".[9] Der Kosmos zieht das Böse, meint Teilhard, „notwendig im Kielwasser seiner Evolution nach sich".[10] Leid und Sünde versteht Teilhard „als Bedingung und Preis für die Evolution", als „die unvermeidliche Kehrseite" des Entwicklungsprozesses.[11] Mit derselben Argumentation sollen wir heute ja die verhängnisvollen Technikfolgen in Kauf nehmen, indem wir sie als Bedingung und Preis für den Nutzen des technischen Fortschritts betrachten.

Hier ist das Böse zwar nicht nur vorübergehendes Durchgangsstadium, sondern bleibendes Nebenprodukt und ständige Kehrseite — wird aber als solche eben doch als unvermeidlich gebilligt. Nun hat der Fortschrittsoptimismus bis vor wenigen Jahren ja schädliche Abfälle und Nebenprodukte allgemein in Kauf genommen, und niemanden hat das gestört, bis wir merkten, daß diese Abfälle und Nebenprodukte den Fortschritt zunichte machen. Und was bei Müll, $CO_2$ und FCKW der Fall ist, das gilt auch beim Bösen schlechthin: dasjenige Gute, für das der Preis des Bösen bezahlt wurde, ist nichts wert. Denn der Preis ist zu hoch. Wenn eine Ethik in diesem Sinne evolutionäre Ethik ist, daß die Evolution zum Guten hin nur durch das Böse möglich ist oder das Böse notwendigerweise mit sich bringt, wenn also das Böse evolutionär gerechtfertigt wird als notwendig für die Entwicklung des Guten — dann steht eine so verstandene evolutionäre Ethik tatsächlich im Gegensatz zur christlichen Ethik. Und wenn Teilhard schreibt, daß die „Evolution sich versittlicht",[12] wenn nach seiner Meinung die biologische Evolution in der Versittlichung kulminiert, die für ihn gleichbedeutend mit der geistigen Evolution ist, so ist das ein schöner Traum, aus dem wir mittlerweile schmerzhaft erwacht sind.

Jedenfalls gehört für Teilhard die Ethik zur Evolution. Der Leitsatz seiner evolutionären Ethik ist: „Gut ist [...] alles, was auf der Erde einen geistigen Zuwachs verschafft [...], *das Beste*, was den geistigen Kräften der Erde ihre höchste Entwicklung gewährleistet." *Gut* ist also — die Evolution! Ja, Evolution und Ethik sind für Teilhard so eng verbunden, daß man nach seiner Meinung „keine grundlegende Unterscheidung zwischen dem Physischen und dem Moralischen treffen" kann.[13]

Diese „Physiko-Moral", wie Teilhard sie hier nennt, war nun wirklich schon eine evolutionäre Ethik: Ziel der Evolution sind Moral und Sittlichkeit, und andererseits ist Ziel der Ethik die Evolution. Moral und Sittlichkeit werden evolutionär verstanden, die Evolution wiederum versittlicht. Und diese Vergeistigung und Versittlichung der physisch-biologischen Evolution sind bei Teilhard ja nur eine Zwischenstufe auf dem Wege zum letzten Ziel der Evolution, zu Christus-Omega, zu Gott. Christlicher könnte diese evolutionäre Ethik also gar nicht sein.

## Nicht alles ist gut, was der Evolution dient

Und doch: diese evolutionäre Moral und moralisierte Evolution stellen angesichts unserer Wirklichkeit entweder die Ethik oder die Evolution in Frage — oder aber beides zugleich. Entweder die Evolution ist vor ihrer höheren Stufe der Versittlichung steckengeblieben, also die Evolution wird durch die unethische Wirklichkeit in Frage gestellt — oder aber die Ethik wird durch eine amoralische Evolution in Frage gestellt, sie ist machtlos gegenüber der gesellschaftlichen und technischen

Entwicklung. Der religiös-sittliche Fortschrittsoptimismus, wie wir ihn aus dem 19. Jahrhundert kennen und in einer späten Blüte auch bei Teilhard noch finden, hat sich als fromme Illusion erwiesen. Evolution und Ethik können nicht so zu einer evolutionären Ethik verbunden werden, daß eine ständige Höherentwicklung der Moral und Sittlichkeit behauptet wird. Offenbar kommt das Reich Gottes nicht, wie Teilhard meint, durch eine Evolution der Moral, — sonst müßten wir angesichts unserer Wirklichkeit den Glauben daran verlieren und die Hoffnung darauf begraben. Schön wäre es, wenn — wie Teilhard es einmal ausdrückt — der technische Fortschritt wenigstens „mit Fransen sittlichen Fortschritts" besetzt wäre[14], — doch leider ist es offenbar nicht so. Unsere gegenwärtige Krise der Ethik von der Politik bis zur Umwelt spricht gegen solchen ethischen Optimismus.

Evolutionäre Ethik als Lehre von der Evolution ethischen Verhaltens und von der Versittlichung der Evolution steht zwar nicht im Gegensatz zum christlichen Glauben. Denn dieser hofft selbstverständlich, daß das Gute sich entwickelt, sich durchsetzt und immer mächtiger wird. Diese Evolution der Menschheit zum Besseren hin muß auch das Ziel christlicher Ethik sein. Aber diese Hoffnung kann nicht auf einer Ebene mit der naturwissenschaftlichen Feststellung einer biologisch-anthropologischen Evolution stehen und mit derselben Gewißheit konstatiert werden. Die *Hoffnung* der christlichen Ethik ist nicht — wie bei Teilhard — das *Gesetz* einer Physiko-Moral, und sie kann nicht wie dieses durch die unmoralische Wirklichkeit falsifiziert werden. Wenn Ethik, wie bei Teilhard, in dem Sinne evolu-

tionär ist, daß sie das Gute in der Entwicklung der geistigen und sittlichen Kräfte sieht, dann kann sie christlich verstanden nur Ausdruck des Glaubens und der Hoffnung sein und keine den Naturgesetzen gehorchende „Physiko-Moral".

So unterschiedlich die Formen der evolutionären Ethik vom Idealismus des späten 18. Jahrhunderts bis hin zu Teilhard im 20. Jahrhundert auch waren — ein Grundzug ist ihnen gemeinsam: Evolutionär war ihre Ethik in dem Sinne, daß einerseits die Evolution sich versittlicht und daß andererseits die Moral und damit die Ethik sich in Evolution befinden. Die Evolution bedarf also der Ethik, und die Ethik richtet sich auf die Evolution, zielt auf die Evolution hin. Als gut wird verstanden, was der Evolution dient, und als böse das, was die Entwicklung hemmt. Bei Teilhard ist es sogar die physisch-biologische Evolution, die auf diese Weise moralisiert und ethisiert wird. Aber gerade damit stößt er an die Grenzen der idealistisch-evolutionären Ethik, der er noch verhaftet ist. Und vom Standpunkt der christlichen Ethik aus müssen wir fragen: Ist wirklich alles gut und sinnvoll, was der Evolution dient — und ist denn jede Entwicklung gut? Von vielen wissenschaftlichen und technischen, gesellschaftlichen und kulturellen Entwicklungen können wir das leider nicht sagen.

## Die biologisch-anthropologische Evolutionäre Ethik

### Ihre Nähe zur christlichen Ethik

*„Biologie der Zehn Gebote"*

Einen letzten Rest dieser Moralisierung der Evolution finden wir sogar noch beim Begründer der neueren Evolutionären Ethik im engeren Sinne, bei Konrad Lorenz mit dem Gedanken des „moral-analogen Verhaltens" der Tiere.[15] Auch der Lorenz-Schüler und -Nachfolger Wolfgang Wickler sprach noch 1971 in seiner „Biologie der Zehn Gebote" ganz im Sinne von Konrad Lorenz vom „moral-analogen" Verhalten der Tiere, etwa von Ehrlichkeit, Respekt vor Besitz, Hilfsbereitschaft gegenüber Schwächeren, Achtung vor Älteren, Verzicht, Selbstaufopferung, also Altruismus — als wenn es auch bei Tieren diese Gebote gäbe: Du sollst nicht töten, nicht lügen, nicht stehlen, nicht ehebrechen, du sollst das Alter ehren.

Auch hier wird die Evolution moralisiert, werden die natürlichen Verhaltensweisen, die sich in der Evolution herausgebildet haben, mit ethischen Kategorien gedeutet. Doch nicht das egoistische Verhalten, nicht das Recht des Stärkeren werden hier unter Berufung auf die Natur zur Norm erhoben, sondern genau im Gegenteil wird der egoistische Mensch beschämt durch die altruistische Natur-„Moral" der Tiere: Der Mensch erscheint böse, das Tier aber gut.

Eine solche Evolutionäre Ethik steht gewiß nicht im Gegensatz zur christlichen Ethik. Im Gegenteil: die göttlichen Gebote würden ja gerechtfertigt, wenn sie schon in der Natur von den Tieren befolgt werden. Und jede Behauptung, die christliche Ethik wäre naturwidrig, könnte damit widerlegt werden. Denn die Evolutionäre Ethik würde die christliche Ethik damit bestätigen.

Aber — so der Anthropologe Christian Vogel — „diese Vorstellung von einer natürlichen art- und gemeinschaftsdienlichen Selbstlosigkeit ist von der modernen Evolutionsbiologie [...] aus den Angeln gehoben worden. Damit ist hoffentlich der Natur die ihr fälschlich auferlegte ‚ideologische Bürde', dem Menschen als ethische Richtschnur dienen zu können, endgültig genommen".[16] Und die christliche Ethik — so ergänzt der Theologe den Anthropologen — kann leichten Herzens auf die angebliche biologische Unterstützung der Zehn Gebote verzichten. Es wäre für sie verhängnisvoll, sich in diesem, für sie vielleicht nützlichen Sinne auf die Natur zu berufen und auch so dem „naturalistischen Fehlschluß" vom Sein auf das Sollen zu verfallen.

### Die Natur ist kein Vorbild

Denn auch beim entgegengesetzten neueren Verständnis des natürlichen Verhaltens der Tiere als aggressiv, eigennützig und somit un- oder amoralisch stellt kein Vertreter der Evolutionären Ethik die Natur als Vorbild hin oder läßt sie die Norm setzen; keiner schließt vom Sein auf das Sollen. Im Gegenteil, dieser sogenannte „naturalistische Fehlschluß" wird von allen entschieden abgelehnt. Die Natur darf uns in keinem Falle als sittliches Vorbild für unser menschliches Handeln dienen. Wenn das geschähe, würde das natürliche, wertneutrale „sogenannte Böse" (Konrad Lorenz[17]) der Tiere in der menschlichen Gesellschaft zum

„eigentlichen Bösen", zum „wirklichen Bösen"[18] werden. Denn — so der Biologe Hans Mohr — „die Gene, die wir im Pleistozän erworben haben, bilden kein Alibi für Barbarei, nicht einmal einen Anlaß für mildernde Umstände. Wer Freiheit in Anspruch nimmt, *muß* sich die moralische Kraft zutrauen, die genetischen Determinanten seines Verhaltens durch eine wertorientierte, kultivierte Disziplin zu bändigen". Mohr vertraut also auf die „mit Sittlichkeit verbundene Freiheit" des Menschen.[19] Den „naturalistischen Fehlschluß" lehnen die Biologen und Anthropologen ebenso entschieden ab wie die christlichen Theologen.

Die Evolutionäre Ethik rechtfertigt das Böse also ebensowenig wie die christliche. Sie erlaubt keineswegs, daß der Mensch sich für seine Aggressionen auf seine genetischen Determinanten beruft, daß er seinen Egoismus mit seinen „egoistischen Genen"[20] entschuldigt. Aber die Evolutionäre Ethik gibt eine natürliche Erklärung für diejenige Tatsache, die Paulus im Römerbrief (7,19) so ausdrückt: „Das Gute, das ich will, das tue ich nicht; sondern das Böse, das ich nicht will, das tue ich." Ist die Macht des Bösen, von der Paulus, Luther und Kant so eindrücklich sprechen, etwa die Evolution?

### *„Erbsünde" und „Unfreiheit des Willens"*

Mit ihrem Hinweis auf die genetischen Determinanten, auf das stammesgeschichtliche Erbe *erklärt* die Evolutionäre Ethik das Böse, das wir tun, aber sie rechtfertigt es keineswegs. So ist sie — theologisch betrachtet — zunächst einmal ein wichtiger Beitrag zum Sündenverständnis, also zur Beschreibung dessen, was den Menschen daran *hindert*, Gottes Gebote zu erfül-

len und das Gute zu tun. Mohrs Frage ist berechtigt: „Verbirgt sich hinter der Metapher von der Erbsünde ein biologisches Erbe?"[21]

In der Neuzeit hat die christliche Theologie sich des Erbsündendogmas vielfach geschämt. Vor allem der Gedanke des „Erbes" war ihr peinlich, weil ein biologisches Verständnis der Sünde undenkbar schien. Doch gerade diese biologische Sicht des Bösen wird aktualisiert und konkretisiert durch die Konzeption vom evolutionären, biologischen, genetischen Erbe, und die Ehrenrettung des alten Dogmas kommt ausgerechnet von der Biologie. Denn ist der viel kritisierte Begriff der Erbsünde wirklich so schlecht, wenn die Evolutionäre Ethik vom biologischen, vom stammesgeschichtlichen Erbe, wenn sie von der „Moral unserer Gene", von der „evolutionären Mitgift" spricht und das Böse auf unsere Gene zurückführt?[22] Ganz sicher sind mit dieser biologischen, genetischen Deutung nicht die Fülle und die Tiefe der Phänomene des Bösen und der Sünde erklärt, aber die Ethologie hilft damit zu verstehen, was den Forderungen der Ethik entgegensteht.

Neben dem Gedanken der Erbsünde sind nur wenige theologische Sätze in der Neuzeit so entschieden abgelehnt worden wie Luthers These in seiner Schrift über den „unfreien Willen", daß der Mensch hinsichtlich der Entscheidung zwischen Gut und Böse keinen freien Willen habe, sondern von Gott oder dem Teufel geritten werde.[23] Denn die Willensfreiheit gehört zu den entscheidenden Postulaten des Humanismus und Idealismus. Aber nun schreibt Gerhard Vollmer: „Für eine Evolutionäre Ethik gibt es [...] keine Willensfreiheit im traditionellen Sinne." Denn der Mensch könne ja nicht gegen seine Gene handeln. Wir können nur − und sollen natürlich − „den Spielraum, den uns die Gene lassen, anders und nach Möglichkeit besser nützen als bisher." Aber die Evolutionäre Ethik wird, so Vollmer, nicht von der „Illusion einer Willensfreiheit im traditionellen Sinne" ausgehen.[24]

Daß die Leugnung des freien Willens gerade von der Philosophie unterstützt wird, die jahrhundertelang ihr schärfster Widersacher in dieser Fage war, hätte Luther sich wohl nicht träumen lassen. Die beiden alten theologischen Lehren von der Erbsünde und von der Unfreiheit des Willens werden von der Evolutionären Ethik auf überraschende Weise rehabilitiert. Was aber in der Theologie schwer verständliche Dogmen und Lehren waren, die zu beschreiben suchten, warum der Mensch es nicht fertigbringt, das Gute zu tun und das Böse zu lassen, − dafür bietet die Evolutionäre Ethik heute eine plausible naturwissenschaftliche Erklärung und eine philosophische Begründung an.

## Die Evolutionäre Ethik erklärt nur das Böse, nicht aber das Gute

Doch davon abgesehen kann die theologische sich nicht auf die Evolutionäre Ethik berufen. Nach der neueren Anthropologie und Verhaltensforschung gibt es in der Natur nur „Schein-Moral",[25] Schein-Altruismus, keine Nächstenliebe und erst recht keine Feindesliebe. Aggressionen und Eigennutz sind unser „stammesgeschichtliches Erbe". Das Böse stammt aus unserer Evolutionsgeschichte, es ist unser „biologisches Erbe", unsere „evolutionäre Mitgift".[26] In dieser evo-

lutionären Sicht wäre das Böse also natürlich, das Gute aber unnatürlich.

Wolfgang Wicklers beide Buchtitel von 1971 und 1977 markieren die verschiedenen Aspekte: Gibt es in der Natur die „Biologie der Zehn Gebote", wie Wickler es unter der Voraussetzung „moral-analogen" Verhaltens meinte, oder herrscht vielmehr das − so sechs Jahre später − „Prinzip Eigennutz"?[27] Wenn es aber in der Natur doch Altruismus geben sollte, so nur innerhalb der Verwandtschaft und Kleingruppe. Selbst wenn wir also in der Natur „Nächstenliebe" finden sollten − was umstritten ist −, so doch keinesfalls Fernsten- und Feindesliebe. „Die Proklamation allgemein-verbindlicher Menschenrechte, einer alle Völker und Rassen überspannenden ‚Gleichheit' und ‚Brüderlichkeit' ist also zumindest ziemlich ‚naturfern'" (Christian Vogel[28]).

Das hieße dann also: „Naturgemäß" − wohlgemerkt in Anführungszeichen − wäre in der Tat das Verhalten der Skinheads gegenüber Asylanten; es wäre „natürlich" für uns Deutsche, uns von allen Ausländern abzugrenzen und uns gegen sie zur Wehr zu setzen. „Natürlich" wäre der Kampf der Serben und Bosnier gegeneinander, zumal die verschiedenen Volksgruppen ja auch noch jeweils andere Religionen haben. Wenn man − wie es heißt − „noch bei keinem Lebewesen Anzeichen für einen echten Altruismus gefunden hat, der sich ohne Diskriminierung auf die ganze Art [...] erstreckte",[29] dann würde es doch offenbar der Natur entsprechen, alles sogenannte „Artfremde" auszugrenzen oder gar auszurotten. Das heißt also: die Ethik fordert, *gegen* unsere Natur zu handeln. Sittliches Verhalten ist „unnatürlich". Denn unsere Natur unterstützt eher die „unmoralische Seite unserer Moral", meint die Verhaltensforschung wohl zu recht.[30] Ist das Böse in evolutionärer Sicht also „natürlich", das Gute aber unnatürlich, allenfalls „übernatürlich"?

Zwar haben wir — bei der Ablehnung des „naturalistischen Fehlschlusses" von Sein auf das Sollen, vom natürlichen auf das sittliche Verhalten — auch von der Evolutionären Ethik gehört: Die Natur sei kein Vorbild für unser Handeln. Aber *wo ist* dann das Vorbild? Die Natur schreibt uns unser Verhalten nicht vor, heißt es. Aber *wo finden* wir dann Vorschriften für unser Handeln? Offenbar nicht in der Evolutionären Ethik.

Denn Vogel etwa appelliert nur allgemein an die Verantwortung, die der Mensch, anders als das Tier, trage.[31] Und Mohr beruft sich auf die Vernunft: Wir sollen die „biologischen Determinanten unserer Neigungsstruktur bei unserem [...] Handeln durch Vernunft" modifizieren; unsere Vernunft und das Sittengesetz in uns sollen „die kognitiven und die moralischen Defizite unserer biologischen Natur [...] kompensieren".[32] Aber um darauf zu kommen, daß Vernunft und Moral die Lösung des ethischen Problems ermöglichen, daß es in der Ethik um Verantwortung geht, hätte man keine neue ethische Theorie zu proklamieren brauchen. Über Verantwortung, Vernunft und das Sittengesetz in uns haben wir in der älteren Philosophie bereits Überzeugenderes und Hilfreicheres erfahren als das, was diese Evolutionäre Ethik sagt.

Die Evolutionäre Ethik erklärt nur das Böse, nicht aber das Gute. Die Frage, warum es uns so schwer fällt, gut zu handeln, nicht egoistisch und nicht aggressiv zu sein, auch die Angehörigen anderer Völker und Religionen zu akzeptieren, ja zu lieben — also die Frage nach den Hemmnissen der Moral, gleichsam die negative Seite der Ethik: diese Frage wird von der Evolutionären Ethik einleuchtend beantwortet. Aber noch wesentlicher für eine Ethik ist, daß sie sagt, welches nun positiv die Normen und Werte sind, *wie* wir handeln und uns verhalten sollen. Die Frage nach dem *Bösen* wird beantwortet, aber nicht die wichtigere Frage, was das *Gute* sei und wie wir es tun können. *Warum* Häuser von Ausländern angezündet werden, ist relativ leicht zu erklären. Aber die schwierigere Frage, die keiner beantworten kann, ist: Wie können wir das Bewußtsein des Menschen so verändern, daß Gewalt und Fremdenfeindlichkeit vermieden werden?

Was das Gute ist und wie es getan werden kann, ist ja gerade die Frage, die uns in der gegenwärtigen Krise der Ethik auf den Nägeln brennt. Von der Antwort darauf hängt die Lösung unserer politischen und gesellschaftlichen Probleme ab. Doch hier läßt die Evolutionäre Ethik uns im Stich. Sie weist zwar auf die biologischen Grenzen hin, die einengen, die beschränken, was wir moralisch zu leisten imstande sind, und sie warnt vor ethischer *Überforderung*. Aber die Evolutionäre Ethik hat offenbar selber ihre Grenzen bei der Bestimmung der positiven sittlichen *Forderung*. Konkret: die Evolutionäre Ethik hilft uns etwa, das Verhalten der Rechtsradikalen gegenüber Ausländern zu *erklären* und zu *verstehen*. Aber hilft sie uns auch bei der Lösung des viel wichtigeren Problems, wie dieses Verhalten zu *ändern* ist?

Doch es ist ja gar kein unbewußtes Defizit, sondern programmatisch, wenn die Evolutionäre Ethik uns hier die Antwort auf unsere Frage nach den Normen und Werten schuldig bleibt. Wir erinnern uns: In der Evolutionären Ethik gibt es nur relative Begründungen, hypothetische Imperative, bedingte Anweisungen, Vergleiche von Werten; es gibt nur Normen, die einfach gesetzt werden und nicht begründet werden können. Aber wo sind denn wenigstens diese *bedingten* Anweisungen, diese *un*begründeten Normen? Wo finden wir Handlungsanweisungen, und seien es zeitbedingte und situationsgebundene Entscheidungshilfen? Wie hilft die Evolutionäre Ethik beim Handeln? Aber Vollmer schreibt ja auch: Es gibt keine Gebote, sondern nur Strategien.

## Kann die Evolutionäre Ethik die Krise der Ethik besser bewältigen als die christliche?

### „Langfristiges Eigeninteresse" als ethisches Prinzip

Unter diesen sogenannten Strategien, die in der Evolutionären Ethik an die Stelle der Normen und Gebote der traditionellen christlichen Ethik getreten sind, betont Vollmer besonders das Prinzip des langfristigen Eigeninteresses. Die Verhaltensforschung hat ja festgestellt, daß es in der Natur keinen echten Altruismus gäbe, höchstens „Schein-Altruismus", „reziproken Altruismus".[33] Und die Frage der Evolutionären Ethik ist dann: Sind die Menschen eigentlich zu uneigennützigem Handeln, zum Verzicht zugunsten anderer fähig? Prinzip jeder konventionellen Ethik ist ja der Altruismus, die Uneigennützigkeit: „Für das Wichtigste in der Ethik dürfte [...]

die Bereitschaft angesehen werden können, auf egoistisches Selbstinteresse zu verzichten."[34] Aus Verantwortung für die anderen soll ich nicht an mich, nicht an meinen Nutzen und nicht an meinen Genuß denken. Das fällt immer schwer, selbst wenn die anderen meine Aller*nächsten* sind. Ist dann aber altruistisches Verhalten, sind also Verzicht und Opfer zugunsten der räumlich und erst recht zeitlich Aller*fernsten* überhaupt möglich?

Nach den Auffassungen der Evolutionären Ethik ist moralisches Handeln nur aufgrund des „reziproken Altruismus" möglich, der auch als „langfristiger Egoismus" bezeichnet werden kann, als langfristiges Selbst- oder Eigeninteresse. „In einer realistischen und realisierbaren Ethik werden möglichst viele Normen über das langfristige Selbstinteresse begründet."[35] Ein wichtiges Charakteristikum der Evolutionären Ethik ist nach Vollmer, daß sie eine realistische Ethik sei. Es sei für eine Ethik aber unrealistisch, damit zu rechnen, daß der Mensch anders als eigennützig und zu seinem Vorteil handeln könne. Was Vollmer hier feststellt, gilt noch mehr als für die klassische Individualethik für die neuen Institutionenethiken wie etwa die Technik-, Wirtschafts- oder Umweltethik. In der Technik und der Ökonomie spielen die Wirtschaftlichkeit und die Effektivität eine entscheidende Rolle, es geht um Kosten und Nutzen, die Zahlen müssen stimmen, etwa bei der Frage nach den Kosten für die Energiegewinnung — Sonnenenergie ist teurer als Kernenergie. Hier scheint wirklich nur diejenige Ethik eine Chance zu haben, die auf Egoismus setzt statt auf Altruismus, die vom ethischen Subjekt nicht Verzicht auf Opfer fordert, sondern an sein

langfristiges Selbstinteresse und Eigeninteresse appelliert, an seine rationale, vernünftige Kalkulation, daß kooperatives Handeln sich langfristig besser auszahlt als vordergründig, kurzfristig egoistisches Verhalten: „Der wahre Egoist kooperiert."[36] Diese spieltheoretisch begründete Kooperationsethik, diese Begründung der Ethik nicht auf Selbstlosigkeit, sondern auf Selbstinteresse, basiert ja auf der Erwartung, daß ich das, was ich gebe, in absehbarer Zeit zurückerhalte, daß mein Verzicht mit einer Gegenleistung belohnt wird, daß mein Opfer sich eines Tages auszahlt, — daß der moralische Tauschhandel also funktioniert: wie ich dir, so du mir ...
Solche sogenannte Klugheitsmoral hat bereits in der Individualethik den Vorteil, daß sie den Menschen nicht überfordert, daß sie von ihm nicht das verlangt, was seinem Wesen zu widersprechen scheint: altruistisch, selbstlos zu handeln, nicht an sich selbst, sondern mehr an die anderen zu denken, zu seinen Gunsten Opfer zu bringen, nicht nur den Nächsten, sondern sogar — was die Evolutionäre Ethik für unmöglich hält — den Fernsten und den Feind zu lieben. Eine auf den langfristigen Egoismus gegründete Ethik ist vor allem für eine institutionelle Ethik wie die Umwelt-, die Technik- und die Wirtschaftsethik — wo Altruismus bei Institutionen noch weniger vorausgesetzt werden kann als bei Personen, wo Selbstlosigkeit bei der hochgradigen Indirektheit noch schwieriger ist als im unmittelbaren Verhältnis von Mensch zu Mensch — leichter zu verwirklichen ist als eine Ethik, die von uns fordert, nicht an uns selbst, sondern an den uns unbekannten Mitmenschen oder gar an Natur und Umwelt zu denken.

Ob der Mitmensch, dem ich etwas Gutes tue oder dem zuliebe ich auf etwas verzichte, sich dafür revanchiert, ist fraglich. Ob dem „barmherzigen Samariter" — demjenigen, der handelt wie in Jesu Gleichnis (Lk 10,29 ff.) —, wenn er selber einmal in einer Notlage ist, auch wieder geholfen wird, ist ungewiß. Es besteht kein zwingender Zusammenhang zwischen dem, was ich tue, und dem, was der andere tut: ob er — wie dieses Ethikmodell es fordert — kooperationsbereit ist oder nicht.
Bei den Folgen der Umweltbelastung und -zerstörung ist das anders: Es gibt berechenbare und empirisch nachweisbare Zusammenhänge zwischen den $CO_2$-Emissionen und dem Klima, zwischen dem Verbrauch von fossilen Energieträgern und der Bedrohung durch Naturkatastrophen, zwischen der Verwendung von FCKW und der Zerstörung der schützenden Ozonschicht, zwischen dem Gebrauch von Pestiziden und dem Zusammenbrechen des Ökosystems, dem Rückgang von Pflanzen- und Tierarten. Wenn also unser Umgang mit der Umwelt wie Ursache und Wirkung zusammenhängt mit dem, was menschliches und nichtmenschliches Leben bedroht, so hat umgekehrt auch unser umweltfreundliches ethisches Verhalten positive Folgen für die Natur, die sogar wissenschaftlich prognostizierbar sind. Nach der Theorie des langfristigen Selbstinteresses kommen sie uns selber zugute — zumindest aber der gegenwärtigen oder zukünftigen Menschheit insgesamt. Motiv für eine Ethik, die unsere Umwelt retten könnte, müßte also der langfristige Egoismus der gesamten Menschheit sein.[37]

## Die anthropozentrische Begrenztheit der Evolutionären Ethik

Mit der Zerstörung der Umwelt zerstört der Mensch seine eigene Lebensgrundlage, sägt er den Ast ab, auf dem er sitzt. Es ist also durchaus vernünftig, die Umwelt aus langfristigem Eigeninteresse zu schützen und dafür auch Opfer zu bringen. Denn diese kommen mir, meinen Mitmenschen oder zumindest meinen Nachkommen zugute. Der langfristige Egoismus ist sicher die einleuchtendste und zwingendste Begründung einer Umweltethik, aber ebenso einer Technik- oder Wirtschaftsethik. Und auch in der Politischen Ethik würde es nicht schaden, wenn der Egoismus unserer Politiker wenigstens etwas langfristiger, wenn ihr Eigeninteresse nicht gar so kurzsichtig wäre. Könnte die Evolutionäre Ethik also helfen, die gegenwärtige Krise der Ethik zu bewältigen?

Allerdings — wir kommen damit nicht über das anthropozentrische Verständnis des Umweltschutzes als Selbstschutz hinaus. Wir sind damit wieder auf die übliche Bezogenheit des Naturschutzes auf den Menschen zurückgefallen, von der sich sogar der Entwurf der „Staatszielbestimmung Umweltschutz" im Grundgesetz zu befreien versucht.[38] Der langfristige Egoismus ist kein Motiv dafür, die Natur als solche, die Umwelt um ihres Eigenwertes willen zu schützen.

Aber ist die Evolutionäre Ethik nicht über ihre Anthropozentrik hinaus sogar „egozentrisch", wenn sie keine moralischen Normen begründen kann und will, die etwas fordern, was mir auch langfristig nicht nützt? Dazu gehören Ansprüche und Interessen der Natur, die den Ansprüchen und Interessen der Menschen konträr entgegen-

stehen, oder auch die Fernsten- und die Feindesliebe. Nun ist die Ethik der Bergpredigt, in der Jesus die Feindesliebe fordert, zwar ein viel diskutierter Sonderfall innerhalb der christlichen Ethik. Und mit seiner Aufforderung „Liebe deinen Nächsten wie dich selbst" (3. Mose 19,18; Mk 12,31 par.) stellt Jesus ja nicht einmal den Altruismus über den Egoismus als Normenbegründung. Aber die Grenze der Evolutionären Ethik wird doch deutlich: Auch wenn dieser ethische Entwurf das Gute erklären und das Tun des Guten begründen kann, so ist es doch nur ein Gutes, das auch für mich selber gut ist oder zumindest in langfristiger Perspektive einmal gut sein wird. Insofern wird die Grenze der Soziobiologie und der Evolutionsbiologie, die feststellen, daß es in der Natur keine Fernsten- und Feindesliebe gibt, nicht überwunden. Verfällt die Evolutionäre Ethik hier nicht doch dem „naturalistischen Fehlschluß"? Die Evolutionäre Ethik bleibt zumindest bewußt innerhalb derjenigen Grenzen, die sie für realistisch hält, und die christliche Ethik wird eben als unrealistisch, als wirklichkeitsfremd und als utopisch abgetan.

Wenn wir aber die Natur um ihrer selbst willen, auch gegen unsere eigenen Interessen, bewahren wollen, dann können wir das natürlich nicht mit Eigeninteresse, nicht einmal mit langfristigem Egoismus begründen. Eine philosophische, rein rational begründete Ethik — wie sie in diesem Band von Günther Patzig und Gerhard Vollmer vertreten wird — kann der Natur grundsätzlich keinen Eigenwert, keinen Wert in sich zuerkennen. Sie muß anthropozentrisch bleiben. Und das ist die Grenze dieses an sich so einleuchtenden Konzeptes der Evolutionären Ethik.

## Die Rede vom „Wert", von den „Rechten" oder von der „Heiligung" der Natur

Der Natur einen eigenen Wert und deshalb eigene Rechte zuzugestehen, ist jedoch keineswegs unvernünftig und irrational. Wer den Wert und die Würde der Natur als Beziehung Gottes zu ihr beschreibt, der will damit zum Ausdruck bringen, daß die Umwelt nicht nur Welt um den Menschen herum, nicht nur auf ihn bezogen, sondern ein eigenständiger, autonomer Wert ist, ein Wert, der nicht Schöpfung des Menschen, sondern „Schöpfung Gottes" ist, also nicht durch Verfügbarkeit und Nutzbarkeit zu definieren ist.

In der christlichen Tradition finden sich alte Symbole, mit denen diese Beziehung Gottes zur Natur, diese Gegenwart Gottes in der Natur, also das den Menschen und seine Interessen Übersteigende und Umgreifende, in Bilder gefaßt wird: Gott ist als „Schöpfer" mit der Natur verbunden, weil er in ihr als Kraft des Werdens wirkt, als „Deus Evolutor" (Pierre Teilhard de Chardin); Gott ist „sakramental" — in den Symbolen elementarer natürlicher Dinge wie Wasser, Brot und Wein — in der Natur gegenwärtig, weil er kraft der Inkarnation in sie eingegangen ist, er ist „kosmischer Christus"; Gott zeigt sich schließlich als „Geist" in den geistigen Strukturen der Materie. Neben dieser dreifachen, „trinitarischen" Beziehung Gottes zur Natur kann man die Einheit von Gott und Natur auch pantheistisch oder panentheistisch beschreiben — Gott ist in der Natur oder die Natur ist in Gott —, man erinnert sich aber auch der Naturreligionen und dichtet indianische Naturfrömmigkeit nach. Alle diese Weisen, die Natur als „heilig" oder „geheiligt" zu verstehen, sind Versuche, das *Recht* der Natur zum Ausdruck zu bringen, ihr Recht unabhängig vom Menschen oder auch gegen ihn.

Wer zum Ausdruck bringen will, daß die Natur nicht nur um des Menschen willen, nicht nur als *seine* „Lebensgrundlage", Respekt, Bewahrung und Schutz verdient, kann sie auf das beziehen, was als Grundlage *allen* Lebens „Gott" genannt wird, kann sie als von Gott geschaffen, von Gott erlöst oder vom göttlichen Geist erfüllt bezeichnen — oder aber als selber göttlich; er kann die Natur als von Gott geheiligt oder aber als in sich heilig verstehen. Die pantheistische Vorstellung von der Heilig- oder gar Göttlichkeit der Natur selbst kann aber auch animistisch gedeutet werden, sie würde die Natur unantastbar machen, sie — als Gegenstand religiöser Verehrung — der Nutzung durch den Menschen völlig entziehen. Die durch Gott geschaffene und *geheiligte* Natur dagegen darf der Mensch nutzen, wenn auch nicht ausnützen und ausbeuten.

Der „Herrschaftsauftrag" Gottes, „Macht euch die Erde untertan" (1. Mose 1,28), setzt einerseits den Menschen als Repräsentanten Gottes („Bild Gottes", 1. Mose 1,27) gegenüber seiner Schöpfung ein und stellt sie ihm zur Verfügung. Das jüdisch-christliche Naturverständnis unterscheidet die Schöpfung von ihrem Schöpfer und stellt den Menschen über sie: die Umwelt ist also weltlich und nicht göttlich. Doch dieses säkulare Naturverständnis, das im Unterschied zum sakralen den naturwissenschaftlichen und technischen Umgang mit der Natur legitimiert und ermöglicht, darf nicht anthropozentrisch als

Freigabe einer Ausbeutung der Natur und nicht als Freibrief für einen rücksichtslosen Umgang mit der Umwelt verstanden werden. Denn als Verwalter hat der Mensch Verantwortung vor dem Schöpfer, und die ältere Schöpfungsgeschichte beschreibt die Schöpfung als einen „Garten", den der Mensch zwar „bebauen", aber auch „bewahren" soll (1. Mose 2,15).

Die biblische Überlieferung sieht die Natur und Umwelt als „Schöpfung Gottes", die Gott — nach der jüngeren Schöpfungsgeschichte 1. Mose 1 — für „gut" erachtet und „gesegnet", also geheiligt, und sodann dem Menschen zur treuen Verwaltung und Bewahrung anvertraut und seiner Verantwortung anempfohlen hat. Damit sagt sie in mythischer Sprache dasselbe, was wir heute so ausdrücken: Wir können der Natur Rechte im juristischen Sinne zuerkennen, weil sie von sich aus bereits moralische Rechte besitzt, einen eigenen Wert in sich hat. Wir brauchen die Natur zwar nicht — im animistischen oder pantheistischen Sinne — als in sich heilig religiös zu verehren, denn als Schöpfung ist sie für Christen nicht mit dem Schöpfer identisch, der sie vielmehr dem Menschen anvertraut hat. Naturwissenschaft und Technik und damit ein angemessener Gebrauch der Natur, eine begrenzte Belastung der Umwelt sind also auch religiös gerechtfertigt. Aber als von Gott gesegnete und geheiligte Schöpfung hat die Natur auch Rechte, die der Mensch respektieren muß, weil sie von Gott verliehen, das heißt vom Menschen und seinen Bedürfnissen unabhängig sind.

So bringt der biblische Schöpfungsglaube in mythischer Sprache die Erkenntnis zum Ausdruck, die in der gegenwärtigen Diskussion um die Umweltrechte sichtbar wird. Der Mensch muß der Natur Rechte verleihen, eben weil sie bereits eigene Rechte besitzt, — und er kann der Umwelt Rechte zuerkennen, weil sie immer schon einen Eigenwert hat.

## Christliche Ethik als evolutionäre Ethik

Abschließend stellen wir uns noch einmal die Frage: Sind Evolutionäre und christliche Ethik Gegensätze? Oder aber sind sie vereinbar? Kann die Evolutionäre Ethik der christlichen Ethik vielleicht sogar helfen, die Krise der Ethik zu bewältigen, die Menschen ehrlicher, die Welt gerechter und friedlicher zu machen?

Frühere Beispiele evolutionärer Ethik — bei Schiller und Teilhard de Chardin — haben uns gezeigt, daß es in der Geschichte der Ethik zwar keinen Gegensatz zwischen christlicher und evolutionärer Ethik gegeben hat, daß aber der Zusammenhang der Entwicklung, der Evolution mit dem Bösen und dem Guten nicht so einfach ist, wie es dort erscheint. Weder führt die Evolution grundsätzlich zum Guten hin, noch ist sie Inbegriff des Guten, und das Böse kann auch nicht so verharmlost werden, wie es in diesen evolutionären Ethiken geschehen ist.

Anders ist es bei den Biologen und Anthropologen der heutigen Evolutionären Ethik im engeren Sinne: Von ihnen wird das Böse ernstgenommen, wird es nicht *ver*klärt, sondern *er*klärt, und zwar evolutionär erklärt, ohne damit gerechtfertigt zu werden. Diese Ethik von Nichtchristen steht der christlichen Ethik näher als die frühere, sich christlich verstehende. Aber auch diese Ethik versagt dort, wo es um das Gute geht, wo Handlungsanweisungen, Entscheidungshilfen,

Richtungsanzeigen nötig wären. So eigenständig und fruchtbar die Evolutionäre Ethik bei der Erklärung des Bösen war — angefangen beim „sogenannten Bösen" von Konrad Lorenz —, so wenig originell ist sie dort, wo sie das Tun des Guten fordert: Hier werden nur bekannte Grundsätze älterer philosophischer Ethiken übernommen.

Sogenannte ethische „Strategien" wie der „langfristige Egoismus" können tatsächlich in bestimmten ethischen Situationen oder Konstellationen, etwa in der Umwelt- oder der Wirtschaftsethik, hilfreich sein und zum Tun des Guten dann beitragen, wenn es auch mir nützt, — aber dieses Ethik-Modell ist, wie wir sahen, „egozentrisch", sicher aber anthropozentrisch, wodurch es gerade bei der Umweltethik dann doch wieder versagt. Ausgerechnet bei einer *evolutionären* Ethik steht die Natur nicht im Mittelpunkt, hat sie keinen Eigenwert. Denn einen eigenen Wert kann die Natur nur haben, wenn sie als heilig verstanden, das heißt zu dem, was den Menschen übersteigt und übergreift — die Christen nennen es Gott — in Beziehung gesetzt wird.

Allerdings beansprucht auch die christliche Ethik, realistisch zu sein. In ihrer traditionellen Sprache klingt das so: Der Mensch ist Sünder und vom Bösen beherrscht. Aber trotzdem hält die christliche Ethik die Verwirlichung dessen, was Jesus vorgelebt hat, nicht für unmöglich und seine Gebote nicht für sinnlos. Diese Frage, welche Ethik realistisch ist, bezeichnet zweifellos einen Gegensatz zwischen Evolutionärer und christlicher Ethik.

Doch daß auch die christliche Ethik in einer in Evolution befindlichen Welt evolutionär sein muß, ist selbstverständlich, — sonst würde sie ja gerade dasjenige nicht leisten können, was Voraussetzung jeder Ethik ist, nämlich die evolutive Wirklichkeit erfassen und bestimmen. Denn auch die Offenbarung Gottes wandelt sich mit dem Denken und Handeln des Menschen, an den sie ergeht. Und in der immer neuen Auslegung der Bibel wandelt sich mit dem Verständnis Gottes auch dasjenige seiner Gebote.

Der Anspruch Gottes, der mich in einer bestimmten Situation trifft, ist zwar unbedingt verbindlich — unverbindlich kann dagegen dessen Ausdruck und Auslegung aus einer vergangenen Zeit und Welt sein, und gerade nur durch einen Wandel der Interpretation wird der Anspruch Gottes wieder verbindlich. Denselben Willen Gottes muß ich heute, in einer total veränderten Welt, in ganz anderer Weise erfüllen als vor 2000 Jahren. Dasselbe Wort Gottes klingt heute, in anderen Denkformen und anderen Sprachen, ganz anders als damals — und nur in dieser und durch diese Variabilität wird die Identität gewahrt. Auch wenn in der kirchlichen Tradition der Wille Gottes als ewig und unveränderlich gilt, unterliegen seine Gebote — da Gott sie durch Menschen erteilt — und der Gehorsam gegen seinen Willen der Entwicklung.

Das haben wir oben (im ersten Abschnitt) an den göttlichen Aufträgen in der Schöpfungsgeschichte gesehen. Auch die christliche ist daher evolutionäre Ethik. Das Ethik-Modell, das sich heute so nennt, erinnert daran, daß in einer Wirklichkeit, die durch die biologische, kulturelle und geistige Evolution bestimmt ist, auch Religion und Ethik der Evolution unterliegen und daher christliche Ethik nur als evolutionäre Ethik möglich ist. Auch

# Ethik muß immer wieder reformiert werden.

[1] *Vollmer, G.:* Über die Möglichkeit einer Evolutionären Ethik. In: Conceptus XX (1986), S. 66; ders.: Über die Chancen einer Evolutionären Ethik, oder: Wie man Türen zuschlägt. In: Conceptus XXI (1987), S. 90 f. − [2] *Teilhard de Chardin, P.:* Mein Glaube. Olten/Freiburg 1972. S. 186 (und an anderen Stellen). − [3] *Jonas, H.:* Der Gottesbegriff nach Auschwitz. Frankfurt a. M. 1987. S. 14; ders.: Materie, Geist und Schöpfung. Frankfurt a. M. 1988. S. 53, 55. − [4] *Jonas, H.:* Materie, Geist und Schöpfung (Anm. 3), S. 52 f., 54 f. − [5] Ebenda, S. 51, 56 ff., 60 f. − [6] *Schiller, F.:* Etwas über die erste Menschengesellschaft nach dem Leitfaden der mosaischen Urkunde. In: Schillers ausgewählte Werke, 10. Band, Stuttgart 1867. S. 314 f., 318. − [7] *Jung, C. G.:* Gesammelte Werke, Band 17. Olten/Freiburg 1972. S. 137, 209. − [8] Vgl. zu diesem Abschnitt ausführlicher vom Verf.: Hat das Böse auch sein Gutes? Philosophie, Anthropologie und Theologie über den Menschen zwischen Gott und dem Bösen. In: H. Siepmann/K. Spinner (Hrsg.): Elf Reden über das Böse. Bonn 1992. S. 27−44, bes. 31 ff.; vgl. auch: dens. in: EvKomm 4/1991, S. 194−197. − [9] *Teilhard de Chardin, P.:* Comment je vois. In: Les directions de l'avenir (Œuvres 11). Paris 1973. S. 212 f. − [10] Ders.: Der Mensch im Kosmos. München 1959. S. 310. − [11] Ders. Die menschliche Energie. Olten 1966. S. 287; ders.: Die Zukunft des Menschen. Olten 1963. S. 123. − [12] Ders.: Die Zukunft des Menschen (Anm. 11), S. 267. − [13] Ders.: Die menschliche Energie (Anm. 11), S. 143. 169. − [14] Ders. Die Zukunft des Menschen (Anm. 11), S. 267. − [15] *Lorenz, K.:* Moralanaloges Verhalten geselliger Tiere (1954); vgl. *Vogel, Ch.:* Gibt es eine natürliche Moral? Oder: Wie widernatürlich ist unsere Ethik? In: H. Meier (Hrsg.): Die Herausforderung der Evolutionsbiologie. München/Zürich 1988. S. 197: Lorenz betonte „die in seinen Augen analoge Funktion vieler instinktiver Antriebe und Hemmungen bei Tieren zur ‚rational-verantwortlichen Moral' des Menschen und sprach daher Tieren ‚moral-analoges' Verhalten zu". − [16] *Vogel, Ch.* (Anm. 15), S. 202. − [17] *Lorenz, K.:* Das sogenannte Böse. Zur Naturgeschichte der Aggression. Wien 1963, Taschenbuch München 1974. − [18] *Mohr, H.:* Natur und Moral. Ethik in der Biologie. Darmstadt 1987. S. 105; *Vogel, Ch.:* Vom Töten zum Mord. Das wirkliche Böse in der Evolutionsgeschichte. München/Wien 1989. S. 14. − [19] *Mohr, H.* (Anm. 18), S. 105. − [20] Vgl. *Dawkins, R.:* Das egoistische Gen. Berlin/Heidelberg/New York 1978. S. 23, 55, 79 usw. − [21] *Mohr, H.:* Evolutionäre Erkenntnistheorie, Ethik und Moral. In: R. Riedl/F. M. Wuketits (Hrsg.): Die Evolutionäre Erkenntnistheorie. Berlin/Hamburg 1987. S. 238; ders. (Anm. 18), S. 78. − [22] *Vogel, Ch.* (Anm. 19), S. 60, 98; *Mohr, H.* (Anm. 18), S. 78, 87; ders. in: R. Riedl/F. M.

Wuketits (Anm. 21), S. 238. − [23] *Luther, M.:* Vom unfreien Willen. In: Ausgewählte Werke. Hrsg. von H. H. Borcherdt und G. Merz. München 1954. S. 46 f. (= WA 18, 635). − [24] *Vollmer, G.* (Anm. 1) (1986), S. 66. − [25] *Vogel, Ch.* (Anm. 15), S. 208 ff. − [26] *Mohr, H.* in: R. Riedl/F. M. Wuketits (Anm. 21), S. 238. − [27] *Wickler, W.:* Die Biologie der Zehn Gebote. München 1971; *Wickler, W./Seibt, U.:* Das Prinzip Eigennutz. Ursachen und Konsequenzen sozialen Verhaltens. Hamburg 1977. − [28] *Vogel, Ch.* (Anm. 15), S. 213. − [29] *Alexander, R. D.* (1979/1983), zit. bei Mohr (Anm. 18), S. 244, bei Vogel (Anm. 18), S. 213. − [30] *Vogel, Ch.* (Anm. 18), S. 58. − [30] Ebenda. S. 127. − [32] *Mohr, H.* (Anm. 18), S. 245 f. − [33] *Vogel, Ch.* (Anm. 15), S. 208 f. S. 212. − [34] *Gatzemeier, M.* in: K. Henning/A. Bitzer (Hrsg.): Ethische Aspekte von Wirtschaft und Arbeit. Mannheim 1991. S. 64. − [35] *Vollmer, G.:* Vom Sein zum Sollen? Tagungspapier (1988). − [36] *Hofstadter, D. R.* (1983), zit. in: Ch. Vogel (Anm. 15), S. 208. − [37] Zu den Fragen dieses Abschnitts vgl. ausführlicher vom Verf.: Altruismus oder langfristiger Egoismus. Zur Frage der Begründung einer Ethik der Technik. In: Technik und Gesellschaft, RWTH Themen 1/92, Aachen 1992. S. 13 ff.; ders.: Wie ist die Technik zu verantworten? Altruismus und langfristiger Egoismus als Begründung einer Technik-Ethik, in: S. M. Daecke/K. Henning (Hrsg.): Verantwortung in der Technik. Ethische Aspekte der Ingenieurwissenschaften. Mannheim/Leipzig/Wien/Zürich 1993. S. 249−267; ders.: Eigeninteresse des Menschen − Eigenwert der Natur. In: UNIVERSITAS 2/1994. S. 133−145. − [38] Während frühere Entwürfe vom Schutz der „natürlichen Lebensgrundlagen des *Menschen*" sprachen, so heißt es im Vorschlag der Verfassungskommission, der am 2. Juli 1993 angenommen wurde: „Der Staat schützt in Verantwortung für die künftigen Generationen die natürlichen Lebensgrundlagen . . ." (vgl. vom Verf.: Eigeninteresse des Menschen − Eigenwert der Natur, s. Anm. 37).

# Stellungnahmen

*Gerhard Vollmer:*

Ich bewundere die Art, wie Sigurd Daecke die positiven Elemente der von ihm auch kritisch gesehenen Evolutionären Ethik herausarbeitet und miteinander und mit der christlichen Ethik in Verbindung bringt. Ich sehe es als einen Fortschritt in der ethischen Diskussion an, daß auch Theologen auf Letztbegründungen verzichten, soweit es eben geht. (Ganz darauf verzichten können sie natürlich nicht, da sie sonst den Beruf wechseln und Philosophen werden müßten.)

Wie steht es dann mit den drei Kritiken, die Daecke gegen die Evolutionäre Ethik vorbringt: Sie erkläre nur das Böse, *nicht das Gute;* im Hinblick auf das Tun des Guten habe sie *nur bekannte philosophische Grundsätze* übernommen; und sie sei *anthropozentrisch begrenzt* und deshalb weder bereit noch in der Lage, der Natur oder der Umwelt einen Eigenwert zuzuerkennen?

Nein, Evolution und Evolutionäre Ethik erklären nicht nur Böses, sondern auch Gutes. Das ist ja gerade das Verdienst der spieltheoretisch untermauerten Soziobiologie: Sie hat gezeigt, daß Kooperation und bestimmte Formen von Altruismus (gegenüber Verwandten und Freunden und gegenüber solchen, die man dafür hält) mit Gen-Egoismus sehr wohl vereinbar sind, bei sozial lebenden Tieren sogar daraus folgen. Was die Evolution tatsächlich nicht erklärt, sind Fernsten- und Feindesliebe. Aber gibt es die überhaupt? Es gibt nur die *Forderung,* den *Anspruch,* und diese kann man sehr wohl erklären, wenn auch nicht evolutionsbiologisch. Praktizierte Feindesliebe gibt es dagegen nicht; und was es nicht gibt, braucht man auch nicht zu erklären. (Diese Feststellung ist völlig unabhängig davon, ob wir das Gebot der Feindesliebe begrüßen oder nicht.)

Ja, im Hinblick auf die Forderung, Gutes zu tun, ist die Evolutionäre Ethik wenig originell. Warum? Sie ist erstens utilitaristisch, und es ist nützlich genug, Böses zu verhindern. Sie will zweitens realistisch sein und nichts Unmögliches oder Sinnloses

verlangen. (Und sie hält Feindesliebe für unmöglich, evolutionär instabile Strategien für sinnlos.) Und sie anerkennt drittens eine weitestgehende Ausdehnung von Sozialverhalten, Kooperation, Altruismus (notfalls „Altruismus" in Anführungszeichen) auf Nichtverwandte, insbesondere auf künftige Generationen.

Ja, die Evolutionäre Ethik ist anthropozentrisch. Aber die Forderung, Menschen sollten der Natur einen Eigenwert zuerkennen, also im Konfliktfalle ihre Interessen gegenüber denen der Natur zurückstellen, ist *utopisch.* Sie ist aber auch *überflüssig,* weil wir denken und die Zukunft in unser Denken und Handeln einbeziehen können und weil wir — inzwischen — wissen, wie sehr Natur- und Umweltschutz im Interesse der Menschen liegen, zumindest im Interesse künftiger Generationen.

*Jürgen Schnakenberg:*

Der Gedanke der konstitutiven Rolle des Bösen für die Entwicklung der Menschheit wie bei Schiller oder Hegel setzt doch wohl voraus, daß der „Sündenfall", also die Geschichte in Genesis, Kapital 3, wirklich einen Sündenfall (jetzt ohne Anführungsstriche!) des Menschen meint, oder mit anderen Worten, den Anfang der Erbsünde. Soweit ich C. G. Jung und seine Schule verstanden habe, ist das aus tiefenpsychologischer Sicht keinesfalls vertretbar, sondern eher zweifelhaft. Aus dieser Sicht ist das Handeln des Menschen in Genesis 3, also die Übertretung von Gottes Gebot, eben nicht als ethisch verwerflich zu interpretieren, sondern als ein sehr altes Bild, im Jungschen Sinne als Archetyp des Beginns des menschlichen Bewußtwerdungsprozesses, das heißt aber auch des Beginns einer Ethik überhaupt.

Selbst *wenn* etwas, was wir als böse bezeichnen, die Evolution befördert und wir das Ergebnis der so beförderten Evolution als gut bezeichnen, ist doch die rückwirkende Uminterpretation des Bösen, das Evolution befördert hat, als darum Gutes nicht erlaubt. Wir müßten dann doch jedes menschliche Leid, aus dem die Entwicklung zu einer menschlichen Größe durch Verarbeitung und Überwindung stattgefunden hat, nachträglich als Gutes sanktionieren. Mir scheint, daß Sigurd Daecke das selbst bereits durch die Kapitelüberschrift „Nicht alles ist gut, was der Evolution dient" revidiert hat.

Die Gleichsetzung der Wertefunktion „langfristiger Egoismus" einer Evolution mit „reziprokem Altruismus" erscheint mir nicht erlaubt. Wie Carsten Bresch in seinem Beitrag ausführt, kann „langfristiger Egoismus" das Überleben der Gruppe oder der Gesellschaft und eben nicht unbedingt den Vorteil von einzelnen bedeuten. Es fehlt dann aber der Partner für Reziprozität. Und wenn man „langfristigen Egoismus" auf das Leben auf der Erde, das dann also die Natur einschließt, überträgt, bliebe dann immer noch eine Differenz zu Gottes Willen?

*Günther Schiwy:*

Das Unterkapitel „Das Böse dient dem Guten der Entwicklung" scheint mir auf einer fundamentalistischen Auslegung der Bibel (Genesis 3) und der Texte von Schiller und Teilhard zu beruhen und nicht stichhaltig zu sein. Transzendentalphilosophisch fragend, das heißt nach den jeweiligen Möglichkeitsbedingungen für den nächsten Schritt, ergibt sich für den „Sündenfall" folgende logische Reihenfolge und Qualifizierung: 1. Der Mensch erlangt im Laufe der Evolution die Erkenntnis- und Unterscheidungsfähigkeit von „guten" und „bösen" Möglichkeiten. Diese Fähigkeit ist an sich etwas *Gutes*. 2. Der Mensch kann für sein eigenes Handeln zwischen „guten" und „bösen" Möglichkeiten wählen. Auch Wahlfreiheit und Selbstbestimmung sind an sich etwas *Gutes*. 3. Der Mensch entscheidet sich in einer bestimmten Situation frei für eine „böse" Möglichkeit. Einzig dieser Akt ist *böse* und schafft „Böses". Wenn man diese Schritte auf dem Weg zum Bösen auseinanderhält und die Bibel, Schiller und Teilhard dementsprechend interpretiert (falls nötig, auch gegen deren eigene verkürzte und historisierende Ausdrucksweise!), wollen sie mit Recht sagen: Erkenntnis- und Unterscheidungsfähigkeit, Wahlfreiheit und Selbstbestimmung des Menschen gegenüber den Möglichkeiten von „Gut" und „Böse" sind etwas Gutes, liegen auf der Linie der Evolution und sind deshalb ein Fortschritt. Das mögliche und auch mit „statistischer Notwendigkeit" (Teilhard de Chardin) auftretende Böse ist an sich jedoch kein Fortschritt, sondern eine Behinderung der Evolution, auch wenn es manchmal „das Gute hat", den Menschen an seine Verantwortung zu erinnern („felix culpa").

# Zur Herkunft des Bösen in der evolutionären Welt des guten Gottes

Helmut Riedlinger

Angesichts eines jahrtausendelangen Zusammengehens von Religion und Ethik und angesichts der daraus resultierenden Konvergenzen des Göttlichen und des Guten einerseits sowie des Widergöttlichen und des Bösen andererseits ist es sachlich und geschichtlich notwendig, dieses Zusammengehen unter den Verstehensbedingungen unserer Zeit neu zu erhellen. Vor allem ist zu klären, ob in einer weitgehend vom Paradigma der Evolution bestimmten Gesamtdeutung des Wirklichen die Erkenntnis des Guten und des Bösen noch immer auf die Erkenntnis des Göttlichen und des Widergöttlichen angewiesen ist oder ob sie davon abgetrennt werden muß.

Die Frage, wie Gutes und Böses in der biologischen und kulturellen Evolution hervortreten und von uns Menschen beurteilt werden können und sollen, hat so viele Aspekte und Dimensionen, daß es kaum möglich ist, sie in einem kurzen Beitrag ausreichend darzustellen. Ich muß mich daher beschränken und will mich, ohne andere Aspekte und Dimensionen des Gesamtthemas völlig aus den Augen zu verlieren, auf das für die Theologie besonders dunkle und wohl nie ganz aufzuhellende Geheimnis des Bösen konzentrieren. Aber ich maße mir natürlich nicht an, hier und jetzt alle Ursachen, Erscheinungsweisen und Wirkungen des Bösen beschreiben zu können, sondern frage − unter der Voraussetzung, daß das Geheimnis

Prof. Dr. **Helmut Riedlinger**, geb. 1923 in Bohlingen (Lkrs. Konstanz). Studium der Katholischen Theologie; 1956 Promotion, 1963 Habilitation; 1964 bis 1988 (Emeritierung) Lehrstuhl für Dogmatik an der Kath.-theol. Fakultät der Universität Freiburg i. Br. Arbeitsschwerpunkte: Leitgedanken der geschichtlichen und geistlichen Bibelauslegung im Christentum, interdisziplinäre Dialoge zwischen Theologie und Naturwissenschaft, Teilhard de Chardin. Buchveröffentlichungen u. a.: Geschichtlichkeit und Vollendung des Wissens Christi, 1966; Raimundi Lulli Opera latina, Bd. V, 1967, Bd. VI, 1978; Vom Schmerz Gottes, 1983; (Hrsg.) Die historisch-kritische Methode und die heutige Suche nach einem lebendigen Verständnis der Bibel, 1985; (Mit-Hrsg.) Kann man Gott aus der Natur erkennen?, 1990.

*Prof. Dr. Helmut Riedlinger, Poststraße 9, 79098 Freiburg*

Gottes in einer alle menschlichen Vorstellungen übersteigenden Weise unendlich gut ist —, woher das Böse in der von Gott gut erschaffenen, erhaltenen und sich relativ selbständig evolvierenden Welt kommen mag.

## Erscheinungsweisen des Bösen

Daß es Böses im weitesten Sinn als eine Summe von Phänomenen gibt, die allgemeinen Erwartungen und Bestrebungen von Lebewesen und besonders von Menschen zuwiderlaufen, wird wohl von allen vernünftig denkenden Menschen angenommen. Wer einige Umrisse der europäischen Denkgeschichte kennt, wird sich jedoch nicht mit diesem weitesten Begriff des Bösen begnügen, sondern Differenzierungen wie die vom metaphysisch Bösen, physisch Bösen und ethisch Bösen vornehmen.

Als „metaphysisch Böses" bezeichnen manche neuzeitlichen Denker alles Endliche, insofern als es im Vergleich zum Unendlichen ungute Empfindungen hervorruft. Viele andere Denker lehnen jedoch den Begriff des „metaphysisch Bösen" ab, weil sie das Endliche als solches nicht als böse ansehen und Gott nicht vorwerfen können, durch das Erschaffen endlicher Wirklichkeiten Böses hervorgebracht zu haben.

Der Begriff des „physisch Bösen" wird dagegen überall dort gebraucht, wo das, was natürlicherweise gut ist, nicht so begegnet, wie es sein soll, weil ihm etwas oder beinahe alles fehlt, was nach allgemeiner oder weithin vorherrschender Überzeugung notwendig zu ihm gehört. Zu dieser Gattung des Bösen werden zum Beispiel Naturkatastrophen, Umweltzerstörungen, Hunger, Durst, Krankheiten, alle Arten körperlicher und seelischer Schmerzen und schließlich der Tod als Ende des irdischen Lebens — oder, nach der Meinung vieler Menschen, als das Ende des individuellen Lebens überhaupt — gerechnet.

Das „ethisch Böse" gilt dagegen seit Jahrtausenden nach der Überzeugung vieler bedeutender Denker als das Böse im strengen und eigentlichen Sinn, weil es unmittelbar und mehr oder weniger bewußt dem Guten entgegengesetzt wird. Von diesem Bösen wird angenommen, daß es nur von Lebewesen verwirklicht werden kann, die in der Freiheit des Geistes Wahres als Wahres und Gutes als Gutes annehmen oder durch die frei gewollte Ablehnung des Wahren und Guten Wahres mit Falschem und Gutes mit Bösem vertauschen können. Das Böse in diesem Sinn ist also das vermeidbare, bewußt und frei gewollte Abweichen vom Guten. Es scheint dadurch zu entstehen, daß in bestimmten Situationen das Gute, das getan werden sollte, unterlassen oder das Gegenteil des Guten, das unterlassen werden sollte, getan wird. Als Beispiele können angeführt werden: Unterlassungen von Maßnahmen zur Förderung des friedlichen Zusammenlebens in Gerechtigkeit und Freiheit, Unterdrükkung, Ausbeutung, Haß, Mord, Vergewaltigung, Raub, Betrug, Krieg, aber auch Feigheit, Faulheit, rücksichtsloser Egoismus.

Wer an einen persönlichen Gott glaubt, wird das „ethisch Böse" gewöhnlich auch als Sünde bezeichnen, welche die Beziehung zum guten Gott nachhaltig stört und Menschen in verschiedenen Weisen schuldig werden läßt. Wer nicht an einen Gott glaubt, wird dies natürlich nicht sagen. Auch eine völlige Ablehnung der Freiheit des Menschen wäre mit dem eben angedeuteten Verständnis des „ethisch Bösen" nicht vereinbar. Es scheint allerdings, daß eine solche Ablehnung nur *verbal* zu vollziehen wäre, während *real* ein gewisses Maß von Freiheit des Geistes für das konsequente Durchhalten der Ablehnung doch wohl in Anspruch genommen werden müßte.

Auf jeden Fall wird sich kein denkender Mensch auf die Dauer den ernsten Fragen gänzlich entziehen können, die vom böswilligen Unterlassen des Guten und vom „gut"-willigen Tun des Bösen her Tag für Tag auf uns zukommen. Vieles scheint sogar darauf hinzuweisen, daß wir angesichts der Wirklichkeit des „ethisch Bösen" uns früher oder später für bestimmte Deutungen dieses Bösen entscheiden müssen. Denn selbst wenn wir alle Deutungen konsequent zurückzuweisen versuchten, müßten wir diese Konsequenz wohl doch wieder mit Deutungsversuchen absichern. Eine völlige Neutralität gegenüber dem „ethisch Bösen" scheint es also auf die Dauer nicht geben zu können.

Es sei nun dargelegt, wie die Herkunft des „ethisch Bösen" im vorevolutionären und im evolutionären Verständnis der Welt des guten Gottes gedeutet wird. Dazu zeige ich zunächst, wie der christliche Religionsphilosoph Bernhard Welte die Antwort in unsere Zeit hinein übersetzt, die Thomas von Aquin († 1274), der große Lehrer der westlichen Christenheit, auf die Frage nach der Herkunft des Bösen in der statisch vorgestellten guten Welt des guten Gottes gegeben hat. Danach beschreibe ich den Versuch des kühnen christlichen Naturforschers Pierre Teilhard de Chardin († 1955), die Herkunft des Bösen im Kontext einer evolutionären Deutung der Welt des guten Gottes zu verstehen. Schließlich versuche ich, ein vorläufiges Fazit zu ziehen.

## Die thomistische Sicht Bernhard Weltes

Bernhard Welte, der 1983 verstorbene christliche Religionsphilosoph, der die Theologische Fakultät und viele Studenten aller Fakultäten der Universität Freiburg i. Br. mit seinem offenen und erstaunlich plausiblen Philosophieren tief bewegte, hat in einer 1959 erschienenen „Quaestio disputata"[1] im gegenwärtigen Horizont den Sinn der Antwort selbstdenkend herausgearbeitet, die Thomas von Aquin auf die Frage nach der Herkunft des Bösen in der vom guten Gott gut erschaffenen Welt angedeutet hat. Ich will einige Hauptlinien dieser von Welte neu aktualisierten Antwort kurz nachzeichnen. Dies soll vor allem deshalb geschehen, weil sie wohl als repräsentativ für ein philosophisch aufgeschlossenes christliches Denken gelten kann, auch Anregungen der antiken natürlichen Theologie und Einflüsse jüdischer und islamischer Philosophien und Theologien in sich aufgenommen hat, jedoch von dem universal evolutionären Denkhorizont, der unser Welt- und Zeitverständnis weithin bestimmt, überhaupt nicht berührt ist.

Man wird wohl sofort einwenden, das ganz im evolutionären Horizont lebende Denken unserer Gegenwart werde im Blick auf die Herkunft des Bösen in der Welt des guten Gottes aus Erwägungen des vorevolutionären Denkens so gut wie nichts mehr zu lernen haben und könne daher solchen Erwägungen kein sachliches, sondern höchstens noch ein historisches Interesse entgegenbringen. Aber sachliche und geschichtliche Interessen sind eng miteinander verflochten. So wird auch ein besonnenes evolutionäres Denken die Tatsache nicht verdrängen wollen, daß es selbst auch ein durchaus geschichtliches Phänomen ist, also im vorevolutionären Denken allmählich vorbereitet wurde und heranreifte, daß es sich immer aus dem Unterschied zu diesem Denken, aber doch auch aus einer wohl nie völlig zerstörbaren Kontinuität mit ihm zu verstehen hat und sich wohl auch in der absehbaren Zukunft mit ihm auseinanderzusetzen und ihm gegenüber zu bewähren haben wird.

Versuchen wir also, die gewichtigsten der kühnen Auslegungen nachzuvollziehen, die Welte, angeregt vom Artikel 7 der Quaestio 24 vor dem Hintergrund der Quaestio 22 der „Disputierten Quaestionen über die Wahrheit"[2] Thomas' von Aquin, in kraftvoller Prägnanz und Originalität zur Sprache gebracht hat. Dadurch soll sich zeigen, wie „das Problem des Grundes des Bösen", das in einer streng statisch vorgestellten Welt unter „allen dunklen philosophischen Problemen [...] als das dunkelste gelten" (155) darf, einer gewissen Lösung näherzubringen ist.

## Böses als Gutes

Das Hauptproblem hinsichtlich der Herkunft des Bösen in einer streng statisch vorgestellten Welt besteht wohl darin, daß das Böse erst dadurch voll und ganz böse zu werden scheint, daß es in irgendeiner Weise auch als Böses gewollt wird, aber doch immer nur insofern gewollt werden kann, als es als erstrebenswertes Gutes einzuschätzen ist. Denn wenn ein Böses in

einem Verstehen und Wollen überhaupt nicht als Böses begegnet, kann das Tun eines solchen Bösen, so sehr es objektiv böse sein mag, subjektiv doch nicht als Böses angesehen werden. Aber es scheint andererseits völlig unmöglich zu sein, daß jemand etwas gerade deshalb tun will, weil er oder sie einsieht, daß es für ihn oder sie nur ungut, nachteilig, schädlich oder unzuträglich, also in einer bestimmten Hinsicht böse ist. Denn ohne irgendwelche Momente von Gutem scheint ein wirkliches Wollen niemals und nirgends entspringen oder gar dauern zu können. Irgendein Vergnügen an einem Guten — und sei es auch noch so pervers — scheint es im Wollen des Bösen immer und überall geben zu müssen. Ein Wollen, das so auf Böses gerichtet wäre, daß dabei das Gute vollständig ausgeschlossen bliebe, scheint nicht plausibel gemacht werden zu können.

Es weist demnach vieles darauf hin, daß die Herkunft des Bösen in einem kaum durchdringlichen Dunkel verborgen bleibt und wir also nicht zuverlässig sagen können, woher es kommt, daß wir zuweilen doch offensichtlich Böses zu wollen scheinen und es zugleich eigentlich, ursprünglich und endgültig nicht als solches wollen können.

Der tiefste Grund, der ein eigentliches, ursprüngliches und endgültiges Wollen des Bösen immer und überall ausschließt, liegt für Thomas jedoch wohl darin, daß in der Perspektive seiner philosophischen Theologie einerseits alles menschliche Wollen nur als gottgewolltes Streben des menschlichen Geistes zu einem ihm zukommenden Guten möglich und andererseits alles dem Menschen begegnende Gute als solches nur aus einer gottgewollten Konvergenz des Seienden und des Wollens als des geistigen Strebevermögens verstehbar ist. Thomas nimmt an, daß es zum Wesen jeder geschaffenen Natur gehört, „von Gott auf das Gute hingeordnet zu sein, so daß sie natürlicherweise danach verlangt". Daher ergibt sich, daß auch dem natürlichen Wollen „ein gewisses natürliches Verlangen nach dem ihm zukommenden Guten innewohnt" (De ver. q. 22 a. 5 c). In dieser Perspektive der von Gott selbst bestimmten Hinordnung des menschlichen Wollens zum Guten zeigt sich selbstverständlich auch, daß der Bezug alles dessen, was irgendwie wirklich ist, zum menschlichen Wollen nicht so etwas wie eine äußerliche, vom menschlichen Denken nachträglich konstruierte Zugabe zum Sein alles Seienden sein kann. Thomas ist vielmehr völlig überzeugt, daß das Zusammengehören des Guten und des auf das Gute ausgerichteten Verlangens des menschlichen Geistes in der Welt des einen Gottes, dessen Wesen „sein Sein ist" (Summa theol. I q. 3 a. 4 c), dem Sein des Seienden entspricht und nie vollständig verschwinden kann.

Welte erklärte sogar: „Daß der Wille das Gute will, das Gute aber das vom Willen Gewollte ist, dies sind darum beides nicht synthetische, sondern rein analytische Sätze. Und so kann denn Wille in der Tat formell nichts Böses wollen" (156). Im Kontext der thomanischen philosophischen Theologie trifft dies gewiß zu, auch wenn anzunehmen ist, daß ein Immanuel Kant die angeführten Sätze nicht als analytische Urteile a priori anerkennen würde.

Thomas sagt auf jeden Fall mit Berufung auf die „Nikomachische Ethik"

des Aristoteles: „Die Übereinstimmung des Seienden mit einem Strebevermögen drückt dieses Wort gut aus, wie zu Beginn der ‚Ethik' gesagt wird: Das Gute ist das, was alle anstreben" (De ver. q. 1 a. 1 c). Drängt Thomas aber nicht dadurch, daß er wie Aristoteles das Gute mit dem gleichsetzt, was alle jeweils ihrem Sinn gemäß anstreben, die Wirklichkeit des Bösen doch allzusehr beiseite? Oder ist er, ähnlich wie manche Menschen unserer Zeit, die in einem gewissen Unschuldswahn befangen zu sein scheinen, vielleicht geneigt, dem Bösen seinen Stachel weitgehend herauszuziehen? Können wir uns mit der Feststellung begnügen, daß es für ihn kein eigentliches, ursprüngliches und endgültiges Wollen des Bösen als solchen gibt? Müssen wir nicht sogar weitergehen und sagen, daß seine Deutung des Wollens, die untrennbar mit seiner Deutung des Guten zusammenhängt, kein wirkliches Wollen des Bösen zulassen kann? Ist er so sehr von der wesenhaften Gutheit des Seins fasziniert, daß er die Wirklichkeit des Bösen nicht mehr voll wahrzunehmen vermag? Müssen wir also nicht mit Welte fragen, wie in dem „alles umfassenden, transzendenten Raume", in dem der Wille und das Gute ursprünglich „und darum untrennbar miteinander verbunden sind", das Böse „einen Platz haben und einen Grund und Anfang seiner Wirklichkeit finden" kann?

Welte schlägt vor, daß wir „mit Thomas zunächst noch einen Schritt weiter gehen in der Analyse des Willens" (157), um bis zu seinem letzten Ziel vorzudringen, welches „das mit innerer Notwendigkeit Gewollte und damit der Grund jedes möglichen Wollens" (158), das „universale Prinzip der Güter" (158–159), also letztlich das

„Sein Gottes selbst" (159) ist, der als erste Wirkursache in jedem Handelnden tätig ist, wie er auch als „letztes Ziel in jedem Ziel angestrebt wird" (De ver. q. 22 a. 2 c). Woraus sich dann ergibt, daß der „Wille als geistiger" wesentlich darin besteht, „von diesem göttlichen Geheimnis in seinem innersten Wesen (keineswegs also bloß von außen) bestimmt zu sein" (159).

## Die wesensnotwendige Defektibilität der freien Geschöpfe

So kann dann auch „die höchst eigenartige und auf den ersten Blick dunkle Gedankenfolge" im Artikel 7 der Quaestio 24 — in dem es um die Frage geht, ob es ein Geschöpf geben kann, das rein natürlicherweise einen im Guten endgültig befestigten, zu keinem Versagen fähigen freien Willen hat — besser verstanden werden. Denn im Kontext der thomanischen Weltdeutung sind hinsichtlich des Versagenkönnens strenge Unterscheidungen notwendig. Falls es nämlich etwas gibt, „in dem die Prinzipien der Aktion weder in sich versagen noch von einem Außenstehenden behindert werden können, ist es unmöglich, daß seine Aktion versagt, wie es offensichtlich ist in den Bewegungen der Himmelskörper" (De ver. q. 24 a. 7 c). Das bedeutet: „Im Bereiche des Nicht-Geistigen besteht [. . .] keinerlei grundsätzliches Problem im Hinblick auf die Möglichkeit eines indefektiblen Seienden dieser Art" (159). Es genügt, daß ihm die „ratio" — also das wesenhafte Gesetz oder der wesenhafte Grund — des partikularen Guten, auf das es hingeordnet ist, „natürlich und unbeweglich innewohnt" (De ver. q. 24 a. 7 c). Innerhalb einer statischen Weltdeu-

tung ist also im nicht-geistigen Bereich Indefektibilität unter bestimmten Voraussetzungen durchaus denkbar. Thomas nennt als Beispiel die von der irdischen Welt völlig getrennten, unveränderlichen Bewegungen der Himmelskörper. Die Vorstellung einer evolutionären, den Mikro- und Makrokosmos durchdringenden und sogar die Wesensgrenzen überschreitenden Gesamtbewegung liegt natürlich völlig fern. So kann Thomas auch eine prinzipiell undurchlässige Grenzlinie zwischen der „rationalen, mit freiem Unterscheidungsvermögen begabten Natur" und „jeder anderen Natur" ziehen und unmißverständlich erklären, daß jede nicht mit Geist und Freiheit begabte Natur nur „auf ein partikulares Gutes hingeordnet ist" und die Aktionen einer solchen Natur hinsichtlich jenes partikularen Guten streng „determiniert" sind, während „die rationale Natur dem Guten einfachhin zugeordnet ist" und daher „keine determinierten Aktionen hat, sondern sich hinsichtlich der materiellen Aktionen unter einer gewissen Indifferenz befindet". Das bedeutet: Eine „rationale Natur, die absolut auf das Gute hingeordnet ist [. . .], kann nur dann natürlicherweise Aktionen haben, die vor dem Guten nicht versagen, wenn ihr natürlich und unveränderlich das Wesensgesetz des universalen und vollkommenen Guten innewohnt, was gewiß nur die göttliche Natur sein kann. Denn Gott allein ist der reine Akt, der die Beimischung keiner Potenz aufnimmt und dadurch die reine und absolute Gutheit ist".

Demgegenüber ist von jedem Geschöpf — sei es ein Engel, ein Mensch, ein Tier, eine Pflanze oder ein lebloses Ding — zu sagen, daß es, „weil es in seiner Natur eine Beimischung von Potenz hat, ein partikulares Gutes ist, welche Beimischung von Potenz ihr ja deswegen zukommt, weil sie aus nichts ist. Und daher kommt es, daß zwischen den rationalen Naturen Gott allein ein freies Entscheidungsvermögen hat, das nicht fehlgehen kann und im Guten völlig gefestigt ist. Daß dies in einem Geschöpf der Fall ist, ist unmöglich, weil es aus nichts ist [...], und daher ist es das partikulare Gute, in dem das wesenhafte Gesetz des Bösen begründet ist" (De ver. q. 24 a. 7 c).

## Weltes Profilierung des thomanischen Gedankens

Dies sind Erwägungen, mit denen Thomas seine Überzeugung begründet, daß Geschöpfe als Seiende, die Gott aus nichts geschaffen hat, trotz aller Hinordnung des vernünftigen Wollens auf das Gute einfachhin, niemals auf natürliche Weise im Guten so gefestigt sein können, daß es ihnen unmöglich wäre zu sündigen. Welte versucht darüber hinaus, mit Hilfe anderer Texte und ergänzender eigener Erwägungen die Bedeutung des thomanischen Gedankens über den Ursprung des Bösen in der vom guten Gott gut geschaffenen Welt noch deutlicher zu profilieren.

So sieht er beim Versuch, „das geistige Streben [...] als indefektibel zu denken", im Artikel 7 der Quaestio 24 „die großartige, ja aufregende Alternative", daß wir entweder der göttlichen Natur selbst begegnen oder – und das heißt, „das scheinbar Unmögliche zu denken" – einem Seienden „solchen Wesens, daß es, wenn sein Wesen vollendet wäre, [...] gerade nicht mehr wäre, was es ist, weil es dann ja nicht mehr gegen die natura divina verschie-

den wäre", bzw. ein „Seiendes, zu dessen unaufgebbarem Sein es gehört, niemals ganz (immobiliter actu) sein zu können, was es gleichwohl unaufhebbar durch sein Wesen ist: unendlich bestimmt und also Geist". In der Auslegung Weltes wird also erheblich deutlicher als in den Texten Thomas' selbst greifbar, daß nach ihm „die Konstitution des endlichen Geistes oder der endlichen Unendlichkeit" die „äußerst dialektische Verfassung [...] der höchstmöglichen geschöpflichen Seinsart" darstellt, von der gesagt werden darf, daß sie „die absolute Grenze [...] gegen das ungeschaffene göttliche Sein" (160) bildet und es gerade deshalb doch auch intensiv nahebringt. Welte faßt diesen Gedanken in den kühnen Worten zusammen: „*Wenn* unser menschlicher Selbstvollzug in dem ganzen und unbegrenzten Bereiche, welcher uns von Natur aus eröffnet ist, durch sich und ohne Einschränkung mit sich eins und mächtig wäre, [...] dann wäre dies nicht mehr ein menschliches, sondern ein göttliches Leben, und gleichwohl wäre doch gerade ein solches erst die Fülle, die perfectio unseres Menschentums in seinem geistigen Streben" (160–161).

## Die große Wahrheit aller großen pantheistischen Irrtümer

In solchen vorsichtigen Konditionalsätzen werden deutlicher als im Artikel 7 der Quaestio 24 Umrisse eines „großartigen Gedankens" erkennbar. Ein „Strahl des Verständnisses" fällt sogar „wie ein Blitz auf Nietzsches Position [...], welche, konsequenter als aller geschlossene Humanismus, die Vollendung des Menschen und seines naturgemäßen Strebens allein im Übermenschlichen zu gewinnen glaubte". Mehr noch: Welte wagt sogar zu schreiben, der Mensch bleibe nach Thomas als Mensch „unveränderlich unendlich – das heißt im Grund: göttlich – bestimmt". Er befürchtet, daß man beim Lesen des eben genannten Artikels 7 zittert, Thomas möchte „mit seiner Anthropologie in den Abgrund des Pantheismus stürzen" (161). „Auf jeden Fall", schreibt er, „läßt er im Blitze eines Augenblicks die große Wahrheit aller großen pantheistischen Irrtümer aufglänzen. Er steigt gelassen und ohne Zittern bis auf den höchsten und schmalsten Grat, von dem aus nur noch ein Schritt ist bis in den Abgrund" (162).

Die interpretatorische Leistung Weltes soll natürlich voll und ganz anerkannt werden. Aber die eben zitierten Sätze entfernen sich doch, wie mir scheint, allzuweit von der in seinem Aufsatz vorgestellten Textbasis. Denn auch dann, wenn nach Thomas in gewisser Weise zu sagen ist, daß dem geistigen Streben des Menschen der „Grund des universalen und vollkommenen Guten natürlich und unveränderlich" innewohnt und das göttliche Prinzip, das als letztes Ziel in jedem Ziel angestrebt wird, „den Anfang und Grund des geistigen Willens des Menschen so [bestimmt], daß diese Bestimmung ins Innere des Vollzuges selbst fällt und von daher diesen ermöglicht" (161), ist der Weg zu einem Gott und das All wirklich identifizieren wollenden Pantheismus doch noch unermeßlich weit.

Welte schreibt im Blick auf Thomas ja auch: „Er wird *nicht* Pantheist", und er fügt ausdrücklich hinzu: „nichts weniger als dies". Die gewaltige Frage, wie der Mensch zugleich als Geist „unendlich bestimmt" und als Geschöpf „endlich bestimmt" sein kann, beant-

wortet er denn auch mit der den Thomisten geläufigen Unterscheidung zwischen Wesen und Existenz, indem er – ohne ausreichende Belege – die These wagt, daß der Mensch nach Thomas „in seinem unabdingbaren *Wesen* unendlich bestimmt bleibt, und so durch dies Wesen quodammodo ‚Gott' ist (wie er quodammodo omnia ist), daß er aber in seiner *Existenz* dies niemals ungemindert in actu perfecto (oder als actus purus) zu sein vermag" (162). Welte ist auch überzeugt, daß in thomanischer Sicht der Unterschied zwischen dem Wesen eines geistigen Geschöpfes und seiner Existenz „voll ins Innere des Selbstvollzugs" eines solchen Geschöpfes fällt, „da das geistige Geschöpf ja eben durch sein Wesen als Geist sein eigenes Sein ‚ist'" und so „innerhalb seines Denkens und Strebens die Differenz hervortreten und sich geltend machen [muß], durch welche sein unveränderliches Wesen in seiner Seinsweise der Defektibilität unterworfen bleibt".

## Vom göttlichen Prinzip, welches das geistige Wesen prägt

Im „Hinblick auf die konkrete Konstitution des menschlichen Wollens" geht also in der Thomasinterpretation Weltes Unendliches mit Endlichem, Absolutes mit Relativem und etwas im Grunde Göttliches mit Geschöpflichem notwendig zusammen. Denn „jeder einzelne mögliche Lebens- und Seinsakt des Menschen [ist] bestimmt und ermöglicht von dem unendlichen und im Grunde göttlichen Prinzip, welches das geistige Wesen als solches prägt" (163), „jeder ist ermöglicht und bestimmt von der Voraussetzung von Sinn und Grund überhaupt und im ganzen, also von einem absoluten Sinn und Grund" (163–164). Die Existenz des Menschen ist jedoch „eine geschöpfliche, nicht-göttliche [...] endliche Wirklichkeit". So kommt es, daß der „geistige, aber endliche Wille [...] zwar je wesentlich und immer von seinem unendlichen Grunde zum Akte ermächtigt ist [...], daß aber *in* diese unaufhebbare Aktualität die Differenz einer Potentialität sich einträgt" und der Wille „gegenüber dem, was er von *Natur* aus notwendig will, zugleich in einer zögernden Unbestimmtheit gehalten" (164) bleibt.

## Vom Widerspruch der Existenz gegen die Essenz

Der „ermöglichende Grund des Bösen [...] liegt" also, wie Welte zusammenfassend schreibt, „in dem Verhältnis des geistigen und unendlichen Grundes und Wesens des Willens zu seiner eigenen endlichen Wirklichkeit. Die geistige Kreatur ist als solche notwendig defektibel, weil der endliche geistige Wille in seinen Akten seiner selbst und seines eigenen Wesensgrundes niemals sicher sein kann und gleichwohl doch von demselben niemals ablösbar ist. Nur das Zusammen dieser zwei differierenden Bestimmungen in Einem macht das Böse möglich. Ein rein unendlicher Wille könnte nur gut sein, ein rein endlicher aber vermöchte weder böse noch gut im eigentlichen Sinne zu sein. Der endlich-unendliche des Menschen aber *kann* seinen eigenen Grund und damit die Grundlage der Möglichkeit seiner Akte [...] als nicht-gut nehmen und sich so von ihm ablösen, er *kann* im Akte aufhören zu wollen, was er im Wesensgrunde immer und notwendig will, das Gute, er kann diesen Widerspruch mit sich selbst vollziehen. Und

auch dies wiederum nur so, daß er im Akte das als das bonum schlechthin oder doch als vereinbar mit dem bonum schlechthin nimmt und setzt, von dem er zugleich durch sein Wesen weiß, daß es dies niemals ist. Und so ist denn das Böse des Menschen ein Vollziehen seiner selbst im Aufgeben seiner selbst [...]. Es ist für ihn zugleich ein Aufgeben des Gesamtsinnes seines Daseins gerade in der gewaltsamen Statuierung eines solchen Gesamtsinnes, es ist der vollzogene Widerspruch der vollzogenen Existenz gegen die gleichfalls im Vollzuge lebende Essenz, der Widerspruch, der sich phänomenal im bösen Gewissen geltend macht, wie man dies auch im einzelnen verstehen mag" (165).

## Zur Beurteilung der Deutung Weltes

Welte wagt es also, sich der Frage, wie der Ursprung des Bösen in der vom guten Gott gut erschaffenen Welt zu verstehen ist, so weit wie möglich zu öffnen. Er bewundert Thomas, aber er weiß auch, daß er als Christ des 20. Jahrhunderts zu philosophieren hat. So kann er das, was Thomas eigentlich meint, nicht ausschließlich als Historiker rekonstruieren, sondern will es auch und noch mehr von den Texten und von den in den Texten angesprochenen Sachverhalten her ursprünglich andenken und mit der möglichen Verbindlichkeit weiterdenken. Das Aufblitzen der Unendlichkeit, Absolutheit und sogar des Widerscheins der Göttlichkeit in jedem geschaffenen Geist versucht er ebenso ernst zu nehmen wie seine Endlichkeit, Relativität und Nichtgöttlichkeit. So kann er die Menschen, die bereit sind, seinen Gedankengängen zu folgen, verstehen lassen, daß das Böse kein Seiendes ist, das „eigentlich von außen in den Willen kommen kann" oder „im Innern des Willens" seinen „Ort [...] finden zu können" (155) scheint. Es wird ja durch das Zusammentreffen der Unendlichkeit des Geistes mit der Endlichkeit des Geschöpfes ermöglicht, wobei die Unendlichkeit auf der Seite des Wesens, die Endlichkeit aber auf der Seite der durch Nichtigkeit gezeichneten Existenz zu finden ist. In diesem Sinn wäre das Böse also als „der vollzogene Widerspruch der vollzogenen Existenz gegen die gleichfalls im Vollzuge lebende Essenz" (165) zu bestimmen.

Die geistvolle Thomasdeutung Weltes hat freilich auch Grenzen. Es fällt vor allem auf, daß darin nirgends von einer Materie, Leben und Geist umfassenden Evolution die Rede ist. Die Thomastexte geben dazu freilich keinen Anlaß, und eine streng historische Auslegung wird sich damit auch nicht befassen. Da es jedoch darum geht, die bleibende Bedeutung der thomanischen Sicht des Ursprungs des Bösen für denkende Menschen der zweiten Hälfte des 20. Jahrhunderts zu erschließen, wäre es gewiß nicht nur sinnvoll, sondern auch notwendig, einiges zum universal gewordenen Paradigma der Evolution zu sagen.

Die Endlichkeit alles Geschaffenen wird zwar als Voraussetzung der Defektibilität durchaus ernst genommen. Aber Katastrophen im Bereich der Materie und physisch Böses im Bereich des Lebens kommen nicht zur Sprache, obwohl sich besonders das physisch Böse intensiv und vielfältig auf die Entstehung des ethisch Bösen im Menschen auswirkt. Auf dieses ethisch Böse konzentriert sich die Aufmerksamkeit, und so wird manches ange-

sprochen, was wohl auch im Kontext einer konsequent evolutionären Weltdeutung mit jenem „Ernst" beachtet werden müßte, „welcher die Auszeichnung alles Ethischen ist" (166).

Implizit scheint einiges, was von den Menschen gesagt wird, auch auf die Engel als nichtmaterielle Geistgeschöpfe bezogen werden zu können. Aber auf das thomanische Verständnis der Bosheit der Engel (S. theol. I q. 63), des schädlichen Einwirkens der Dämonen auf die Menschen (S. theol. I q. 114), aber auch des vollkommenen Gutseins Gottes (S. theol. I q. 6) und der Ursache des Bösen im allgemeinen (S. theol. I q. 49) wird nicht eingegangen. Auch eine Kernfrage der modernen Theodizee, nämlich die Frage, ob Gott angesichts der Zulassung des physischen und ethischen Bösen in der von ihm erschaffenen und erhaltenen Welt von der Anklage, selbst irgendwie böse zu sein, freigesprochen werden kann, bleibt außer Betracht.

So ist abschließend festzustellen, daß Welte einen gewichtigen Beitrag einer philosophisch aufgeschlossenen christlichen Theologie zu einer heutigen Übersetzung, Erschließung und Weiterentwicklung dessen leistet, was Thomas über den Ursprung des ethisch Bösen in der vom guten Gott gut erschaffenen Welt zu denken gewagt hat. Es ist jedoch auch zu bemerken, daß Welte nicht alle Bereiche, Zusammenhänge und Querverbindungen der thomanischen Deutung dieses Ursprungs vollständig darstellen will und auf die Frage nicht eingeht, ob das thomanische Verständnis des Bösen angesichts der auf den ganzen Kosmos ausgeweiteten Evolutionstheorie nicht tiefgreifend zu korrigieren ist.

Die Notwendigkeit einer solchen Korrektur wird ja nicht mehr mit dem

Hinweis abgelehnt werden können, daß es Evolution nur im Bereich der Materie, nicht aber im Bereich des Geistes geben könne. Denn gerade Thomas betont das differenzierende Einssein des menschlichen Leibes und der ihn formenden Geistseele (S. theol. I q. 75 und 76). Es ist also wohl offenkundig und gewiß auch im Sinn Weltes, daß seine kühne Interpretation der thomanischen Deutung des Ursprungs des ethisch Bösen nicht als fixe Größe zu konservieren ist, sondern an der Schwelle zum dritten Jahrtausend vor allem im Blick auf das gegenwärtige, von einem weltweiten Konsens getragene Verständnis der universalen Evolution einer korrigierenden Weiterentwicklung bedarf.

## Die evolutionäre Sicht Pierre Teilhard de Chardins

In einem völlig veränderten Kontext begegnet Pierre Teilhard de Chardin der Frage nach der Herkunft des Bösen in der Welt des guten Gottes. Die Entstehung der Materie, des Lebens und des Geistes wird nun evolutionär gedeutet. Die Erde kreist in dem seit Milliarden von Jahren evolvierenden Kosmos um eine der vielen Millionen von Sonnen, die sich in unserer Galaxie bewegen, die ihrerseits von vielen Millionen bewegter Galaxien umgeben ist. An die Stelle des in seinen Kernstrukturen statischen, Ruhe und Gewißheit ausstrahlenden Kosmos ist die in evolutionärer Komplexifikation fortschreitende Kosmogenese getreten.

Eine ungeheure Kluft trennt also diese evolutionäre Kosmogenese vom relativ winzigen geozentrischen Kosmos eines Thomas von Aquin. So muß auch die Frage nach der Herkunft des Bösen in der evolutionären Welt des guten Gottes neu gestellt und beantwortet werden. Als Beispiel dienen hier vor allem die Paragraphen 26 bis 30 der am 12. August 1948 abgeschlossenen Abhandlung „Comment je vois", in der Teilhard Grundgedanken seiner „Physik", „Metaphysik" und „Mystik" in prägnanter Verdichtung zusammengefaßt hat.[3]

## Die Herkunft des Bösen in der Metaphysik der Vereinigung

Es ist wohl bezeichnend, daß er die Frage nach der Herkunft des Bösen im Kontext seiner „Metaphysik der Vereinigung" (55) behandelt. Anders als die klassische Metaphysik, die nicht dulden konnte, daß in den völlig offenen, inhaltlich unbestimmten Allgemeinbegriff des Seins so etwas wie Bewegung eingeführt wurde, will er ja dem Gedanken zum Durchbruch verhelfen, daß schon das allgemein verstandene „Sein [...]" in Wirklichkeit (zumindest genetisch, wenn nicht ontologisch) durch eine besondere Bewegung definierbar ist, die ihm unauflöslich verbunden ist — *die der Vereinigung*" (54). Er ist nämlich überzeugt, „daß man je nach Fall schreiben kann:
— Sein = sich selbst vereinen oder die anderen vereinen (aktive Form).
— Sein = vereint werden oder von einem anderen geeint werden (passive Form)" (54 f.).

In einem solchen Kontext erklärt Teilhard, daß in *„einem ersten Schritt* die irreversible und self-suffiziente Gegenwart eines ‚Ersten Seins‘ (unseres Punktes Omega) als voll und ganz gegeben anzunehmen" ist, weil es ohne ein solches Erstes Sein unmöglich wäre, „einen einzigen Schritt nach vorn zu tun" (55). Den *zweiten Schritt* der Metaphysik Teilhards bildet die Einsicht, daß auch das Erste Sein, das Gott selbst ist, „in einem streng wahren Sinn nur existiert, *indem er sich vereinigt*", also „trinitarisch" ist. Es folgt dann der *dritte Schritt*, der darin besteht, daß das „Erste Sein eine Art von Gegensatz [...] an den Antipoden seiner selbst hervorbrechen" läßt, nämlich „das *reine* Viele", das als es selbst zwar im strengen Sinn „nichts ist", aber doch eine „Möglichkeit des Seins, ein Flehen um Sein [...], dem Gott gewissermaßen nicht widerstehen konnte" (56). Der *vierte Schritt* ist der „Schöpferakt", der „in einer Metaphysik der Vereinigung [...], in der die Self-Suffizienz und die Self-Determination des absoluten Seins unversehrt bleiben [...], eine durchaus definierte Bedeutung und Struktur" gewinnt, so daß Teilhard schreiben kann: „Als Frucht, in gewisser Weise, einer Reflexion Gottes nicht mehr in sich selbst, sondern außerhalb seiner selbst erscheint die Pleromisation (wie der heilige Paulus gesagt hätte) — das heißt die Verwirklichung des teilhabenden Seins durch Anordnung und Totalisation — als eine Art Gegenstück oder Symmetrie zur Trinitisation. Sie füllt in gewisser Weise eine Lücke. Sie findet ihren Platz. Und zugleich wird sie in eben den Termini aussagbar, die uns dazu dienten, das Sein zu definieren. Schaffen heißt vereinen" (57).

Vieles scheint also darauf hinzuweisen, daß Teilhard sich hinsichtlich der Gegenwart des Ersten Seins nicht von der „klassischen Philosophie" (55) unterscheiden und hinsichtlich der „Trinitisation" (57) dieses Ersten Seins mit der „„offenbarten' Gegebenheit" (55), die in der Trinitätstheologie entfaltet wird, grundsätzlich übereinstimmen, aber hinsichtlich des „reinen Vie-

len" als des erschaffbaren Nichts („nihil creabile") (56) und hinsichtlich des „Schöpferaktes" (57) als eines Aktes des Vereinens — also nicht des Hervorbringens eines Seienden aus nichts, wie die Schultheologie das Erschaffen beschreibt — neue, der Gesamtdeutung der Evolution angemessenere Wege der Deutung gehen will.

Daraus ergibt sich, daß die Schöpfung in der Sicht Teilhards zwar eine unbegrenzte Zahl von Phasen umgreifen, aber doch „nur ein für allemal [...] im ,Leben Gottes' gewirkt werden kann". Weiter erkennt er, daß Gott, um wirklich erschaffend zu vereinen und vereinend zu erschaffen, unausweichlich dahin gelangt, sich in das Viele einzutauchen, um es sich „einzuverleiben". Und schließlich „werden wir gewahr, daß für Gott der Angriff auf das Viele notwendig bedeutet, in den Kampf mit dem Bösen, ,dem Schatten der Schöpfung', einzutreten" (58).

## Das Böse als Widerstreben des noch nicht vereinten Vielen gegen das Vereintwerden

In diesem Kontext kommt Teilhard auch auf die Herkunft des Bösen zu sprechen. Da er das Sein als Vereinen und Vereintwerden interpretiert, nimmt er natürlich an, daß das Böse immer irgendwie als ein Widerstreben des noch nicht vereinten Vielen gegen das Vereintwerden gedeutet werden muß. Er versteht durchaus, daß „in dem alten Kosmos, von dem man annahm, er sei fix und fertig aus den Händen des Schöpfers hervorgegangen, [...] natürlich die Versöhnung zwischen einer teilweise schlechten Welt und der Existenz eines zugleich guten und allmächtigen Gottes schwierig" erschien. Aber er fragt sich, wie es kommt, daß „in unseren modernen Perspektiven von einem Universum im Zustand der *Kosmogenese* [...] so viele kluge Köpfe sich noch hartnäckig weigern zu sehen, daß, intellektuell gesprochen [...], das berühmte Problem *nicht mehr existiert"* (59). Teilhard gibt sich allerdings keinen Augenblick der Illusion hin, daß ein intellektuell voll erklärbares Leiden auch „in unserem Fleisch und in unserem Geist" leicht zu ertragen sei, und meint, im Fall der intellektuellen Erklärung reiche eine „Dialektik" aus, während im zweiten Fall „die transformierende Kraft" einer „Super-Caritas" (85, Anm. 35) notwendig sei.

Aber er plädiert energisch dafür, „die wirklichen Bedingungen ins Auge zu fassen, denen [...] der Schöpferakt genügen muß" (59). Er will sich also nicht einen idealen, über allen wirklichen Bedingungen erhabenen Schöpferakt vorstellen, sondern erklärt: *„Keineswegs aus Ohnmacht* [...], sondern kraft der *eigentlichen Struktur des Nichts,* über das er sich neigt, kann Gott, um zu schaffen, nur *in einer einzigen Weise* vorgehen: unter Benutzung des tastenden Spieles der großen Zahlen eine unermeßliche Vielzahl zunächst unendlich zahlreicher, äußerst einfacher und kaum bewußter Elemente — dann nach und nach seltenere, komplexere und schließlich mit Reflexion begabte Elemente unter seinem anziehenden Einfluß nach und nach anordnen, einsmachen. Was ist aber die unvermeidliche Kehrseite jedes in einem Prozeß dieser Art erzielten Erfolges, wenn nicht, daß er mit einem gewissen Anteil von Abfällen bezahlt werden muß? Disharmonie oder physischer Zerfall im Vor-Lebendigen, Leiden beim Lebendigen,

Sünde im Bereich der Freiheit: keine *in Bildung begriffene Ordnung,* die nicht auf allen Stufen folgerichtig *Unordnung* einschließt" (59 f.).

## Das Problem eines Grundes des Bösen existiert nicht mehr

Für Teilhard scheint es also in der gegenwärtigen Forschungssituation evident — obgleich in der konkreten Ganzheit einer endlichen Fleisch-Geist-Existenz zuweilen ungeheuer schmerzhaft und manchmal fast unerträglich — zu sein, daß zur evolutionären Kosmogenese ein gewisser Anteil von „Abfällen" (Zerfall, Leiden, Sünde) gehört und daß es sogar der Allmacht Gottes nicht möglich wäre, die universale Evolution zu wollen und zugleich „die Kehrseite jedes in einem Prozeß dieser Art erzielten Erfolges" (60) auszuschließen. Das „Problem des Grundes des Bösen", das in einem statischen Kosmos „unter allen dunklen philosophischen Problemen [...] als das dunkelste gelten" darf, wie Welte schreibt, ist also für Teilhard ein Problem, das „nicht mehr existiert" (59).

In seiner Sicht kann ja „das [...] Viele [...], das [...] wesentlich dem Spiel des Zufalls unterworfen [ist], [...] absolut nicht in Richtung der Einheit voranschreiten [...], ohne hier und dort Übel zu erzeugen — aus statistischer Notwendigkeit" (60 f.). Zur Bestätigung seiner Interpretation zitiert Teilhard auch den frei formulierten Satz Jesu aus der lateinischen Übersetzung des Matthäusevangeliums (Mt 18,7): „Necessarium est ut adveniant scandala" („Es ist notwendig, daß Skandale vorkommen"). Im biblischen Kontext hat der Satz freilich nur eingeschränkte Bedeutung und meint wohl, daß in der Welt, in der wir konkret zu leben haben, Verführungen nicht zu vermeiden sind.

Daß allgemein anzunehmen sei, das Viele könne nirgends in Richtung der Einheit voranschreiten, ohne Übel zu erzeugen, sagt der Satz nicht. Auch Teilhard selbst wählt zum Schluß des Paragraphen 30 bemerkenswert vorsichtige Formulierungen: „Wenn (wie man, glaube ich, unvermeidlich einräumen muß) es für Gott, von unserer Vernunft her gesehen, nur eine mögliche Weise des Schaffens gibt — nämlich evolutiv, über den Weg der Vereinigung —, ist das Übel ein unvermeidliches Nebenprodukt, erscheint es als eine von der Schöpfung nicht zu trennende Qual" (61).

Teilhard stellt also das Problem der Herkunft des Bösen entschieden und folgerichtig in einen durchgängig evolutionären Kontext. So verliert es für ihn nicht nur die Brisanz, sondern sogar die Existenz, und er kann sich nur wundern, daß so viele kluge Köpfe sich immer noch hartnäckig weigern, dies zu sehen.

Hinsichtlich der Frage, ob Gott die Welt nur auf dem Weg der Evolution schaffen konnte oder auch andere Weisen des Schaffens hätte wählen können, gibt es einerseits kategorische Feststellungen („kraft der eigentlichen Struktur des Nichts, über das er sich neigt, kann Gott, um zu schaffen, nur in einer einzigen Weise vorgehen", und dies ist eben die Weise der Evolution als „des tastenden Spieles der großen Zahlen" (59 f.), das „eine unermeßliche Vielzahl zunächst unendlich zahlreicher, äußerst einfacher und kaum bewußter Elemente — dann nach und nach seltenere, komplexere und schließlich mit Reflexion begabte Elemente" [60] hervorbringt), aber ande-

rerseits auch vorsichtige, mit Bedingungen und Einschränkungen versehene Sätze („Wenn [wie man, glaube ich, unvermeidlich einräumen muß] es für Gott, von unserer Vernunft her gesehen, nur eine mögliche Weise des Schaffens gibt — nämlich evolutiv, über den Weg der Vereinigung" [61]). Es ist jedoch kaum zu bezweifeln, daß Teilhard selbst trotz seiner manchmal bedingten und eingeschränkten Sprechweise den Weg des evolutionären Schaffens als eines Vereinens, den die christliche Tradition natürlich noch nicht kennen konnte, als den einzigen für den Schöpfer gangbaren Weg ansieht, aber andererseits dennoch annimmt, daß „nichts [...] in dieser ontologischen (oder, genauer, ontogenetischen) Bedingtheit des teilhabenden Seins [...] in irgendeiner Weise der Würde des Schöpfers [schadet] oder seine Allmacht [begrenzt]" (60).

## Zur Beurteilung der Deutung Teilhards

Es ist also offensichtlich, daß Teilhards Begriff des Erschaffens als eines Vereinens und der traditionelle Begriff des Erschaffens als des Hervorbringens von Geschöpfen aus nichts nicht völlig identisch sein können. Teilhard ist auf dem Weg zu einem neuen, der Evolution entsprechenden Schöpfungsverständnis. Seine in der Abhandlung „Comment je vois" enthaltene Deutung der Herkunft des Bösen in der evolutionären Welt Gottes hat aber auch Grenzen, die Fragen hervorrufen müssen. Die Evolution ist in dieser Deutung zwar überall gegenwärtig. Aber die tiefgreifenden Unterschiede zwischen der entfernten Vorbereitung des eigentlich Bösen in der leblosen

Materie, den Vorstufen des ethisch Bösen im physisch Bösen und der vollen Ausprägung des diametralen Gegensatzes zwischen dem Guten und dem Bösen in der Vollgestalt des ethisch Bösen kommen kaum in den Blick. Die unauflösbaren Zusammenhänge zwischen der Endlichkeit, dem physisch Bösen und dem ethisch Bösen werden in der evolutionären Interpretation des Bösen zwar deutlich gesehen. Aber es entsteht nun die Gefahr, daß das ethisch Böse zu sehr auf das Niveau des physisch Bösen herabgestuft und daher auch wie das physisch Böse vorwiegend als „Abfall" (60), als „aus statistischer Notwendigkeit unvermeidliches Nebenprodukt" und als „von der Schöpfung nicht zu trennende Qual" (61) interpretiert wird.

Von der Theologie her ergibt sich außerdem die Frage, wieweit es in der Weltanschauung Teilhards für immaterielle Geistgeschöpfe und ihre diabolische Bosheit Raum gibt. Und man wird nicht zuletzt auch fragen müssen, ob Teilhards Meinung, daß in „einem Universum im Zustand der Kosmogenese" „das berühmte Problem" der „Versöhnung zwischen einer teilweise schlechten Welt und der Existenz eines zugleich guten und allmächtigen Gottes [...] nicht mehr existiert" (59), nicht doch eine zu weit gehende Einschränkung der Allmacht Gottes gegenüber der Evolution voraussetzen muß, obwohl Teilhard eine solche Einschränkung ja ausdrücklich ablehnt (60)?

Wie dem auch sei: Es ist wohl eine großartige Leistung Teilhards, die Frage nach der Herkunft des Bösen in der vom guten Gott gut erschaffenen Welt entschieden in den Horizont einer evolutionären Weltsicht gestellt zu haben.

## Vorläufiges Fazit

Es wäre vermessen, im Blick auf die Herkunft des Bösen in der Welt des guten Gottes aus Weltes geistvollen Auslegungen einiger thomanischer Gedanken und Teilhards Vorschlag einer evolutionären Lösung des Theodizeeproblems ein endgültiges Fazit ziehen zu wollen. Um so etwas im Ernst wagen zu können, müßten wir ja mindestens die entscheidenden Dimensionen des Fragens und Antwortens in diesem weiten Feld der Ethik historisch darstellen und systematisch durchleuchten. Da dies hier und jetzt nicht möglich ist, muß ich mich auf wenige Andeutungen eines vorläufigen, vielfach korrektur- und ergänzungsbedürftigen Fazits beschränken.

Mit weitgehender oder beinahe vollständiger Zustimmung können wir vermutlich nur rechnen, wenn wir negative Grenzsätze formulieren, die mehr oder weniger trivial erscheinen. So werden wir wohl sagen können, daß gegen Ende des zweiten Jahrtausends nach Christus ernsthafte Gespräche über die Herkunft des Bösen in einer Welt, die in irgendeiner Weise vom Walten eines guten göttlichen Urhebers hergeleitet wird, weder auf der Basis eines streng statischen Denkens, das keinerlei Evolution der Materie, des Lebens und des Geistes anerkannt, noch auf der Basis eines totalitären Evolutionismus, der das vorevolutionäre Denken in keiner Weise mehr ernst nehmen kann, zu führen sind.

Über die Herkunft — und damit implizit auch über die Zukunft — des ethisch Bösen ohne jede Spur einer Annahme eines guten göttlichen Welturhebers zu diskutieren, halte ich nicht für sinnvoll. Bis zum Beweis des Gegenteils meine ich auch, ohne eine solche Annahme sei eine Diskussion über die Herkunft des ethisch Bösen gegenstandslos, weil das ethisch Böse ohne irgendeinen Bezug zum Guten im göttlichen Bereich völlig in sich zusammenzufallen scheint.

Vieles deutet aber wohl auch darauf hin, daß es auf die Dauer nicht möglich sein wird, in Gesprächen, die nicht nur der Erforschung der Denkgeschichte, sondern auch der zeitgemäßen systematischen Erörterung über das, was in Wahrheit als ethisch gut oder böse zu gelten hat, dienen sollen, einer grundsätzlichen Entscheidung zwischen einer maßvoll statischen oder einer maßvoll evolutionären Gesamtorientierung auszuweichen. Um einem irrationalen ethischen Rigorismus und einem katastrophalen Relativismus zu entgehen, werden wir gewiß eines Tages genötigt sein, bedeutsame ethische Anweisungen der Vergangenheit, wie wir sie exemplarisch bei Thomas von Aquin finden, aus einem statischen in ein evolutionäres Weltverständnis, wie es uns beispielsweise Pierre Teilhard de Chardin erschlossen hat, gewissenhaft zu übersetzen.

<hr>

[1] *Welte, B.:* Über das Böse. Eine thomistische Untersuchung (Quaestiones disputatae, Bd. 6). Freiburg i. Br. 1959 (Neuausgabe mit einer Einführung von B. Casper. Freiburg 1986); Ders.: Thomas von Aquin über das Böse. In: Auf der Spur des Ewigen. Freiburg 1965. S. 155–169. Die in Klammern beigefügten Seitenzahlen beziehen sich auf diesen Text. – [2] *Aquinas, Thomas:* Quaestiones disputatae. Vol. I: De veritate. Cura et studio P. Fr. Raymundi Spiazzi, ed. IX revisa. Torino/Roma 1953. – [3] *Teilhard de Chardin, P.:* Comment je vois. In: Les Directions de l'Avenir. Œuvres. Vol. 11. Paris 1973. S. 177–223. Deutsche Übersetzung: Ders.: Mein Weltbild. Olten-Freiburg i. Br. 1975. Auf diesen Text beziehen sich die in Klammern beigefügten Seitenzahlen.

## Stellungnahmen

### Gerhard Vollmer:

Riedlingers vorsichtigen und zugleich versöhnlichen Versuch, Thomas von Aquin, Teilhard de Chardin und Bernhard Welte gerecht zu werden, kann man nicht hoch genug bewerten. Trotzdem, oder gerade deshalb, bedaure ich, daß dieser Versuch letztlich doch im Interpretativen steckenbleibt. Am stärksten vermisse ich eine Skizze, wie denn nun das eigentliche Problem – eben die Herkunft des Bösen – von einem modernen Theologen *gelöst* werden soll. Thomas' Ansatz bleibt ja auch in Weltes Interpretation statisch und damit unzeitgemäß. Teilhards Hinweis – das Übel als unvermeidliches Nebenprodukt der Evolution – ist nicht nur zu knapp, sondern auch sonst in mehrfacher Hinsicht unbefriedigend.

Zunächst einmal sei daran erinnert, daß diese Lösung der Leibnizschen weitgehend entspricht: Gott mußte das Übel in Kauf nehmen, um das Nettogute zu maximieren. In beiden Fällen handelt es sich also um das Ergebnis einer Optimierung. Der Unterschied besteht nur darin, daß der Leibnizsche Gott unter den möglichen Welten von vornherein die beste auswählt und gleich fertig schafft, während der Teilhardsche Gott diese in einem quälend langsamen Evolutionsprozeß erst allmählich entstehen lassen muß. Die Möglichkeiten des Teilhardschen Gottes sind offenbar noch stärker beschränkt als die des Leibnizschen.

Daß es, „von unserer Vernunft her gesehen", tatsächlich nur *eine* Weise des Schaffens geben soll, eben die evolutive, ist besonders überraschend. Gerade die *Vernunft* kann sich doch ohne

weiteres auch noch andere Schaffens-
weisen ausdenken. Freilich würden
diese den uns bekannten Naturgesetzen widersprechen. Ist demnach Gott
nicht nur an die Logik, sondern darüber hinaus sogar an die Naturgesetze
gebunden? Diese Einschränkung der
Allmacht geht offenbar auch Riedlinger zu weit.

Die Unterscheidung zwischen metaphysisch, physisch und ethisch Bösem
dient der Klarheit und der Begriffshygiene. Was das metaphysisch Böse
(das Endliche) und das physisch Böse
(Katastrophen, Leid, Tod — so ziemlich alles, was uns nicht paßt) sein
könnte, das kann ich mir danach
durchaus vorstellen; dazu bedarf es ja
auch keiner theologischen Annahmen.
Auch wie das Endliche und das Unan-
genehme *entstanden* sein könnten, läßt
sich vielleicht erklären; dazu sind die
modernen Theorien der Selbstorganisation, also auch der Evolution, ja gerade angetreten. Aber ausgerechnet
das ethisch Böse, um das es doch
eigentlich geht, wird nur über das
Gute definiert, sogar nur als *Abweichen* vom Guten. Abweichungen vom
Guten gibt es aber in zwei Richtungen: zum Bösen und zum Schlechten.
Was unterscheidet dann das Böse vom
Schlechten? Genauer: Welche Teil-
klasse des Schlechten bildet das Böse?
Schlimmer noch: Was ist überhaupt
das Gute? Die Explikation aus Aristoteles' Metaphysik („was alle anstreben") genügt schon Welte und Riedlinger nicht. Auch Breschs Teilcharakteri-
sierung („was die Evolution fördert")
kann einen Theologen natürlich nicht
befriedigen. Mit Gott identisch ist das
Gute aber auch nicht; sonst wäre
Riedlingers Rede vom „guten Gott"
redundant, pleonastisch, tautologisch.
Inwiefern das Gute nun über das allgemein Gewünschte hinausgeht, aber
hinter Gott doch zurückbleibt, das erfährt man nicht. Und so bleibt die *Entstehung* des Guten eben doch unge-
klärt (daß Gott oder das Gute sich
selbst erzeuge, also *causa sui* sei, ist
schließlich mit Begriffshygiene *nicht*
mehr vereinbar), damit aber auch und
erst recht die Entstehung des Bösen:
Wir wissen ja nicht einmal, was das
ist! Zu einem neuen, zu einem evolutiven Schöpfungsverständnis mögen
Teilhard und Riedlinger unterwegs
sein, zu einem neuen Verständnis des
Bösen oder zu einer „modernen Theodizee" jedenfalls nicht.

### Sigurd Martin Daecke:

In seinem letzten Satz zeigt Helmut
Riedlinger, daß er sich der Aufgabe bewußt ist, auf deren Lösung er hier verzichtet hat. Wir werden „gewiß" —
allerdings nicht erst „eines Tages" —
„genötigt sein", die ethischen Entwürfe
aus einem statischen in ein evolutionäres Weltverständnis zu übersetzen.

Zur Problematik der Frage nach der
„Herkunft des Bösen in der — statischen oder evolutionären — Welt des
guten Gottes" ist — ergänzend zu
Riedlingers Ausführungen über Thomas von Aquin — zu bemerken, daß
Martin Luther, nur gut zwei Jahrhunderte nach Thomas, ganz bewußt darauf verzichtet hat, diese Frage zu stellen, weil er wußte, daß es im statischen Denken keine Antwort darauf
geben konnte. Luther legt das Böse
nicht Gott zur Last — aber er stellt es
auch nicht, wie in der dualistischen
Theodizee, Gott gegenüber. Denn das
philosophische Gottesverständnis, das
Gottesbild der Vernunft, ist nach Luther durch keine Theodizee auf einen
Nenner mit dem Bösen zu bringen,

ohne das Böse selbst auf irgendeine Weise zu rechtfertigen: „Wenn man auf das Urteil der menschlichen Vernunft sieht und ihm folgt, ist man gezwungen zu sagen: Entweder gibt es keinen Gott, oder Gott ist ungerecht", Gott selbst ist der Böse. Die Vernunft muß nach Luther aus dem Widersinn des Bösen in der Welt schließen, daß es keinen Gott gibt. Denn „außerhalb Jesu Gott suchen ist der Teufel" (WA 18,784; WA 40/3,337). Luther unterscheidet damit zwischen dem verborgenen und dem offenbaren Gott, dem Deus absconditus und dem Deus revelatus, zwischen dem Gott, der hinter dem Bösen und dem Übel, hinter dem Leid und der Ungerechtigkeit verborgen ist, den wir also entweder für den Bösen oder für abwesend halten, und andererseits demjenigen Gott, den wir nur in Jesus finden, in dem Menschen, der selber das Böse in seiner schlimmsten Form exemplarisch erlitten hat und der durch das Böse zugrunde gerichtet worden ist. Nur in diesem extremen Opfer des Bösen ist Gottes Liebe zu erkennen — und abgesehen davon ist Gott für Luther hinter dem Bösen, hinter der Maske des Teufels verborgen und kann daher nur gegen den Augenschein, gegen alle Erfahrung geglaubt werden (vgl. dazu meine in Anm. 4 meines Beitrags genannten Titel). Nur auf diese paradoxe Weise konnte Gott im statischen Weltverständnis mit dem Bösen in Einklang gebracht werden.

Zu Riedlingers Darstellung und Deutung dessen, was Teilhard de Chardin zur „Herkunft des Bösen in der evolutionären Welt des guten Gottes" geschrieben hat, verweise ich auf den Abschnitt „Die evolutionäre Ethik Teilhards de Chardin" in meinem Beitrag (s. S. 105—107). Teilhard de Chardin hat das „evolutionäre Weltverständnis" uns nicht bereits „erschlossen", auch er hat die Aufgabe nicht schon gelöst, sondern sie allenfalls gestellt. Aber nicht einmal das kann man von Weltes Ansatz sagen, der vier Jahre nach dem Tode Teilhards das Denken des Thomas offenbar keineswegs „neu aktualisiert" hat.

Doch die sorgfältigen Analysen Riedlingers sind notwendig, um unter historischem und systematischem Aspekt die Aufgabe einer evolutionären Aktualisierung der Frage nach dem Bösen zu verstehen, die uns heute gestellt ist.

# Der ohnmächtige Gott

## Theodizee im Zeitalter einer evolutiven Weltanschauung

Günther Schiwy

Auf die Frage, was für ein Gott „Auschwitz" geschehen lassen konnte, hat Hans Jonas geantwortet: ein gütiger Gott zwar, aber nicht (mehr) ein allmächtiger. Mit Berufung auf die hebräische Bibel und die spätjüdische Kabbala hat Jonas somit das traditionelle, mehr philosophische denn biblische Gottesbild des Abendlandes verworfen. Auch für das Christentum läßt sich zeigen: Nicht die Allmacht, sondern die Selbstentäußerung Gottes in die Schöpfung hinein bis zum Kreuzestod Christi (Luther), der als Symbol für die Last der Evolution, die Gott mitträgt, gedeutet werden kann (Teilhard de Chardin), ist die alles „beherrschende" Eigenschaft Gottes. Ein Gott, der schafft, um selbst Geschöpf zu werden, kann konsequenterweise die Übel und das Böse nicht mit göttlicher Allmacht verhindern, sondern „nur" in Solidarität mit den Geschöpfen mitleiden und „erlösen". „Auschwitz" hat nicht Gott (Theodizee), sondern der Mensch zu verantworten (Anthropodizee).

Wer an einen allmächtigen und guten Gott glaubt, dem drängt sich beim Nachdenken über Gut und Böse in der biologischen und kulturellen Evolution unweigerlich die alte Frage der Theodizee auf. Gibt es im Rahmen einer evolutiven Weltanschauung neue Antworten auf die alte Frage: Wie kommen das Übel und das Böse in die Welt, wenn es einen allmächtigen und gütigen Gott gibt?

## Für eine evolutive Theodizee

*Kann* Gott das Übel und das Böse nicht verhindern, dann scheint er nicht

Dr. Günther Schiwy, geb. 1932 in Lehrte/ Hannover. Arbeitet als Verlagslektor und Schriftsteller in München. Studium der Philosophie, Theologie und Literatursoziologie in München, Frankfurt und Paris. 1975 Promotion in Religionsphilosophie in Frankfurt a. M. Buchveröffentlichungen u. a.: Weg ins Neue Testament, 4 Bde., 1965 bis 1970 (auch span., ital.); Strukturalismus und Christentum, 1969 (auch engl., franz., ital.), Teilhard de Chardin. Sein Leben und seine Zeit, 2 Bde., 1981; Poststrukturalismus und „Neue Philosophen", 1985; Der Geist des Neuen Zeitalters, 1987 (auch ital.); (Hrsg.) Pierre Teilhard de Chardin. Briefe an Frauen, 1988; Der Kosmische Christus, 1990; (Hrsg. u. Übers., mit R. Brüchsel) Pierre Teilhard de Chardin. Das Herz der Materie, 1990; Abschied vom allmächtigen Gott, 1995.

Dr. Günther Schiwy, Waldstraße 32, 82237 Steinebach/Wörthsee

allmächtig zu sein; *will* er das Übel und das Böse nicht verhindern, ist er dann noch ein guter und gütiger Gott? Das ist das Dilemma, dem sich jede „Theodizee", jeder Versuch einer „Rechtfertigung Gottes", gegenübersieht, nicht erst, seit Leibniz in seinen „Essais de théodicée sur la bonté de Dieu, la liberté de l'homme et l'origine du mal" von 1710 den Einwänden zu begegnen suchte, die Bayle in seinem „Dictionnaire historique et critique" (1695 bis 1697) gegen die Vereinbarkeit des Übels mit der Existenz eines zugleich allmächtigen, weisen und gütigen Gottes vorgebracht hatte.

Die gebräuchlichsten „Rechtfertigungen" seien in Erinnerung gebracht: Der Abstand zwischen der endlichen Kreatur und dem unendlichen Schöpfer müsse jede Anklage als unangemessen verstummen lassen; was letztlich gut oder böse sei, entziehe sich unserem relativen Urteilsvermögen; in einer evolutiven Welt seien Gut und Böse letztlich nur Übergangsphänomene; die gottgewollte Freiheit des Menschen schließe die Möglichkeit, Böses zu tun, notwendig ein, und des Menschen kreatürliche Schwäche führe denn auch mit statistischer Wahrscheinlichkeit zu tatsächlichen Bosheiten; Übel und Böses gehörten nun einmal zur Conditio humana im Übergangsstadium der Bewährung für ein zukünftiges Leben der Seligkeit; ohne vorhergehende Schuld des Menschen könne Gottes großherzige Verzeihung nicht offenbar werden.[1]

Dennoch sei angesichts der neuen Qualität des Übels und des Bösen und ihrer neuartigen Verschränkungsmöglichkeiten — man denke an das Übel der „natürlichen" Bedrohung des Lebens auf dieser Erde durch den von „bösen" Menschen verursachten Treib-

hauseffekt und den Abbau der Ozonschicht — die Frage erlaubt, ob sich in einer immer mehr als evolutionär erkannten Welt, in der noch erkennbarer als bisher alles mit allem zusammenhängt, nicht auch die Frage der Theodizee mit neuer Dringlichkeit stellt und nach weiteren Antworten verlangt. Nicht als ob es je gelingen könnte, den Schleier über dem Geheimnis des Übels und des Bösen in der Welt eines guten Gottes endgültig und für unser Begreifen befriedigend zu lüften — aber doch in dem Sinne, den wir für die übrigen Fragen der Gotteserkenntnis längst akzeptiert haben: Wir dürfen und müssen den Bereich des Wissenkönnens bis zum Letzten ausloten, um die Grenzen zu erkennen, hinter denen das Reich des Glaubens beginnt.

Es müßte im Zeitalter der evolutiven Weltanschauung außer einer entsprechenden Christologie [2] wohl auch eine „evolutive Theodizee" geben, will der Gläubige nicht den Eindruck erwekken, er sei noch immer einem statischen Weltbild verhaftet, und deshalb sei seine Auffassung von Gut und Böse hoffnungslos „antiquiert".[3] Ein eindrucksvoller Versuch einer solchen evolutiven Theodizee ist der Vortrag, mit dem sich Hans Jonas 1984 für die Verleihung des Dr.-Leopold-Lucas-Preises der Evangelisch-theologischen Fakultät der Universität Tübingen bedankt hat. Darin heißt es aus jüdischer Sicht: „Für den Juden, der im Diesseits den Ort der göttlichen Schöpfung, Gerechtigkeit und Erlösung sieht, ist Gott eminent der Herr der Geschichte, und da stellt ,Auschwitz' selbst für den Gläubigen den ganzen überlieferten Gottesbegriff in Frage [...]. Wer aber vom Gottesbegriff nicht einfach lassen will — und dazu hat selbst der Philosoph ein Recht —, der muß, um ihn nicht aufgeben zu müssen, ihn neu überdenken und auf die alte Hiobsfrage eine neue Antwort suchen. Den ‚Herrn der Geschichte‘ wird er dabei wohl fahren lassen müssen. Also: Was für ein Gott konnte es geschehen lassen?“[4]

## Die Frage nach dem Gottesbild: ein schwacher Gott?

Die Antwort, die Hans Jonas auf die Frage: Was für ein Gott konnte „Auschwitz“ geschehen lassen? gibt, lautet vorweggenommen — wir werden darauf später näher eingehen —: Es ist ein Gott, der sich seiner Allmacht entäußert hat.

Nun ist die Vorstellung einer selbstgewollten Schwäche Gottes in der Tradition des Gottesgedankens nicht neu. Bereits der griechische Philosoph Epikur (341–270 v. Chr.) erwägt den Gedanken der Schwachheit Gottes im Rahmen seiner Theodizeeüberlegungen, verwirft diese Möglichkeit jedoch als unvereinbar mit dem philosophischen Gottesbild, das für die menschliche Logik widerspruchsfrei sein muß: „Entweder will Gott die Übel beseitigen und kann es nicht, oder er kann es und will es nicht. Wenn er nun will und nicht kann, so ist er schwach, was auf Gott nicht zutrifft. Wenn er kann und nicht will, dann ist er mißgünstig, was ebenfalls Gott fremd ist. Wenn er nicht will und nicht kann, dann ist er sowohl mißgünstig wie auch schwach und dann auch nicht Gott. Wenn er aber will und kann, was allein sich für Gott ziemt, woher kommen dann die Übel und warum nimmt er sie nicht weg?“[5]

Leider hat sich die christliche Theologie zu sehr ins Schlepptau einer dem statischen Weltbild verhafteten philosophischen Gotteslehre nehmen lassen, statt die biblische Gottesoffenbarung und die mystische Gotteserfahrung mit ihrem dynamischen Gottesbild ernstzunehmen. Hans Blumenberg hat darauf hingewiesen: „Es ist erstaunlich, wie wenig die Theologen von ihrer Offenbarungsquelle halten, wenn sie gegen die Standards verstößt, die eine ältere Philosophie ihnen vorgeschrieben hat. Von einem ‚höchsten Wesen‘ und einem ‚reinen Geist‘ weiß die Bibel nichts, vergißt im Gegenteil solche Superlative, wenn es um die Furchtbarkeit oder Empfindlichkeit ihres Gottes geht [...]. Darf man von einem Gott, der zornig wird über Verstöße gegen sein hochkompliziertes Ritualgesetz, etwa nicht vermuten, die Ewigkeit vor der Welt sei ihm zum Verdruß geworden? Er habe sich die Welt, nichts Geringeres, einfallen lassen, weil er sonst doch niemals etwas von seiner Macht gehabt hätte, niemals die Probe auf seine Weisheit und Güte hätte ablegen können? Was nützte ihm Allwissenheit, wenn es nichts zu wissen gab?“[6]

Was, möchte man fortfahren, nützt eine Allmacht, wenn sie nicht dazu dient, eine eigene Ohnmacht herstellen und erfahren zu lassen? Wäre ein solcher Gebrauch göttlicher Allmacht nicht deren letzte Aufgipfelung? Ist das nicht die Bedeutung einiger Zeilen aus dem Christushymnus des neutestamentlichen Philipperbriefes (2,6–11)? „Er [Christus] war Gott gleich, hielt aber nicht daran fest, wie Gott zu sein, sondern er entäußerte sich und wurde wie ein Sklave und den Menschen gleich. Sein Leben war das eines Menschen, er erniedrigte sich und war gehorsam bis zum Tod, bis zum Tod am Kreuz.“

Was dem heidnischen Philosophen Epikur und den meisten philosophisch orientierten christlichen Theologen nicht akzeptabel erschien — Gottes selbst gewollte Schwäche —, ist für Martin Luther das Charakteristikum des christlichen Gottesbildes. Er nimmt die biblische Botschaft beim Wort. Danach offenbart sich Gott nicht in Allmacht, sondern in Ohnmacht, wie Luther im Frühjahr 1518 in der Heidelberger Disputation betont. Er stellt der traditionellen, sogenannten theologia gloriae von der Macht und Herrlichkeit Gottes die theologia crucis, des Kreuzes, gegenüber: „Das [dem Menschen] zugewandte und sichtbare Wesen Gottes ist das Gegenteil des Unsichtbaren, nämlich: seine Menschheit, Schwachheit, Torheit, wie 1. Kor. 1,25 von der göttlichen Schwachheit und Torheit spricht."

## Gott selbst ist Opfer des Bösen

Auch sieht Luther bereits deutlich, wie sehr von unserem Gottesbild auch unser Urteil über Gut und Böse abhängt. „Der Theologe, der Gottes unverborgene Herrlichkeit sucht, nennt das Übel [der Selbstherrlichkeit] gut und Gutes [die Selbsterniedrigung] übel, der Theologe des Kreuzes nennt die Dinge beim rechten Namen. Das ist klar. Denn solange er [der Mensch] Christus nicht kennt, erkennt er auch den in Leiden verborgenen Gott nicht. Daher zieht er die Werke den Leiden, die Herrlichkeit dem Kreuze, die Macht der Schwachheit, die Weisheit der Torheit und überhaupt das Gute dem Übel vor. Solche sind es, die der Apostel ‚Feinde des Kreuzes Christi' nennt (Phil. 3,18)."[7]

Für Luther können deshalb, um auf die Frage der Theodizee zu kommen, das Übel und das Böse in der Schöpfung nicht einem Gott gegenüber zur Sprache gebracht werden, der selbstherrlich dieser leidvollen Welt enthoben wäre. Gott ist vielmehr so in sie verwickelt, daß er selbst Opfer des Übels und des Bösen ist: Er hat sich selbst erniedrigt, ist Mensch geworden und auf Betreiben selbstherrlicher Menschen umgebracht worden.

Wenn Gott seiner Schöpfung jedoch Übles und Böses zugemutet hat in der Voraussicht, daß er selbst als Geschöpf darunter zu leiden haben wird, dann muß es sich bei dem Übel und dem Bösen um etwas für die Schöpfung Notwendiges handeln. Es muß etwas sein, das mit dieser Art von Schöpfung, wie sie Gott verschwebte, in Kauf genommen werden muß; es muß für diese Schöpfung fundamentalen Charakter haben; nur in einer solchen unersetzbaren Funktion ist es den Geschöpfen und ihrem Geschöpf gewordenen Schöpfer zumutbar.

Nach Luther sind es zwei Funktionen, die das Übel und das Böse in der Schöpfung erfüllen. Erstens wird durch das Übel des Todes und durch die Bosheit der Kreuzigung des Gottessohnes das dem Menschen „zugewandte und sichtbare Wesen Gottes" offenbar: Gott in seiner selbst gewollten „Menschheit, Schwachheit, Torheit". Wer dieses Wesen Gottes, gerade weil es durch das Übel und das Böse offenbar geworden ist, nicht wahrhaben will, hat Gott nicht erkannt und wird ihn auch nicht erkennen, weil er dem Phantom eines allmächtigen, herrlichen, der Schöpfung enthobenen statischen Gottesbildes nachjagt und dadurch Komplize derer ist, die Gott gekreuzigt haben, aus ebensolcher Blindheit und Bosheit.

Die zweite Funktion des Übels und

des Bösen besteht eben darin, daß nach Luther durch sie das Herz des Menschen offenbar wird: dessen Versuchung zur Selbstherrlichkeit, sein Versuch, das mühselige kreatürliche Dasein zu verleugnen, zu überspringen und wie der in Herrlichkeit geglaubte Gott sein zu wollen. Wenn der „Theologe der Herrlichkeit und Allmacht Gottes" die durch die Kreuzigung Christi erfolgte Umwertung des philosophischen und traditionellen Gottesbildes nicht akzeptiert, hat das durchaus praktische Voraussetzungen und Konsequenzen: Man müßte sich intensiv mit dem Übel und dem Bösen und dem durch sie verursachten Leiden einlassen, müßte mit-leiden, so wie der Schöpfer mit uns mitgelitten hat. „Feinde des Kreuzes Christi" sind die Theologen der Allmacht Gottes und alle, die ihre Mentalität teilen, nach Luther gerade „deshalb, weil sie Kreuz und Leid hassen, die [selbstgerechten] Werke und ihre Herrlichkeit jedoch lieben; so nennen sie das Gut des Kreuzes ein Übel und das Übel des Werkes ein Gut. Aber es ist schon gesagt, daß Gott nur in Leiden und Kreuz zu finden ist [. . .]. Denn durch das Kreuz werden die [selbstgerechten] Werke zerstört und [der alte, selbstherrliche] Adam gekreuzigt, der durch die Werke vielmehr erbaut wird. Denn es ist unmöglich, nicht durch seine guten Werke aufgeblasen zu werden, wenn man nicht zuvor durch Leiden und Übel vollkommen arm und leer geworden ist, bis man weiß, daß man selbst nichts ist und daß die Werke nicht einem selbst, sondern Gott entstammen."[8]

Es scheint nach Luther: Kreatur sein ist nicht möglich, es sei denn um den Preis der Erfahrung von Übel und Bösem. Wer sich der Erfahrung von Übel und Bösem zu entziehen sucht, entzieht sich dadurch der Erfahrung seiner Kreatürlichkeit und − des Kreators.

## Gott − Lastträger der Evolution?

Unter den Christen des 20. Jahrhunderts hat der französische Geologe und Paläontologe Pierre Teilhard de Chardin, als traditionalistisch erzogener Philosoph und Theologe unter dem Einfluß seiner naturwissenschaftlichen Studien selbst Evolutionist geworden, am meisten über eine Theodizee im Zeitalter der evolutiven Weltanschauung nachgedacht, ohne daß er deshalb diesem Thema auch nur eines seiner Hauptwerke gewidmet hätte.

Denn nach Teilhard sind Übel und Böses für die Evolution so selbstverständlich, daß er meinte, ihnen nicht mehr Aufmerksamkeit schenken zu sollen, als sie verdienen. Waren nicht ohnehin die traditionelle christliche Erbsündenlehre und die landläufige Predigt vom „irdischen Jammertal" mitschuld, daß sich im christlichen Abendland bis in die Moderne hinein ein übertriebener Pessimismus breitmachte, der weder von der modernen evolutiven Weltanschauung − die freilich nichts gemein hat mit dem populären und oberflächlichen Fortschrittsglauben! − noch von einer richtig verstandenen Theologie des Kreuzes gedeckt ist?

Man hat Teilhard deshalb einen naiven Optimismus unterstellt, und die kirchlichen Obrigkeiten haben verlangt, daß er in seinem Hauptwerk „Der Mensch im Kosmos" wenigstens „Einige Bemerkungen über den Rang und die Rolle des Bösen in einer evolutionären Welt" ergänzte. Darin bekennt Teilhard unmißverständlich: „Jedenfalls ist es unleugbar, daß selbst für den Blick des einfachen Biologen nichts so sehr einem Passionsweg gleicht wie der abenteuerliche Weg der Menschheit."[9] Das Werk durfte trotzdem zu seinen Lebzeiten nicht erscheinen.

Wo Teilhard ausdrücklich das Problem der Theodizee streift, formuliert er es, vor allem wenn er sich an seine mehr oder weniger atheistischen Wissenschaftskollegen wendet, weniger als Rechtfertigung Gottes, sondern als Rechtfertigung der Evolution vor der menschlichen Vernunft. Ist die Vernunft doch für Teilhard gleichsam das begnadete Organon Gottes — eine Konsequenz der Teilhardschen Immanenztheologie: Was sich vor der Vernunft rechtfertigen läßt, ist auch vor Gott gerechtfertigt. Wenn Gott die Evolution gewollt hat und nach Vernunftermessen zur Evolution unabdingbar Übel und Sünde gehören, dann muß Gott auch Übel und Sünde gewollt haben.

Freilich war es nach Teilhard im Zeitalter eines statischen Kosmosverständnisses mit entsprechendem statischen Gottesbild „sehr schwierig, wenn nicht unmöglich (es sei denn durch den Eingriff eines in sich selbst so gut wie unerklärlichen *Unglücksfalles* [Erbsünde]), vor der Vernunft das Vorhandensein der Schmerzen und der Sünden in der Welt zu rechtfertigen. Gilt dagegen die Kosmogenese [Evolution], wie lange müssen wir da noch hinausschreien, um es einer eingefahrenen ‚öffentlichen Meinung' begreiflich zu machen, daß das Problem des Übels, intellektuell (ich sage nicht *affektiv*) gesprochen, nicht nur lösbar wird, sondern *sich* auch *nicht mehr stellt.* Denn aus unbarmherzigen statistischen Gründen ist es physisch un-

möglich, daß nicht auf allen Ebenen (der vorlebendigen, der lebendigen, [der] reflektierten Ebene) des Universums irgendeine Unordnung oder Entordnung innerhalb einer *auf dem Wege der Anordnung* befindlichen Vielheit zutage treten. In einem derartigen ‚tastenden System' ist es absolut unvermeidlich (kraft der Gesetze der Großen Zahlen), daß jedes Voranschreiten in Richtung der Ordnung mit Versagen, Zersetzungen, Diskordanzen bezahlt wird: letzteres in einem Verhältnis, das von gewissen unmöglich zu determinierenden kosmischen Konstanten abhängt — wobei es aber ganz gewiß eitel wäre, ihnen *a priori* eine Höchstgrenze fixieren zu wollen, jenseits deren die Welt als ‚verfallen' oder ‚schlecht' zu gelten hätte [...]. Das Übel (kein *katastrophenhaftes* Übel mehr, sondern ein *evolutives*), ein *Sekundäreffekt*, ein unvermeidliches *Neben*produkt des Ganges eines in Evolution befindlichen Universums!"[10]

Die Ausdrücke „Sekundäreffekt" und „Nebenprodukt" dürfen nicht darüber hinwegtäuschen: Es handelt sich bei dem evolutiven Übel um ein konstitutives Element der Evolution. Um sich selbst das klarer zu machen, versucht Teilhard, als Sanitäter an der Front des Ersten Weltkrieges mit dem unermeßlichen Leid konfrontiert, eine Reflexion über den Weg der evolutiven Schöpfung von der Vielfalt zur Einheit. Denn *„die Vielheit ist am Grund all unserer Übel",* ist Teilhards Grundthese. Die Vielheit erklärt sowohl den Schmerz (das physische Übel) als auch die Sünde (die moralische Bosheit).

*„Der Schmerz* ist die vitale Wahrnehmung unseres Minder-Seins, sowie es sich verschlimmert oder auch nur

wenn es anhält. Er ist also *grundsätzlich* an die ungenügend reduzierte Vielheit gebunden, die wir in uns tragen. Diese restliche Auflösung würde, wenn sie empfunden werden könnte, das absolute Leiden bringen, indem sie uns vernichtete. *Faktisch* können wir uns in dem engbegrenzten Bezirk unserer Erfahrung jederzeit mit Betrübnis davon überzeugen, wie hart es ist, die Wegstrecken zu durchlaufen, welche das Vielerlei von der Einheit trennen, und wie tief daher der göttliche Stachel eingedrückt ist, der uns dem Grad der Vereinigung zujagt, durch den wir selig werden sollen." Der Schmerz ist für Teilhard also Ausdruck unserer in Evolution befindlichen Kreatürlichkeit von der „(ver)nichtenden" Vielheit zu der uns bestimmten „beseligenden" Vereinigung mit dem Göttlichen.

„In dem Willen, der sie begeht, ist die Sünde zunächst nichts als ein entgleister und partikularistischer Versuch, zur einzig erstrebenswerten Synthese des Seins zu gelangen. Die Begierden verführen uns durch einen *Köder von Einheit*"[11] zur vorschnellen Selbstherrlichkeit, zur unkreatürlichen, den Regeln der Evolution widersprechenden Abkürzung des mühsamen Weges evolutionärer Entwicklung.

Die Kreuzigung Christi ist konsequenterweise für Teilhard nicht zuerst Ausdruck der Bosheit des Menschen, sondern dafür, was es für jedes Geschöpf, auch für Gott selbst, wenn er Mensch wird, bedeutet, „die Last einer Welt im Zustand der Evolution" zu tragen. „Zeigt sich unseren Augen auf dem Holz — leidend, sterbend, befreiend — noch der Gott der Erbsünde? [...] Überlegt man es sich nämlich genau, so bedeutet ‚die Sünde der schuldigen Welt tragen' (wird diese Aussage

in Begriffe der Kosmogenese übersetzt und transportiert) nichts anderes als ‚die Last einer Welt im Zustand der Evolution' tragen."[12]

### Der Kreator als Evolutor

Teilhard entschärft die Theodizeefrage jedoch nicht nur dadurch, daß er Übel und Böses als unvermeidliche Begleiterscheinungen einer Schöpfung in Evolution und — beim Menschen — in Freiheit auffaßt; auch nicht nur dadurch, daß er Gott in dem historischen Jesus Christus mitleiden läßt. Letzteres hat ja schon Luther betont. Teilhard geht noch einen Schritt weiter, vom historischen zum kosmischen Christus. Der Kreator, der transzendente Schöpfer, ist auch der Evolutor, die immanente Energie der Evolution, und als solcher den Gesetzen der Evolution unterworfen. Gott als Evolutor ist so mächtig und so machtlos, wie die Evolution selbst mächtig und machtlos ist — nach dem Willen Gottes des Kreators. „Bisher hatte ein Gott des Kosmos (das heißt, ein Schöpfer vom ‚effizienten' Typ) offensichtlich genügt, um unser Herz zu erfüllen und unseren Geist zu befriedigen. Von nun an aber (und hier ist ganz gewiß die tiefe Quelle der modernen religiösen Unruhe zu suchen) vermag nichts, es sei denn ein Gott der Kosmogenese — das heißt, ein Schöpfer vom ‚beseelenden' Typ — unser Anbetungsvermögen zu befriedigen. Bei diesem neuen *Deus evolutor,* der im Herzen selbst des alten Handwerker-Gottes emporsteigt, muß selbstverständlich und in erster Linie um jeden Preis (und aus kosmischer Notwendigkeit) die ursprüngliche Transzendenz aufrechterhalten werden; denn wenn Er nicht der Welt präemergiert war, wie könnte Er ihr dann als Ausgang und als Vollendung nach vorn dienen? — Aber ebensosehr (und sogar noch mehr: denn gerade hierin besteht die erwartete Erneuerung) ist es angemessen, Seinen immanenten Charakter zu vertiefen, zu bewundern und auszukosten. Gilt die konvergente Kosmogenese, heißt Schaffen für Gott *vereinigen*. Doch sich vereinigen heißt sich immergieren. Sich (in den Plural) immergieren heißt aber sich ‚korpuskulisieren‘. Und sich in eine Welt korpuskulisieren, deren Anordnung statistisch Unordnung (und mechanische Anstrengung) mit sich bringt, heißt — um sie zu übersteigen — sich in die Sünde und den Schmerz eintauchen.“[13]

Wir sehen: Teilhard bleibt auch 1951 noch seiner ursprünglichen Intuition von 1917 vom „Kampf gegen die Vielheit“ als Entwicklungsprinzip der evolutiven Schöpfung treu. Und schon damals, 1916, prägt Teilhard für den sich in die Vielheit hineinbegebenden Gott den Terminus „Kosmischer Christus“[14]: „Der Leib Christi muß kühn begriffen werden, so wie der hl. Johannes, der hl. Paulus und die Väter ihn gesehen und geliebt haben: er bildet eine natürliche und neue Welt, einen beseelten und regen Organismus, darin wir alle physisch, *biologisch* vereint sind. Die einzige Aufgabe der Welt ist die physische Einkörperung der Gläubigen in Christus, der Gottes ist. Dieses allerwichtigste Werk aber vollzieht sich *mit der Strenge und Harmonie einer natürlichen Evolution*“[15] und ist nichts anderes als das Drama des gottmenschlichen Erleidens und Erlösens des Kosmos: in Ohnmacht.

Daraus folgt, und das ist für die Frage der Theodizee von weittragender Bedeutung: Das Leiden des historischen Christus in Jesus von Nazareth weitet sich zum universellen Leiden des kosmischen Christus. „Auf Golgotha ist er auch und vor allem *das Zentrum des Zusammenströmens und Stillwerdens aller irdischen Leiden* [. . .]. Anders können wir die Unermeßlichkeit seiner Todesangst gar nicht erfassen, als daß wir in ihr eine Angst erkennen, die das Echo aller Ängste, ein ‚kosmisches Leiden‘ ist.“[16]

Angesichts eines solchen Gottesbildes im Zeitalter der evolutiven Weltanschauung hat es wenig Sinn, im Namen der leidenden Menschheit gegen diesen Gott Klage zu erheben: Es ist sein eigenes Leiden, dem er ohnmächtig ausgeliefert zu sein scheint. Doch drängt sich die Frage auf: Warum hat Gott dieses Drama der Fremd- und Selbstquälerei überhaupt inszeniert? Ist der christliche Gott nicht doch ein masochistischer Gott?

## Gottes Selbstentmachtung — ein Mythos?

Hans Jonas, dessen Mutter in Auschwitz ermordet wurde, hat nicht als Christ, sondern als Religionsphilosoph, inspiriert vom alttestamentlichen und kabbalistischen jüdischen Glauben, auf die Frage, wozu Gott das Schöpfungsdrama überhaupt inszeniert habe, geantwortet: zur „Selbsterprobung des Geistes in der Endlichkeit“. „Nur ein raumzeitlich riesiges Universum bot nach dem Walten bloßer Wahrscheinlichkeiten, ohne Einmischung göttlicher Macht, überhaupt eine Chance für das irgendwann und -wo passierende Hervortreten des Geistes; und wenn dies und die Selbsterprobung des Geistes in der Endlichkeit die Absicht des Schöpfers waren, so mußte er eben ein riesiges Universum schaffen und dem Endlichen darin seinen eigenen Lauf lassen."[17] Das war auch die Meinung Teilhards de Chardin.

Wenn aber der Unendliche dem Endlichen seinen eigenen Lauf lassen will, dann muß „der Unendliche" — und Jonas beruft sich hier auf eine von Gershom Scholem erforschte Spekulation der jüdischen Kabbala — „sich in sich selbst zusammenziehen und so außer sich die Leere, das Nichts entstehen lassen, in dem und aus dem er die Welt schaffen konnte. Ohne diese Rücknahme in sich selbst könnte es kein anderes außerhalb Gottes geben, und nur sein weiteres Zurückhalten bewahrt die endlichen Dinge davor, ihr Eigensein wieder ins göttliche ‚alles in allem' zu verlieren."[18]

Doch „sich selbst zusammenziehen", „sich in sich selbst zurücknehmen", „sich weiter zurückhalten", damit die endlichen Dinge ihr Eigensein entfalten können, das bedeutet nichts anderes, als „daß Gottes Macht als begrenzt anzusehen ist durch etwas, dessen Existenz aus eigenem Recht und dessen Macht, aus eigener Autorität zu wirken, er selbst anerkennt".

So einsichtig das auch sein mag, Jonas macht sich selbst den Einwand: Müßte Gott dann nicht wenigstens in den Fällen, wo bisher unerhörtes Leiden von Geschöpfen zum Himmel schreit, eine Ausnahme machen und seine Allmacht ins Spiel bringen? Da „dürfte man wohl erwarten, daß der gute Gott die eigene Regel selbst äußerster Zurückhaltung seiner Macht dann und wann bricht und mit dem rettenden Wunder eingreift. Doch kein rettendes Wunder geschah; durch die Jahre des Auschwitz-Wütens schwieg Gott."[19]

Gottes „Zurückhaltung seiner Macht" selbst in den krassesten Fällen unschuldigen Leidens muß demnach noch einen anderen Grund haben, als daß Gott nur die Eigenentfaltung der Schöpfung gewährleisten wolle. Jonas beschwört auf der Suche nach einer Antwort einen „selbsterdachten *Mythos*", jenes „Mittel bildlicher, doch glaublicher Vermutung, das Plato für die Sphäre jenseits des Wißbaren erlaubte [...]: Im Anfang, aus unerkennbarer Wahl, entschied der göttliche Grund des Seins, sich dem Zufall, dem Wagnis und der endlosen Mannigfaltigkeit des Werdens anheimzugeben. Und zwar gänzlich: Da sie einging in das Abenteuer von Raum und Zeit, hielt die Gottheit nichts von sich zurück; kein ungegriffener und immuner Teil von ihr blieb, um die umwegige Ausformung ihres Schicksals in der Schöpfung von jenseits her zu lenken, zu berichtigen und letztlich zu garantieren. Auf dieser bedingungslosen Immanenz besteht der moderne Geist. Es ist sein Mut oder seine Verzweiflung, in jedem Fall seine bittere Ehrlichkeit, unser In-der-Welt-Sein ernst zu nehmen: die Welt als sich selbst überlassen zu sehen, ihre Gesetze als keine Einmischung duldend, und die Strenge unserer Zugehörigkeit als durch keine außerweltliche Vorsehung gemildert. Dasselbe fordert unser Mythos von Gottes In-der-Welt-Sein."[20]

Die Parallelen zu Teilhards Forderung, Gott müsse immanent verstanden werden, er immergiere, korpuskulisiere sich in die Welt hinein, existiere jetzt als der kosmische Christus, sind frappierend. Freilich hält Teilhard an der gleichzeitigen Transzendenz des immanenten Gottes fest.

Für Jonas jedoch bedeutet die gänzliche Entäußerung der Gottheit in die evolutionäre Schöpfung hinein die totale Ohnmacht Gottes. Im Hinblick auf Auschwitz sagt Jonas: „Gott schwieg. Und da sage ich nun: nicht weil er nicht wollte, sondern weil er nicht konnte, griff er nicht ein. Aus Gründen, die entscheidend von der zeitgenössischen Erfahrung eingegeben sind, proponiere ich die Idee eines Gottes, der für eine Zeit — die Zeit des fortgehenden Weltprozesses — sich jeder Macht der Einmischung in den *physischen* Verlauf der Weltdinge begeben hat; der dem Aufprall des weltlichen Geschehens auf sein eigenes Sein antwortet nicht ‚mit starker Hand und ausgestrecktem Arm‘, wie wir Juden alljährlich im Gedenken an den Auszug aus Ägypten rezitieren, sondern mit dem eindringlich-stummen Werben seines unerfüllten Zieles."[21]

Was ist das „eindringlich-stumme Werben" für ein „unerfülltes Ziel" anderes, als daß dieser Gott, der sich aus radikaler Solidarität mit den Menschen selbst entmachtet hat, die Schöpfung nicht mit Machtmitteln zu ihrem Glück zwingen kann — es wäre gegen den Sinn einer sich frei selbst zu bestimmenden Partnerschaft —, sondern „nur" durch die Anziehungskraft seiner der Welt immanenten Größe und Güte, Wahrheit, Schönheit und — Liebe.

## Von der Theo-dizee zur Anthropo-dizee

Doch gerade wenn Gott Auschwitz nicht verhindern konnte, auch wenn er gewollt hätte, drängt sich die immer noch offene Frage um so unabweisbarer auf: Welches ist das letzte Motiv für Gottes Selbstentäußerung in die Schöpfung hinein bis zur gänzlichen Entmachtung gegenüber dem „physi-schen Verlauf der Weltdinge", der so viel leibliches und seelisches Leid verursacht? Jonas spricht darüber in obigem Zitat zurückhaltend: Gott handle „aus unerkennbarer Wahl". An anderer Stelle sagt er jedoch ahnungsvoll: „Der sorgende Gott sei kein Zauberer. Irgendwie hat er, durch einen Akt unerforschlicher Weisheit oder der Liebe oder was immer das göttliche Motiv gewesen sein mag, darauf verzichtet, die Befriedigung seiner selbst durch seine eigene Macht zu garantieren."[22] Es verwundert, wie sehr sich Jonas scheut, dem göttlichen Motiv näher und entschiedener nachzuforschen, als fürchte er sich vor dem faszinierenden Ergebnis.

Wenn wir Luther und Teilhard als verstärkende Zeugen hinzunehmen, dann scheint sich die Hypothese aufzudrängen: Es ist in der Tat die Liebe, die Gott bewogen hat, sich uns in seiner „Menschheit, Schwachheit und Torheit", uns gleich, zu offenbaren (Luther), und Gott habe geschaffen, „um sich mit uns zu vereinigen" im Gang der Evolution (Teilhard de Chardin). Das Ziel, für das Gott nach Jonas' Worten statt mit seiner Allmacht mit einem „eindringlich-stummen Werben" ficht, scheint die größtmögliche Verschöpflichung Gottes und die größtmögliche Vergöttlichung der Schöpfung zu sein.

„Nachdem er sich ganz in die werdende Welt hineingab, hat Gott nichts mehr zu geben: jetzt ist es am Menschen, ihm zu geben."[23] Dieses Jonas-Wort über den partnerschaftlichen Austausch bedeutet zunächst, bei der Wahrheit zu bleiben: nicht Gott in die Schuhe schieben, was wir verschuldet haben: „Die Schmach von Auschwitz ist keiner allmächtigen Vorsehung und keiner dialektisch-weisen Notwendigkeit anzulasten, etwa als antithetisch-synthetisch erforderter und förderlicher Schritt zum Heil. *Wir* Menschen haben das der Gottheit angetan als versagender Walter ihrer Sache, auf uns bleibt es sitzen, wir müssen die Schmach wieder von unserem entstellten Gesicht, ja vom Antlitz Gottes, hinwegwaschen."[24] Die Frage der Theo-dizee wird zu einer Frage der Anthropo-dizee: Nicht Gott, sondern die Menschen müssen sich vor Gott, vor der Evolution und vor der Geschichte für alles vermeidbare, nicht notwendige Übel und für alles Böse rechtfertigen.

Wenn Gott sich selbst in die Welt hinein gegeben hat, ohne etwas an Sicherheit für sich zurückzubehalten, und es jetzt an uns liegt, ihm zurück zu geben, dann liegt sein Schicksal in unserer Hand. Davon war auch Luther schon überzeugt: „Unsers Gotts Ehre [...] ist die, so er sich umb unser Willen aufs aller Tiefest erunter gibt, ins Fleisch, ins Brot, in unsern Mund, Herz und Schoß, und dazu umb unsern Willen leidet, daß er unehrlich gehandelt wird, beide auf dem Kreuz und Altar."[25] Bei Teilhard heißt es: „Erschaffen ist also für den Allmächtigen keine Kleinigkeit, keine Vergnügungsreise. Es ist ein Abenteuer, ein Risiko, eine Schlacht, in die Er sich ganz und gar einläßt."[26]

Für Hans Jonas — er ist in diesem Punkt am radikalsten — ergibt sich „aus der Kombination also einerseits vom urgründlichen *Gewolltsein* des Geistes im Strome des Werdens und andererseits der *Machtentsagung* des so wollenden Urgeistes eben um der unvorgreiflichen Selbstheit endlicher Geister willen —, daß in unsere unsteten Hände, jedenfalls in diesem irdischen Winkel des Alls, das Schicksal des

göttlichen Abenteuers gelegt ist und auf unseren Schultern die Verantwortung dafür ruht. Da muß der Gottheit wohl um ihre Sache bange werden." Für Jonas ist es evident, und Luther und Teilhard de Chardin würden ihm zustimmen, „daß wir jetzt die uns gefährdete göttliche Sache in der Welt vor uns schützen, der für sich ohnmächtigen Gottheit gegen uns selbst zu Hilfe kommen müssen. Es ist die Pflicht der wissenden Macht — eine kosmische Pflicht, denn es ist ein kosmisches Experiment, das wir mit uns scheitern lassen, in uns zuschanden machen können."[27]

In der Tat: Statt der Theodizee brauchen wir angesichts einer Evolution, die sich einer ohnmächtigen Gottheit verdankt und die in die Verantwortung mächtig-ohnmächtiger Menschen gelegt ist, eine Anthropodizee.

---

[1] Nach *Rahner, K./Vorgrimler, H.*: Kleines theologisches Wörterbuch. Freiburg/Basel/Wien 1961. S. 351. — [2] Vgl. *Rahner, K.*: Die Christologie innerhalb einer evolutiven Weltanschauung. In: ders.: Schriften zur Theologie. Band V. Neuere Schriften. Einsiedeln/Zürich/Köln 1962. S. 183–221. Eingearbeitet in: ders.: Grundkurs des Glaubens. Einführung in den Begriff des Christentums. Freiburg/Basel/Wien 1976. S. 180–202. — [3] Daß die kulturelle Evolution uns mit einer radikal neuen Qualität der Bosheit und des Übels konfrontiert hat, nämlich „daß wir als Zerstörende wirklich *omnipotent* geworden sind", hat *Günther Anders* in seinen Schriften zur atomaren Situation herausgearbeitet, in unserem Zusammenhang vgl. Die Antiquiertheit der Bosheit. In: ders.: Die Antiquiertheit des Menschen. Band II. Über die Zerstörung des Lebens im Zeitalter der dritten industriellen Revolution. München 1980. S. 396–410, das obige Zitat S. 404. — [4] *Jonas, H.*: Der Gottesbegriff nach Auschwitz. Eine jüdische Stimme. Frankfurt/Main 1987. S. 14. Ich danke Herrn Prof. Dr. med. *von Lutterotti,* daß er mich auf dem Freiburger Symposion an den Theodizee-Versuch von Hans Jonas erinnert und auf die Parallelen zu meinen Ausführungen hingewiesen hat. — [5] Zitiert nach *Oelmüller, W.* (Hrsg.): Theodizee — Gott vor Gericht? München 1990. S. 10. Vgl. auch: ders.: Worüber man nicht schweigen kann.

Neue Diskussionen zur Theodizeefrage. München 1992. – [6] *Blumenberg, H.:* Matthäuspassion. Frankfurt/M. 1988. S. 16 f. – [7] Zitiert nach: Jesus, der Offenbarer. Band II. Frühe Neuzeit bis Gegenwart. Bearbeitet von Franz-Josef Niemann. Graz/Wien/Köln 1990. S. 20 f. – [8] Ebenda, S. 21. – [9] *Teilhard de Chardin, P.:* Der Mensch im Kosmos. München 1959. S. 326. – [10] *Teilhard de Chardin, P.:* Vom Kosmos zur Kosmogenese (1951). In: ders.: Die lebendige Macht der Evolution (Werke, Band 7). Olten 1967. S. 133 f. – [11] *Teilhard de Chardin, P.:* Der Kampf gegen die Vielheit. Mögliche Interpretation der Weltgestalt (1917). In: ders.: Frühe Schriften. Freiburg/München 1968. S. 116, 121, 123. – [12] *Teilhard de Chardin, P.:* Eine Verallgemeinerung und eine Vertiefung des Sinnes des Kreuzes (1952). In: Mein Glaube (Werke, Band 10). Olten 1972, S. 261. Auch in: G. Schiwy (Hrsg.): Teilhard de Chardin-Lesebuch. Olten und Freiburg i. Br. 1987. S. 223. – [13] *Teilhard de Chardin, P.* (Anm. 10), S. 137. – [14] Zur neueren Theologie des Kosmischen Christus siehe: Außer dem Werk von Teilhard de Chardin vor allem *Moltmann, J.:* Der Weg Jesu Christi. Christologie in messianischen Dimensionen. München 1989. Besonders S. 297–336. Moltmann setzt sich dort mit Karl Rahner und Teilhard de Chardin auseinander. Ferner *Schiwy, G.:* Der kosmische Christus. Spuren Gottes ins Neue Zeitalter. München 1990. Ders.: Der Gott der Evolution. Der kosmische Christus im Werk von Teilhard de Chardin. In: C. Bresch/S. M. Daecke/H. Riedlinger (Hrsg.): Kann man Gott aus der Natur erkennen? Evolution als Offenbarung. Freiburg/Basel/Wien 1990. Ders.: Der kosmische Christus. In: P. Michel (Hrsg.): Wissenschaftler und Weise. Grafing 1991. Ders.: Der kosmische Christus. Eine mögliche Transformation des Christentums im 21. Jahrhundert. In: H. A. Müller (Hrsg.): Die Gegenwart der Zukunft. Namhafte Natur- und Geisteswissenschaftler zeigen neue Perspektiven für das Leben in den nächsten Jahrzehnten. München 1991. *Rössler, A.:* Steht Gottes Himmel allen offen? Zum Symbol des kosmischen Christus. Stuttgart 1990. *Fox, M.:* Vision vom kosmischen Christus. Aufbruch ins dritte Jahrtausend. Stuttgart 1991. – [15] *Teilhard de Chardin, P.:* Das kosmische Leben (1916). In: ders.: Frühe Schriften. Freiburg/München 1968. S. 55. – [16] Ebenda, S. 77. – [17] *Jonas, H.:* Materie, Geist und Schöpfung. Kosmologischer Befund und kosmogonische Vermutung. Frankfurt/M. 1988. S. 57. – [18] *Jonas, H.* (Anm. 4), S. 46. – [19] Ebenda, S. 40 f. – [20] Ebenda, S. 15 f. – [21] Ebenda, S. 41 f. – [22] Ebenda, S. 32. – [23] Ebenda, S. 47. – [24] *Jonas, H.* (Anm. 17). S. 53. – [25] *Luther, M.:* WA 19, 487, 14 ff. Zitiert nach *A. Peters:* Ein Kirschkern kann uns wohl Mores lehren. Luthers Bild der Natur. In: G. Rau (Hrsg.): Frieden in der Schöpfung. Das Naturverständnis protestantischer Theologie. Gütersloh 1987. S. 142. – [26] *Teilhard de Chardin, P.:* Christologie und Evolution (1993). In: ders.: Mein Glaube (Werke, Band X). Olten 1972. S. 103. – [27] *Jonas, H.* (Anm. 17), S. 58 f.

# Stellungnahmen

## *Jürgen Schnakenberg:*

Daß Günther Schiwy Hans Jonas' Festrede zur Verleihung des Dr.-Leopold-Lucas-Preises durch die Tübinger Evangelisch-theologische Fakultät im Jahre 1984 in den Mittelpunkt seines Beitrags stellt, empfinde ich nicht nur als angemessen, sondern auch als wegweisend für die Zukunft einer christlichen evolutionären Ethik.

Ich hätte mich gefreut, wenn Günther Schiwy nicht nur Jonas' Mythos vom werdenden, leidenden und sich sorgenden Gott, sondern ebenso deutlich seine philosophischen Argumente vorgestellt hätte, die ebenfalls in der Tübinger Festrede enthalten sind. Hans Jonas argumentiert, daß Allmacht ein in sich widersprüchlicher Begriff ist, der auch theologisch nicht denkbar ist. Er führt später weiter aus, daß von den drei Attributen, die mit dem Gottesbegriff verbunden werden, nämlich *absolute Größe*, *absolute Macht* und *Verstehbarkeit* je zwei dem dritten widersprechen. Hans Jonas hat damit, daß er die *absolute Macht* fallen läßt, das Theodizeeproblem nicht „gelöst", sondern er hat, aus der jüdischen Tradition heraus (Auschwitz als Hiobsfrage am Beginn der Rede), den mutigen und radikalen Schritt getan, das lähmende Theodizeeproblem aus dem theologischen Denken zu eliminieren, wenn überhaupt nach Auschwitz noch über Gott geredet werden soll. Auch zukünftige christliche Ethik, so meine ich, kommt ohne diesen Mut nicht aus.

*Gerhard Vollmer:*

Zu diesem gut durchkomponierten Beitrag (der mir etwas zu viele Zitate enthält), habe ich drei kritische Fragen, die ich nach steigendem Gewicht ordne.

Erstens vermisse ich bei den Eigenschaften Gottes die *Allwissenheit*. Besitzt er diese Eigenschaft etwa gar nicht? Dann hat das Theodizeeproblem eine einfache Lösung: Gott wußte einfach nicht, worauf er sich da einließ, was nämlich die Menschen einmal mit ihrer Freiheit tun würden. Ist Gott aber allwissend, dann sollte er doch von Anfang an gewußt haben, wieviel Leid er sich und den Menschen mit seiner Abdankung als Allmächtiger bereiten würde. Wie verträgt sich das mit der Liebe Gottes als Urmotiv seiner Entschlüsse? Und wieso ist dann nur Gott Lastträger der Evolution und nicht auch der Mensch, dem nun nicht nur das Leid, sondern auch noch die Verantwortung aufgebürdet wird?

Günther Schiwy macht Jonas den Vorwurf, er scheue sich, den göttlichen Motiven nachzuforschen, und lasse sie lieber im Unerkennbaren, Unerforschlichen, Unergründlichen. Er selbst meint, die *Liebe* habe Gott bewogen, seine Allmacht aufzugeben. Aber was ist das für eine Liebe, die dem Menschen eine Last aufbürdet, die er gar nicht tragen kann? Ist es nicht verantwortungslos, den Menschen so zu überfordern und ihm dann auch noch die Schuld zu geben? Ist es nicht unfair, ein Geschöpf erst schwach zu schaffen und ihm dann seine Schwäche vorzuwerfen, es die Folgen seiner Schwäche so spüren zu lassen? Diese Art der evolutiven Machtentäußerung kommt mir doch sehr verdächtig vor. Ich denke, Gott war von Anfang an ohnmächtig. Aber gibt es ihn dann überhaupt?

In der Aufzählung der gebräuchlichsten Rechtfertigungen fehlt merkwürdigerweise die Leibnizsche: Gott habe das Böse in Kauf nehmen müssen, um den Nettoanteil an Gutem maximieren zu können. Letztlich läuft auch Schiwys Vorschlag auf eine solche Optimierung hinaus: Aus lauter Liebe läßt Gott zu, daß die Menschen sich und ihm Schlimmes antun. Wie entgeht diese „Lösung" der *Symmetrisierung,* mit der Bertrand Russell schon Leibniz aus den Angeln hebt? Kann ich nicht mit demselben Recht behaupten, ein böser Geist habe die Welt geschaffen und er habe das Gute in Kauf genommen, um das Nettoübel zu maximieren? Und gilt dann nicht gegen Jonas *und* gegen Schiwy: Aus lauter Haß läßt der Böse, der Teufel, der *genius malignus* zu, daß die Menschen (einander) auch Gutes tun, kann er doch sicher sein, daß sie dadurch um so mehr unter dem Bösen leiden!

Was also nützt eine *evolutive* Theodizee, die allen gewichtigen traditionellen Einwänden immer noch unterliegt?

*Sigurd Martin Daecke:*

Günther Schiwy hat recht: „Teilhard *entschärft* die Theodizeefrage" — aber um den Preis der Verharmlosung des Bösen und der „Entmachtung" Gottes. Teilhards Antworten auf die Frage nach der Herkunft und dem Sinn des Bösen werden zwar dem evolutionären Weltbild, nicht aber dem biblisch-christlichen Gottesbild gerecht. Denn er nivelliert den Widerspruch, den Gegensatz zwischen Gut und Böse und damit zwischen Gott und dem Bösen (vgl. dazu in meinem Beitrag den Abschnitt „Die evolutionäre Ethik Teilhards de Chardin", s. S. 105–107, sowie meinen dort in Anm. 8 genannten Aufsatz). Ein evangelischer Christ kann, ja muß Teilhards großartigen Entwurf einer evolutionären Hermeneutik des christlichen Glaubens in fast allen seinen Aspekten bejahen (vgl. mein Buch: Teilhard de Chardin und die evangelische Theologie, Göttingen 1967). Aber ausgerechnet in dieser einen Frage des Bösen halte ich seine Position für unvereinbar mit dem biblisch-christlichen Glauben – und damit auch mit Luthers Verständnis von Gott und dem Bösen.

Luther und Teilhard stehen sich nicht nahe, wie es durch Schiwys einseitige Luther-Rezeption erscheinen mag, sondern sind äußerste Gegensätze, und schon gar nicht würde Luther dem Gedanken von Jonas über die „schwache", die „ohnmächtige Gottheit" „zustimmen". Denn Luther meint – im Gegensatz sowohl zu Teilhard als auch zu Jonas – den leidenden und sterbenden *Jesus*, der zwar ein Aspekt, ein Gesicht, eine Offenbarung Gottes ist, ja die Offenbarung der Liebe und Güte Gottes schlechthin – aber nicht der dreieinige Gott in der Fülle seiner Gottheit. Luther spricht zwar einerseits von der Offenbarung der Liebe und Güte Gottes, die sich nur im schwachen, ohnmächtigen Jesus ereignet (damit hat Schiwy recht), – aber andererseits spricht Luther auch von dem mächtigen Vater, „der im Himmel ist und im Himmel bleibt", wenn auch oft als „verborgener Gott". Daß Luther neben der Immanenz Gottes auch an seiner Transzendenz festhält, kann als vorevolutionäres Element seiner Theologie zwar möglicherweise kritisiert, aber nicht bestritten werden. Doch auch für Teilhard ist Gott-Omega nicht nur Ergebnis und Ziel der Evolution (Immanenz Gottes), sondern auch und vor allem ihre Voraussetzung und ihr Anziehungspunkt, also transzendent. Teilhard hätte niemals von einem ohnmächtigen Gott gesprochen – denn ist das ein „Gott"?

Gerade auch im Blick auf das Böse und die Theodizee sind die Positionen von Luther und Teilhard (und erst recht Jonas) unvereinbar: Für Luther sind Gutes und Böses, Gott und der Satan gegensätzliche Mächte (Mächte!), die um den Menschen kämpfen wie um ein Reittier: „Wenn Gott aufsitzt, dann will es und geht es, wohin Gott will [...]. Wenn Satan aufsitzt, will es und geht es, wohin der Satan will [...]" (De servo arbitrio, WA 18,635).

# Namenverzeichnis

# Sachverzeichnis

# EDITION
# UNIVERSITAS

Alexander Roßnagel (Hrsg.):
**Freiheit im Griff**
Informationsgesellschaft und Grundgesetz

Rudolf Wendorff (Hrsg.):
**Im Netz der Zeit**
Menschliches Zeiterleben interdisziplinär

Ulrich Lüke:
**Evolutionäre Erkenntnistheorie
und Theologie**

Martin Faulstich / Karl-Erich Lorber (Hrsg.):
**Ganzheitlicher Umweltschutz**

Bernhard Irrgang / Jörg Klawitter (Hrsg.):
**Künstliche Intelligenz**

Till Bastian (Hrsg.):
**Denken − Schreiben − Töten**
Zur neuen „Euthanasie"-Diskussion und
zur Philosophie Peter Singers

Till Bastian / Karl Bonhoeffer (Hrsg.):
**Thema: Radioaktivität**

Karl Ludwig Rost / Till Bastian /
Karl Bonhoeffer (Hrsg.):
**Thema: Behinderte**

Robert Gerwin (Hrsg.):
**Die Medien zwischen Wissenschaft
und Öffentlichkeit**

Theo Schiller (Hrsg.):
**Parteien und Gesellschaft**

Till Bastian / Karl Bonhoeffer (Hrsg.):
**Thema: Erinnern**
Medizin und Massenvernichtung

Heinz-Dieter Ebbinghaus /
Gerhard Vollmer (Hrsg.):
**Denken unterwegs**
Fünfzehn metawissenschaftliche Exkursionen

Adelbert Reif / Ruth Renée Reif (Hrsg.):
**Grenz-Gespräche**
Dreizehn Dialoge über Wissenschaft

Günther Wilke (Hrsg.):
**Horizonte**
So weit reicht unsere Erkenntnis heute?

Peter-René Becker:
**Werkzeuggebrauch im Tierreich**
Wie Tiere hämmern, bohren, streichen

Nicholas Rescher:
**Warum sind wir nicht klüger?**
Der evolutionäre Nutzen von Dummheit
und Klugheit

Frank Rösler / Irmela Florin (Hrsg.):
**Psychologie und Gesellschaft**

Peter Borscheid (Hrsg.):
**Alter und Gesellschaft**

Peter Fritz / Joseph Huber /
Hans Wolfgang Levi (Hrsg.):
**Nachhaltigkeit in naturwissenschaftlicher
und sozialwissenschaftlicher Perspektive**

Hans Wolfgang Levi /
Brigitte Danzer (Hrsg.):
**Umweltverträgliches Wirtschaften.
Von der Utopie zum operativen Ziel**

Werner Hahn / Peter Weibel (Hrsg.):
**Evolutionäre Symmetrietheorie**

Ulrich Kull / Ekkehard Ramm /
Rolf Reiner (Hrsg.):
**Evolution und Optimierung**

Jörg Mey / Robert Schmidt /
Stefan Zibulla (Hrsg.):
**Streitfall Evolution. Kontroverse Beiträge
zum Neodarwinismus**

Martin Held / Karlheinz A. Geißler (Hrsg.):
**Ökologie der Zeit**

Martin Held / Karlheinz A. Geißler (Hrsg.):
**Von Rhythmen und Eigenzeiten**

S. Hirzel · Wissenschaftliche Verlagsgesellschaft Stuttgart 1995